# 小动作里的大秘密

赵佩茹　著

中国言实出版社

**图书在版编目（CIP）数据**

小动作里的大秘密 / 赵佩茹著 . -- 北京：中国言实出版社，2018.4

ISBN 978-7-5171-2766-6

Ⅰ . ①小… Ⅱ . ①赵… Ⅲ . ①身势语 Ⅳ . ① H026.3

中国版本图书馆 CIP 数据核字（2018）第 089600 号

**责任编辑：** 胡　明
**出版统筹：** 朱艳华
**封面设计：** 蒋宏工作室

**出版发行**　中国言实出版社
地　址：北京市朝阳区北苑路 180 号加利大厦 5 号楼 105 室
邮　编：100101
编辑部：北京市海淀区北太平庄路甲 1 号
邮　编：100088
电　话：64924853（总编室）64924716（发行部）
网　址：www.zgyscbs.cn
E-mail：zgyscbs@263.net

**经　　销**　新华书店
**印　　刷**　三河市吉祥印务有限公司
**版　　次**　2018 年 6 月第 1 版　　2018 年 6 月第 1 次印刷
**规　　格**　880 毫米 ×1230 毫米　1/32　印张：9
**字　　数**　256 千字
**定　　价**　28.00 元　　　ISBN 978-7-5171-2766-6

# 前　言

为什么谈判之前你做了无比充分的准备，自认为步步为营、胜券在握，最后却被人一眼看透底细？

为什么你总是不明白喜欢的人在想什么，明明对他（她）那么好，可约会时常常不欢而散？

为什么你每天勤勤恳恳，拼命工作，努力讨好同事和上司，却得不到大家的认可和信任，升职的那个人永远不是你？

为什么有的人总是喜欢坐在靠窗的位置？

为什么有的人不自觉地摸鼻子？

为什么有的人特别喜欢戴墨镜？

……

其实，以上所有的“为什么”并没有了不得的玄机，答案就存在于一个人的表情与动作当中。

一个人的嘴巴可能会撒谎，但身体却很诚实。无论他怎么掩饰，但是，从脸部到脚趾，从语言到动作，无一不泄露内心的秘密，无一不在展示他真实的情绪，以及你说的话和做的事在对方内心引发的反应。这就是小情绪、小动作当中的秘密。

要知道，人的沟通方式不仅仅靠语言，还有一种非语言沟通。有的时候，对方可能没有跟你说一句话，却已看透了一切。一个人想要长时间地、完美地掩藏内心的秘密，并不容易也不可能，即使是世界上最优秀的演员，因为下意识的表情与动作总是会泄露“天机”。尽管有些表情和动作十分细微，出现的时间很短暂，频率也不高，但是，只要掌握一定的方法，用心观察，还是能够准确而迅速地捕捉到有用的信息。可见,表情与动作就是人们情感信息和心理活动的晴雨表。

相信我,每个人都天生具有敏锐的洞察力,只是看你是否善于发掘这种能力。假如你正在为人际关系而苦恼,不知如何揣摩别人的心思,怎样得到他人的认可,不妨学习一下本书。

这不是一本高深晦涩的心理学理论书籍,而是一本通俗易懂、贴近现实生活的枕边书,不讲大道理,只说发生在我们身边的、每天都可能遇到的小事情,通过真实而普遍的案例,简洁明了的语言文字,破解小情绪和小动作当中隐藏的大秘密。本书去繁为简,涉及生活的方方面面,每一篇都独立成章,随意翻开任何一章都可以获得独立的知识点,轻松找到自己需要的解决问题的钥匙。你可以把它看作是一扇窗,也可以把它看作是一面放大镜,通过它可以走进对方的内心世界,了解对方真实感受,在与人互动时占据主动和先机,让自己在人际关系中更加游刃有余,让生活更加和谐美好。

愿我们每个人都得到善意的对待!

赵佩茹

2018 年 5 月

# 目 录

## 第一章 认知行为——如何保持对事物正确的判断



## 第二章 性格行为——承认吧,你的性格其实是扭曲的

## 第三章　情绪行为——通过情绪看心理,通过心理控制情绪



## 第四章　决策行为——那些看似合理的不合理决策

## 第五章　群体行为——群体更容易疯狂



## 第六章　偏好行为——过分迷恋自己的经验让我们变得疯狂

## 第七章　怪诞行为——荒诞背后隐藏的真相



## 第八章　变态行为——有个"怪物"潜伏在我们的身体里

## 第九章　经济行为——再聪明的狐狸也斗不过好猎手

# 第一章　认知行为——如何保持对事物正确的判断

## 1. 认知失调:当我们与别人不一样时

### 微行为关键词:认知失调

当一个人的信念、想法、态度等一系列逻辑与自己之前一贯的认知产生分歧,或者行为不一致时,就会产生认知失调。认知失调会给人们带来不舒服、不愉快的感觉,随着认知失调的程度的增加,人们的压力也越来越大。

王永是一名普通的销售员,在部门一直默默无闻,没有什么过人之处,业绩也是同事当中最差的。部门经理还有同事都替他着急,劝他应该趁年轻,多努力,要懂得上进。但是王永感觉没什么动力,业绩依然稀松平常,时间长了之后,王永就有些得过且过,我行我素,纯粹是在混日子。

一天,部门经理想到一个方法,想借此增强王永的自信心,让他能够快速提高业绩。于是,他对王永说:“今天公司给各个部门制定了任务,要求在月底每个部门的业绩必须达到500万,否则会从业绩最差的员工将被裁员。所以,我准备从咱们部门挑选一名员工来担任业务组长,带领部门共同完成任务。我考虑了一下,决定把这项艰巨的任务交给你。小王,你可要知道,你身上担负着咱们部门所有同事的前途,一定要努力,我相信你,肯定能够出色地完成这次任务,通过考验。”

王永听了之后,有些难以置信。他的业绩一直是部门最差的,经理也一直为此头疼不已,比自己优秀的同事很多,没想到经理这么相信他,将这么重要的任务交给他,还任命他为业务组长。王永还是有些担心:“经理,您说的是真的吗?您真的要任命我为业务组长?”经理说:“小王,其实我知道你是很有能力的,可能因为一直没有机会,你没能发挥出自己的潜能。这次,我给你机会证明自己,同时也证明给公司的人看,我看人的眼光绝对没错!”

正式接受任务之后,王永一开始的确踌躇不已,不知从哪入手,恐怕辜负了同事的厚望。但是,一想到经理对自己的信任,同事对自己的期望,便慢慢地坚定起来,开始奋发努力。不但每天加班到深夜,研究业务资料,学习专业知识,甚至看到不认真、不努力的同事,也学着经理那样苦心劝解。在他的带领下,部门的销售业绩每天都在增加;而王永自己的辛勤努力也得到了回报。到了月底业绩考核时,王永的销售业绩竟然是同事中最高的,而且他所在的部门的销售业绩也名列前茅,得到了公司表彰。

王永和部门同事都非常高兴,而经理也支持他继续担任业务组长。这样过了一年之后,王永已是资深业务主管,业绩一直排在公司前三名,在业界成了一位销售精英。

从心理学上来看,王永之前的确可以算是个不思进取、碌碌无为的人,没想到,经理会让他担任部门的业务组长,并且一再强调,相信他能取得很好的考核成绩,这样就打破了他的心理平衡,使他的心理产生了震荡,导致他对自己的理解认知失调。为了能够减轻认知失调带来的不适,小王只能尽量调整自己的行为和做法,重建对自己的认知,使自己的行为能够符合自己的认知。

美国心理学家利昂·费斯汀格在《当预言失灵》一书中曾描写过这样一个故事:20 世纪 50 年代,一位美国的家庭主妇玛丽安·科琪在报纸上刊登了这样一条消息,她坦言自己一直在接受来自外星人的信息,并且她预言在 12 月 21 日这一天,世界末日将会来临,整个北半球都将被一场突如其来的大水淹没,生活在这里的人都会被淹死。但是,玛丽安又安慰信徒不要担心,因为在末日的前一天也就是 12 月 20 日,外星人会派飞船来营救她的信徒们,把大家带到安全的星球上。

而当时的费斯汀格正在研究关于认知失调的心理学行为,他认为这件事对于认知失调的研究有着巨大的帮助,于是他针对此次预言提出了一个假设:如果玛丽安的信徒非常信任预言,并且把它作为自己的信仰,一旦预言失败,证明他们的信仰是错误的,他们不但不会对玛丽安的预言失去信心,反而会更加确信自己的信仰。

在末日的前一天,所有的信徒都在等待着世界末日的到来,或者说他们都在准备验证自己信仰的结果,然而世界末日并没有如约而至,甚至连一点动静也没有,一点预兆也没有,当然,信徒也没有看到前来营救的飞船的影子。这时,有的信徒开始慌张起来,接着,越来越多的人躁动不安,无所适从。

就在这时,玛丽安又传达了一个新讯息,她说由于她和信徒们的虔诚祷告,上帝终于被大家的善良感动,决定不把这场灾难降临给他们,而是保留世界的安宁,让人们能够放心健康地生活下去。

听到这个消息之后,信徒们不但没有因为玛丽安预言的失败而质疑她,反而对玛丽安更加崇拜,甚至更加坚定自己的信仰,并且有的信徒还因此放弃了原来的生活,死心塌地地做玛丽安的信徒。

在这个案例中,信徒们因为所深信的预言失败从而导致自己内心的认知失调,坚定的信徒们在得知新的讯息之后,为了消除内心的失调感,不得不说服自己,将认知冲突调整到一致,以便减轻内心的不适感。

针对这次事件,费斯汀格首次提出了认知失调的概念,后来又对认知失调做了详细的阐述,其大意为:人对自己的行为认知和理解需要保持一致性,一旦自己的行为与自己的认知发生偏差,或者对行为的认知上发现不和谐时,就会引起心理上的不适和紧张,产生很多不愉快的体验,这种心理情绪就是认知失调。

认知失调一旦产生,人就会对自己的行为产生不解与质疑,但是这个过程并不会延续很久,因为人一旦发现自己认知失调,就会迅速对自己的行为或者对事物的认知进行重建或者调整,自动使自己的行为与认知达到一致,从而使自己的不适感得到缓解,改变自己的认知状态。

那认知失调的原因是什么呢?

一是人的逻辑认知与现实真相产生了冲突。比如,在一个人的认知里,乌鸦一直是黑色的,当他看到一只白色的乌鸦,就会产生认知失调。二是人的态度和行为产生了冲突。比如,一个人从内心里厌恶且看不起自己的上司,但是在上司面前又不得不卑躬屈膝,听从指示,这也是一种认知失调。像这样的认知冲突造成了心理上的不适和不安,使自己产生不愉快的体验,那么我们该如何解决这种心理问题,消除内心的不适呢?我们可以从几个方面进行调整,比如改变自己的认知态度、增加认知的一致性、减少与态度相矛盾的行为,等等,尽量使认知趋于一致,那么心理便会逐渐平衡。

## 2. 认知疗法:你的痛苦本可避免

**微行为关键词:认知疗法**

很多时候,人的痛苦来源于对人或事的认知失调,而并非来源于人或事本身。根据人的认知过程我们发现,通过认知疗法,可以矫正人们的不良情绪和行为,重新建立合理的认知,达到改变的目的。

生活中,我们总是会遇到这样的人,他们无时无刻不在为了自己的遭遇而唉声叹气,总是在抱怨命运的不公,似乎在他们的生活中没有一件事情是开心快乐的,所有的事情都让他们感到痛苦不安。那么,难道他们遇到的每一件事真的是那么糟糕和不堪吗?他们的人生注定要遭受这些痛苦和难过吗?其实真正让他们感受到痛苦不安的，并不是他们所遭遇的事情或所遇到的人，而是他们对这些事情以及这些人的看法。甚至可以这么说，有很多痛苦其实是完全可以避免的，只不过有人总爱自寻烦恼。

张洋是一名应届毕业生，不久之前刚刚参加工作，在一家上市公司做职员。但是他工作不到半年，就渐渐感到疲惫不堪，整天一副闷闷不乐的样子，甚至还常常跟同事起争执。

一天下午，张洋从领导办公室出来，带着一副愤懑的表情，气愤地坐在自己的位置不说话。隔壁的同事看他这么生气，就关心地问道："你最近是不是遇到什么不开心的事情了，怎么总是无缘无故发脾气？"

原来，张洋以前在学校读书时，成绩很好，经常被老师表扬，他自己也觉得，以后肯定会做出一番大事业的。没想到，进入公司以后，他发现人外有人，天外有天。和张洋同时进公司实习的同事，专业知识都很棒，表现也很优秀。而且，这家公司在业界非常知名，口碑也很好，同时，公司对新员工的要求很严格，如果你的工作业绩不能达标，就会被淘汰。所以，每个员工都在拼命工作，不想被落下。

张洋从小被夸到大，自己又争强好胜，想要有好的表现，得到公司重用。可是，压力越大，越谨小慎微，反而越容易出错，渐渐地领导对他有点失望了。张洋很担心会被淘汰，毕竟能留在这家公司工作是无数人梦寐以求的。所以，在这种高压下工作，时间一长，他不禁心情郁闷，烦躁不安。

听了张洋的诉苦，同事微微一笑，说道："你每天想东想西，杞人忧天，难道就能解决问题了吗？还是你认为自己工作能力不够，一定会被淘汰呢？与其每天为这些没有发生的事情忧虑不安，不如放开心情，梳理好自己的工作，尽最大的努力，就算最后离开也不遗憾。"

其实，很多事情本身并不是引起我们痛苦的根源，真正让我们痛苦的是我们自身对这件事的看法和观点。就像前面提到的张洋,只知道用主观的自我认知来看待眼前的人和事情,却不知重新建立心理认知,以致让自己陷入无尽的烦恼和痛苦之中。

微行为心理学上对于认知理论的描述为:人的情绪大多来自于对所遇见的事情的看法、观念、评价,而并非是来自事情的本身。这句话的意思就是:人的痛苦本来是可以避免的,但是人总爱自讨苦吃。

或许还有的人会这样问,那么怎么样才能避免痛苦,不被这些扰人的情绪左右呢?著名心理学家、现代认知疗法权威专家 A. T. 贝克,对这种现象曾表达过自己的观点,他认为:“适应不良的行为与情绪,都源于适应不良的认知,因此,行为矫正疗法不如认知疗法。”

不止 A. T. 贝克表达过这样的观点,有的心理学家也认为:当人经历了某一事件,就会对这一事件产生自己的看法和认知。如果对其产生不合理的认知或者看法时就会引起自身不良的情绪和行为,使自己感到痛苦。这种情况下,只有通过疏导来改变或者重建对事情的认知或看法,才能达到认知治疗的目的。

吴欣是一家企业的白领,工作很勤奋也很努力。前些天,领导在同事面前夸奖了吴欣,还鼓励她今后要更加上进,说不定下一次考核就能升职。吴欣听了很是得意,觉得领导言语间都透露出想要提拔自己的意思,于是工作更积极了,想向同事和领导证明自己。可是,过了些日子,领导并没有明确的表示。吴欣开始有些忐忑不安起来,不知如何是好。

就在这时,公司又来了一位新职员,领导也多次当着全体员工的面,夸赞那位新职员的工作能力。吴欣听了,就认为这位新职员肯定是来和她争抢职位的,否则怎么会一来就锋芒毕露,展示自己的能耐呢?而且,领导还三番五次地夸奖她,很多重要项目都交给她去办,领导肯定也是想要放弃自己,转而提拔这位新职员。

一旦产生这种想法之后，吴欣就觉得新职员的所作所为都是在跟自己作对，处处看新职员不顺眼。比如，业绩考核输给新职员，她就认为新职员是故意在领导面前显摆；领导批评自己了，她就觉得一定是新职员向领导打了小报告。时间长了，吴欣越来越觉得自己被人排挤、欺压，与新职员针锋相对，闹得办公室乌烟瘴气，最后差点被公司开除，丢掉大好的前程。

其实上面讲述的这种情况，无论是在生活中还是在职场中，都很常见。吴欣的痛苦和愤怒并不是新职员造成的，也不是别人故意为难她，而是她自己对事情的理解和看法出现了偏差，最终导致自己痛苦不堪。

说到底，这世界上所有的人或者事物的本身都不能给人造成情绪上的伤害或者痛苦，痛苦并不是外界赋予我们的，而是由于我们自身对事情的认知、理解和看法出现了错误，从而产生了痛苦情绪。

就像面对同一个人或者同一件事情，不同年龄不同性别的人会产生不同的情绪和行为，难道要说是因为事物的本身产生了变化吗？并不是，而是不同人产生了不同的认知和看法时，所以才会有不同的情绪。当我们能够懂得改变或者重建对某件事情的认知时，就能避免不必要的痛苦。

## 3. 投射效应：别人在我们眼中总是坏人

**微行为关键词：投射效应**

我们在去评价和认识别人的时候，往往都会以己度人，用自己的想法去揣测别人的心理或行为。比如，一个人生气的时候，看别的人也不顺眼；一个人高兴的时候，看别的人也很舒服。这其实是一种心理学上的投射效应，把自己的特质投射到了别人身上。

一天晚上，一个年轻人开着车，行至一条偏僻的公路时，汽车抛了锚。年轻人下车一看，原来车胎爆了。

年轻人便打开后备厢寻找修车的工具。翻遍了后备厢，却始终没能找到千斤顶。年轻人很是郁闷，正值半夜时分，又在偏僻路段，车辆稀少，想要找人帮忙很不容易。

年轻人抱着一丝希望往前走了走，发现远处有灯光，那儿肯定有人居住，于是他决定去向人家借千斤顶。

走过去的路上，年轻人不由地想：

“如果灯光那儿不是一户人家怎么办？如果没有人在家怎么办？如果开门的人说没有千斤顶怎么办？如果那户人家有千斤顶却不借给我怎么办？如果他们借了千斤顶给我，又问我要钱怎么办？”

年轻人就这样不停地胡思乱想，越想越觉得这些事情都可能会发生，越觉得对方的行为令人生气。所以，当他走到那处有灯光的房子跟前时已经怒火冲天，开始用力砸人家的门。当主人听到敲门声一出来，他劈头冲着人家就是一句：“你有什么了不起的，老子才不稀罕借你的千斤顶！”

主人无辜挨了骂，没搞清楚状况，完全摸不着头脑，还以为年轻人精神有问题，便不理会他，直接把门关上了。

年轻人只好气呼呼地回到车上过了一夜。

这个年轻人把自己的想法强加在别人身上，认为对方会和他存在一样的想法，但是人家未必就和他想的一样。这个小故事中的年轻人虽然偏激，但是却充分说明了一个心理学原理。不知道大家是否意识到：我们在生活中去认识和评价别人的时候，常常会受到自身特点的影响，用自己的情绪、品行和喜恶去揣测别人的想法，认为别人的想法肯定和自己一样，俗语“以小人之心度君子之腹”讲的就是这个意思。

在心理学上被称为投射效应。所谓投射效应，是指当人们不知道别人的个性、好恶、观念的时候，会不由自主地把自己的心理特征与想法归属到别人身上，认为自己讨厌什么，别人就讨厌什么；自己喜欢什么，别人就喜欢什么。

投射效应是一种认知障碍，它太过于以己度人，强行把自己的情绪和意志投射到别人身上，认为对方具有与自己相同的特性。比如，善良的人会认为别人也都是善良的；自认为很优秀的人，就会认为别人也都觉得他很出色；贪婪的人，总是认为别人也都自私、贪财；经常说谎的人，就会觉得别人也总在骗自己。

投射效应通常有以下三种表现：

第一种是相同投射。这种表现多出现于与陌生人交往的时候。由于双方对彼此都不太了解，无法得知对方内心的想法，便会在不自觉中以自己的想法作为判断，从而产生相同投射。例如，陌生人第一次到你家做客时，自己觉得口渴，便不问客人的意愿给客人不停地倒茶；再例如，你裹得严严实实地走在大街上，看到有人穿着很薄的衣服，便觉得那个人肯定也冷，只是为了漂亮而不顾自己的身体。但是其实你渴了并不意味着别人也渴，你觉得冷并不代表别人也觉得冷。这都是因为你在潜意识里把自己和对方混为一谈了，没有注意个体之间的差别。

第二种是愿望投射。也就是把自己的主观愿望强加到对方身上的一种投射现象。比如一个人自我感觉良好，觉得自己长得非常漂亮，到哪里都是众人瞩目的焦点，那么就算别人偶尔不小心看了他一眼，他都会理解为是对方对他的欣赏或爱慕。

第三种是情感投射。简单来说，就是人们常说的“情人眼里出西施”。一般来说，人们对自己喜欢的人都是越看越觉得顺眼，越觉得优秀，追捧和美化他们；对于自己讨厌的人，则是越看越讨厌，越觉得对方浑身都是缺点，厌恶和丑化他们。这种错误的心理，会让你失去人际沟通中认知的客观性，从而导致主观臆断并陷入偏见的泥潭。

有这么一个故事：

大文豪苏东坡年轻的时候文采飞扬，但有些恃才傲物、小心眼儿。有一天，苏东坡与好友佛印禅师一起喝茶聊天，喝完茶后，两人一起打坐参禅。苏东坡定性太差，坐不了一会儿便开始东倒西歪，挤眉弄眼。

他见佛印禅师穿着僧袍，便也装模作样地穿上一件大长袍。然后，他问佛印禅师道："你看我这样坐着，像个什么？"

佛印禅师打量了他一番，心平气和地说："像一尊佛！"

苏东坡听了佛印禅师的话，非常高兴。他又问："那么，大师可知，你在我眼中是什么？"

佛印禅师静静地问："是什么？"

苏东坡打趣道："你长得又黑又矮还又胖，在我眼中就像一堆牛粪。"

面对苏东坡的讥讽，佛印禅师并没有回应，依旧眼观鼻，鼻观心岿然不动地端坐着。

回家之后，苏东坡非常得意地把事情的经过告诉了苏小妹，认为妹妹一定会夸赞他的机智。谁知苏小妹听后却狠狠地奚落了他一番，说："观其心，见其性。佛印大师德高望重，深明佛理，所以他看你像一尊佛，这是因为他心中有佛；而你说他像牛粪，是因为你心里想的都是牛粪，如此看来，其实你自己才是牛粪！"

苏东坡听了这番话，不禁恍然大悟，惭愧不已！

这其实就是投射效应的表现。

投射效应往往会发生在这样一些情况下：

当遇到一些与自己职业、年龄、身份、地位等相似的人时，人们在内心深处，总是会认为和自己处于同一群体的人会具有相同的特征。比如不喜欢写作业的学生会觉得所有同学都跟他一样不爱学习;思想较为成熟的年轻人会认为所有二三十岁的人都应跟他一样稳重。

发现自己的缺点的时候,为了寻求心理平衡。当一个人发现自身存在缺陷时,会下意识地认为别人身上也存在着同样的缺陷,以此来安慰自己。这是出于一种自我保护,不愿被人比下去的心理,把自己不好的地方投射到别人身上,他会觉得大家都一样,自己不比别人差。

投射效应使人们倾向于按照自己的想法来看待他人,往往会导致认知的偏差。面对这个心理学现象,我们要学会真实地、客观地去看待他人,学会辩证地、一分为二地去对待别人和自己,避免得出错误的认知,既无法了解别人,也无法真正了解自己。

## 4. 诱饵效应:为什么我们总是折中选择

**微行为关键词:诱饵效应**

人生总要面临选择,当摆在我们面前的选项,各有千秋,可能就会难以取舍。这时,如果又出现了另一个选项,这个选项看起来平淡无奇,并不比其他的更好,却能突出其他选项,让我们能够分辨出其他选项的优势,从而进行选择。从心理学角度上看,这个可有可无的选项,就是诱饵,而产生的这一现象就是诱饵效应。

起初,诱饵效应最先在商业营销活动中被发现,后来经过不断的适用,已经成为一种非常普遍的现象了。经济学家认为,消费者在挑选产品时,很多人都会对产品进行比较,直到对比之后才会选择自己最想要的产品,而商家正是抓住了消费者的这一心理,为了能够让消费者做出有利于商家利益的选择,商人便会安排一些诱饵来“引诱”消费者,从而引导消费者选择出让商人满意的产品。

当我们去商场买东西的时候,看见了商家贴出的促销广告:

26 英寸的 A 电视机 2000 元

32 英寸的 A 电视机 3000 元

32 英寸的 B 电视机 5000 元

面对这三种促销方式,我们会选择买哪一台呢?据调查,面对这三种促销选项,65% 的消费者选择中间的选项,而 20% 的消费者会选择第一个选项。剩下 15% 的消费者会选择第三个选项。

为什么大部分消费者会选择中间的选项呢?因为第一个选项的电视机尺寸相对较小,价钱也太过便宜,买了之后没有什么优势,而第三个选项的电视机和第二个选项的电视机尺寸一样,价钱却太贵,因此,消费者在价钱面前,有很大的概率会选择第二个选项。而中间的促销活动也正是商家的主要卖点,商家正是认准了消费者的这种心理,才特意增加了第三个选项,以此来增加第二个选项的吸引力,引导消费者购买。

不仅是在商场中,我们会遇到这种情况,其实无论我们是去吃饭、娱乐还是其他活动,都会遇到这样的诱饵。比如我们去餐厅吃饭,在浏览菜单时,总会发现餐厅的菜单上有一道菜贵得离谱,但是还有的菜却很便宜,这时候,人们为了自己的面子着想,一般不会选择最便宜的菜,但是也不会选择最贵的菜,而是在这些菜单中,折中地选择相对较贵,或者次之的菜,这样既可以保住自己的面子,又能保证自己的钱包不会损失太多。所以说,菜单上最贵的菜并不是商家最终的销售目的,也不是商家为了获得高利润而故意抬高价格,这个选项的设置只是商家用来增加其他选项的吸引力,引导消费者来选择。

商家是非常聪明的,从上述案例中我们也可以看到,很多时候,商家并不是无缘无故设置一些看起来匪夷所思的选项，每一个选项都有它存在的意义，而那些最不可能会被选到的选项，或者是很少会被选到的选项，其实是商家设置的诱饵，用来引导消费者按照商家的想法去选择产品，从而达到商家最终的目的。

除了这种折中的选项之外，还有一种情况，也是典型的"诱饵效应"：

商场里的T恤和牛仔裤是摆在一起同时销售的，商家在显眼的位置还放上了一个大大的广告牌，上面写着：

T恤/件　59元

牛仔裤/条　299元

T恤/件+牛仔裤/条　299元

进店买衣服的消费者一看这个促销牌，不禁大吃一惊，牛仔裤一条就是299元，结果加上一件59元的T恤之后，还是299元，这就相当于T恤是免费赠送的。消费者想通之后，不管之前有没有买牛仔裤的欲望，但是看到这样买一送一的低价促销之后，也不禁开始加入抢购的大军。

其实这样的促销手段，我们经常可以在各大商超看见，只是很多时候，商家会写上"买一送一"的宣传标语。这样的促销手段太常见了，导致消费者已经产生了抗性，不会再被这样的促销手段所吸引，但是这个商家却把T恤和牛仔裤分开销售，又给了消费者一个组合销售的价格，而消费者单买一条牛仔裤的话却需要支付原价，这种情况下，消费者自然会认为只有T恤和牛仔裤一起买才是最优惠的。

事实证明，商家这样的做法是非常正确的。销售结果显示，89%的消费者选择了"T恤+牛仔裤"的组合，而选择单单购买T恤的消费者却很少。

这表明，消费者在选择产品时，往往要对产品进行比较，只有通过比较，消费者才能发现产品的价值。因此，在消费者并不明白牛仔裤售卖 299 元是否值得购买时，却发现“T 恤 + 牛仔裤”也只需要 299 元，这样进行比较之后，消费者自然认为“T 恤 + 牛仔裤”一起购买更加划算，有了前面两个促销选项的对比，消费者一下就分辨出来哪一个选项更有吸引力了。

为了能够更加清晰明了地解释“诱饵效应”，调查者将“T 恤 + 牛仔裤”的选项擦掉，促销广告牌上只有：

T 恤/件　59 元

T 恤/件 + 牛仔裤/条　299 元

而当选项只有这两个的时候，消费者的选择也发生了巨大的变化，调查结果显示，有 72% 的消费者选择只购买 T 恤，而选择购买“T 恤 + 牛仔裤”的消费者只占 28%。

当商家去掉中间那个选项之后，消费者的选择竟然发生了如此巨大的变化，可见中间的选项就是商家用来引导消费者选择的“诱饵”，一旦商家把“诱饵”消除，消费者的理智也就回归了。这也是为什么很多消费者在购买产品之后，反应过来大呼上当的原因，并不是商家的促销力度大，而是消费者的思维被“诱饵”所影响，从而正中商家下怀。

人们在做出选择的时候，总是会犹豫不决，担心自己的选择是错误的，或者担心自己的选择没有价值，如果这个时候，出现了另一个选项，这个选项看似可有可无，甚至没什么存在的意义，但是它却能够体现出原本选项的价值，还能帮助人们来判断原本选项的正确性，人们就会突然坚定自己的选择。其实这个可有可无的选项就是“诱饵”，它的存在不过是为了加深其他选项的吸引力，引导人们选中真正的“目标”。

## 5. 酸葡萄定律:别人的葡萄总是酸的

### 微行为关键词:酸葡萄定律

当一个人的行为或者思维等没有达到自己预期的效果或者目标时,就会产生一种挫败感,而在调节自己挫败感的这个过程中,人们就会自然而然地产生一种自我安慰的心理机制,从而来减轻自己内心的痛苦和郁闷,这一现象在心理学上被称为"酸葡萄定律"。

有一则非常经典的寓言:有一只小狐狸饥饿难耐,四处寻找吃的,当它路过葡萄园的时候,看到葡萄架上长着一串一串晶莹剔透的葡萄,小狐狸垂涎欲滴,很想摘几串葡萄充饥,可是葡萄架子太高了,它只好跳起来去摘葡萄。结果它试了好多次,还是够不到葡萄,小狐狸失望极了。没办法,它只得怏怏不快地走了,边走边想:"这里的葡萄没人摘,肯定是酸的。"想到这里,它也不难过了,反而庆幸自己没吃到酸葡萄。

事实上,狐狸是因为葡萄酸才不去吃葡萄吗?并不是,而是它够不到葡萄,吃不到葡萄,为了安慰自己才说葡萄是酸的,这样就能"心安理得"地去找别的食物了。

这种现象就是典型的酸葡萄效应,在心理学上,也称为酸葡萄心理。酸葡萄心理是一种很常见的心理,人在进行心理防御时,通常会选择这样的自我安慰方式来调节自己内心的痛苦。

当人们的需求无法得到满足时,难免会产生不满、消极等负面情绪,为了能够使自己尽快从这种状态中解脱出来,才不得不编造一些"合理"的理由说服自己,让心理得以平衡。这种情况下产生的心理防御确实能够帮助我们更好地适应生活中的问题。

在生活中，这种酸葡萄心理很常见，比如，有人想考公务员，却没有考上，就会说："公务员有什么好的，工资又不高，还要干一辈子，多乏味啊。"又如，一个人多次相亲失败，他就会说："结婚多麻烦啊，还是一个人自由自在。"再如，有人面试没通过，就会说："这公司有什么好的，还不是天天有人辞职。"

这与鲁迅先生在《阿Q正传》中讲到的"阿Q精神"相似，阿Q在被别人殴打时，还能自我欺骗：反正都是儿子打老子。这种自欺欺人的心理安慰暂时消除了阿Q的皮肉痛苦。

酸葡萄心理并不都是消极的，它还有积极的一面。当人们明知道吃不到葡萄，就认定葡萄是酸的，那他的内心就不会那么难过，释然之后便会继续去寻找其他的食物，这样缓解自己的心情也未尝不可取。当然，我们不能总是这样自我安慰地生活一辈子，如果遇事就选择逃避，那总有一天会退无可退。所以说，凡事都有两面，酸葡萄心理可以让我们暂时好过一点儿，适当消除内心的负面情绪，平衡心理压力，但是，想要真正地解决问题，还需要我们直面现实。

与酸葡萄心理相对的还有一种甜柠檬心理。这种心理指的是人们对于自己获得的或者属于自己的东西，即使不喜欢或者不满意，也会坚持认为是好的。比如，一个人明知道自己手上的芒果还没熟透，肯定是酸涩的，却坚持说自己就喜欢吃这样的芒果。其实这也是一种自我心理安慰，认为得不到的都是不好的，有缺点的，而自己已拥有的，他也会想方设法证明这是最好的，即便有缺点。

针对这一现象，心理学家曾经做过一个非常经典的小实验：首先，心理学家招募了一定数量的学生作为研究对象，并将这些学生分为两个小组，共同来完成一些非常枯燥乏味的工作。

第一小组的学生被派去转动计分板上的48个小木钉，要求学生必须每个钉子顺时针转动 1/4 圈,再逆时针转动回来,持续这个过程半小时。

第二小组学生的任务是,把一大把汤匙装进一个容器,再一把一把地拿出来,同样对这个过程坚持半小时。

半小时后,学生按时完成了任务,心理学家并没有给他们相同的报酬,反而是有的学生给了 1 美元,有的学生给了 20 美元。同时,心理学家要求这些学生回去之后,告诉下一个来做实验的学生,这个游戏非常有趣。

实验结果表明,拿到 1 美元的学生比拿到 20 美元的学生更容易认为游戏有趣,在劝服下一个实验者时也更加卖力。

学生没有拿到相等的报酬,并且这个工作确实非常枯燥乏味,但是为了满足自己的虚荣心,或者平衡自己内心的落差,拿到 1 美元的学生就会不断地自我暗示,同时不断地向别人证明,实验很有趣。因为这样才能让他们内心的焦躁、郁闷得以缓解。这个现象说明,人们对于发生在自己身上的事情或者自己得到的东西,即使是不好的,也会通过强烈的自我欺骗来告诉自己,“柠檬是甜的”,从而帮助自己消除一些消极的影响和情绪。

无论是“酸葡萄定律”还是“甜柠檬定律”,都只是我们在应对困难时产生的一种心理防卫机制,实质是人们为了掩饰自身的错误和失败,从而寻找借口原谅自己,以减轻心理压力。但是,它们只能暂时缓解人们的心理压力,长时间则会造成消极影响。总是为自己的遭遇和失败寻找借口,只看到自己的长处却看不到自身的缺点,就会永远在原地踏步,不可能进步。

## 6. 归因理论:所有的不成功都是因为外部原因

### 微行为关键词:归因理论

心理学家发现,人们对事件起因的看法有两种解释:一种是内因,也就是人们自身的情绪、性格、能力等;另一种是外因,比如天气、意外、环境等。当人们在解释别人的行为原因时,会倾向于自己的主观归因,但是在解释自己的行为原因时,会倾向于外界归因。这就好比,当一个人对自己的失败进行原因阐述时,会不自觉地把失败的原因归结为外部原因。

李丰是一家公司的部门主管,个人业务能力非常强,对待下属也很宽容大度,员工都很喜欢这位上司。为了提升员工的集体荣誉感,增强企业凝聚力,领导决定下周一在市体育馆举行一场公司内部员工春季运动会。以部门为单位,每个员工都必须参加,除非特殊情况,否则不能缺席。比赛结束后,公司将对各个部门进行评比,获胜的部门有意想不到的奖励和惊喜。

这个消息得到了公司员工的一致赞同,大家都积极准备,希望能在比赛中获得奖项。李丰原本就是个好胜心极强的人,事事都想争先,所以收到公司举行员工运动会的通知之后,他立刻给自己部门的员工下达命令,务必要赢得这次比赛的团体冠军。

可是,没想到,就在运动会召开的前一晚,一位准备参加 4×100 米接力赛的员工突发急症住进了医院,第二天的比赛肯定没办法参加了。李丰得到消息,急忙召集部门员工开会,让大家想想由谁来顶替。一位员工说:“不如让张海代替吧,我看他平时挺爱运动的。”

另一个队员却说："小吴也经常运动，我觉得小吴挺适合参加接力赛的。"李丰也不了解小张和小吴谁更擅长跑步，便听从大多数人的意见，临时换了小张去参加接力赛。

运动会如期举行。在其他的运动项目上，李丰部门都取得了不错的成绩，眼看只剩最后一项 4×100 米接力赛了，只要赢了这一场，那得到团体冠军就十拿九稳。可是由于临时更换参赛队员，大家也没有时间进行训练磨合，结果在比赛时，相互之间配合不默契，频频掉棒、摔跤，最后输了接力赛，部门也与团体冠军失之交臂。

比赛结束，看到别的部门得到了团体冠军的奖杯和丰厚的奖金，李丰心里越想越不是滋味，忍不住吐槽道："都是因为临时更换了小张，不然我们怎么可能会输？"

从案例中来看，李丰听从了员工的建议，让小张顶替生病的员工参加接力赛，最后输了，他气愤地认为是他人的原因导致部门失去了团体冠军。可回头想想，虽然小张是别人推荐的，但最后拿主意的却是李丰自己，所以比赛输了并不能怪其他人。

同样一件事，我们设想另外一种结局：

比赛时，大家互相配合，非常默契，像是事先排练了很多遍一样，结果顺顺利利地赢得了接力赛，李丰部门获得了团体冠军。那这个时候，李丰肯定会说："哈哈，还是我有先见之明，选择了小张替补，不然怎么可能取得这么好的成绩呢？"

这种事并不稀奇。面对同一件事情，如果结局是好的，人们就会归功于自己；如果失败了，人们就会将原因归结于外界因素。著名心理学家海德也研究过这种现象，他称这种现象为：归因理论。

归因理论指的是，人们在寻求一件事情或者行为的原因时，要么把它归因于外界环境，要么把它归因于个人因素。所有的行为都可以用外部或者内部因素进行解释。如果把行为归因于外部因素，就会认为行为者对其行为是不负责任的，如果把行为归因于个人因素，行为者就要为此承担责任。

在现实生活中，我们往往会听到这样的话：

“都怪你，要不是你的原因，我们会是这样的结果吗？”

“要不是天气不好，我怎么可能会迟到？”

还有类似这样的话：

“要不是我一早预料到，现在我们就走不了了。”

“早就让你听我的劝，现在知道我说的是对的了吧。”

种种现象都在表明一个道理：行为的原因有外部归因和内部归因之分，但是往往在失败的结果上，人们更倾向于外部归因；而在成功的结果上，人们往往更倾向于内部归因。简单来说，人们对于不好的结果通常会选择埋怨他人，比如怪天气不好，怪环境变化，怪外人的劝说等，总之都是外界的责任，与自己没有关系；而对于好的结果通常认为是靠自己的能力达到的，所有的功劳都是自己的。

其实会产生这样的现象是很正常的，大多数人在判断一件事情的结果应该由谁来负责任时，都会出现偏差，因为人首先是站在自己的角度思考问题，所产生的想法自然也带有强烈的主观色彩。

那么我们怎么样才能学会对自己的行为进行准确的归因呢？著名心理学家海德指出，人们在对行为进行归因时，经常使用两种原则：

一种是共变原则，即在许多不同的情景之下，有某个特定的原因和某个特定的结果互相关联，当这个特定的原因不出现时，特定结果也不出现，我们就把这个特定的结果归因于这个特定的原因。

另一种是排除原则，即发生某一件事情的原因可以用外部归因或者内部归因的其中一种，就可以自然而然地排除另一方面的归因。比如一个人犯了一个错误之后，又犯了相同的错误，这就表示他的行为可以排除外部归因，而归因于他的个人因素。

很多人都会坚称自己是理性的，但其实人们在行事方面常常是非理性的。因此在观察分析一件事情的原因时，我们要懂得站在更全面的角度去想问题，努力克服归因理论带来的偏见。

## 7. 互相攀比：你的不快乐来自于不恰当的比较

**微行为关键词：互相攀比**

在心理学上，攀比是一种由于个体发现自身与参照个体之间有偏差时产生的负面心理。攀比是一种很常见的心理情绪，很多人在和别人进行比较时，如果发现自身不如参照个体，就会产生一种不舒服的情绪，进而在各方面与参照个体进行比较，但是这种做法却不能让个体自身产生快乐的情绪。

陆冰有一个相处多年的好闺蜜吴倩，两人从初中就认识了，关系一直非常好。她们来自同一个地方，大学毕业之后，又在同一座城市上班，虽然不在同一家公司，但离得也不远，所以每到周末，两人都会约着一起逛街吃饭。

可最近一段时间，陆冰有些闷闷不乐，不想去上班，也不愿意跟吴倩联系，连之前的周末约会也取消了。陆冰的男朋友看她不太开心的样子，便问她怎么回事。陆冰和男朋友恋爱多年，感情一直很稳定，男朋友也很宠爱她，做饭、洗衣之类的家务活从不让陆冰操心，一切都帮她安排得妥妥当当。但是陆冰见男朋友问起为什么不开心，却不知如何回答。

陆冰的确是因为吴倩才不开心的。读书的时候，她们成绩一直不相上下，参加工作之后，两个人在各自的工作岗位也一直非常努力，但是由于吴倩所在的公司规模较大，她的薪水一直比陆冰稍高一点儿。对此，陆冰有点失落，但也不至于产生嫉妒心理。

就在前几天，吴倩打电话来说自己升职了，要请陆冰吃饭。陆冰听了，失落感更重了。她想，自己的工作能力并不比吴倩差，为什么总是不如吴倩待遇好呢？从升职到加薪，吴倩事事走在自己前头，这是为什么？老天太不公平了！一旦有了这个念头，陆冰与之攀比的心思日盛，想到吴倩平时穿的衣服比自己的高档许多，饮食上也讲究，还不时出国旅游。可自己呢，每天忙忙碌碌，为更好的生活打拼，却始终比不过吴倩。这样一想，陆冰的内心更不平衡了，竟开始讨厌起吴倩了。

而陆冰不知道的是，吴倩也很苦恼，她自认为和陆冰相比，自己各方面都不差，甚至客观地说，从外貌到工作能力还要高于陆冰，却一直找不到男朋友，而陆冰不仅有一个不错的男朋友，还对她百依百顺。吴倩也想不通。就这样，两人暗暗攀比，相互嫉妒，慢慢地，关系越来越糟糕，再也不复当初的美好。

人的幸福感通常是需要与别人比较，才能获得的，而如果在比较的过程中，发现自己并不如别人，就会产生不幸福感。难道说，与别人相比较，就一定会陷入痛苦、自卑的境地吗？也不全是这样。很多时候，在与别人的比较过程中，有的人会察觉到自己的不足，从而更加努力，想要追上别人的脚步，不但不会不快乐，反而会产生很多积极的影响。相反，有的人感到处处不如别人，内心便滋生很多负面情绪，导致自己变得不快乐，这是由于人们与参照个体进行了不适当的比较。

这就好比一个富人每天忙于工作，想要出门旅行放松一下，还要时不时地担心工作，这个时候他就开始羡慕那些自得其乐的穷人；而穷人可以自由安排生活，却很羡慕富人能够任意支配金钱。这就是一种不适当的比较。比较的结果往往会让人感到不快乐。

顾如是一家公司的员工，薪水还不错，除了日常开销，还能存下一点儿钱，可以很好地养活自己。他每天按时上下班，周末约好友出去郊游、健身，生活很安逸，这一切让他感到很满意。

不久之前，办公室的一位同事新买了一辆汽车，虽然不是那些高端大牌车，但也花了不少钱。那位同事有意无意地在其他同事面前显摆，周末还经常邀请同事一起自驾游，大家很理解他这种买了新车想要显摆的心情，又是羡慕又是嫉妒。

顾如很爱面子，在工作上也一直很出色，想起以前在办公室，大家都围着他讨教，而现在不如自己的人都买了车，有些同事为了搭车等便利就转而去巴结。一想到这儿，顾如心里很不是滋味。

有了这个想法之后，顾如就暗下决心，自己也要去买一辆车，还不能比同事的差。于是在半个月后的一天，顾如来到汽车销售中心，千挑万选了一辆中档车，对各方面感觉都很满意，便爽快地签约了。顾如手里虽然有些存款，但支付全款还是不太够，只好贷款购买。

结果买了车子后不到一个月，顾如就后悔了。先不说自己平时上班用不到车，单说每月还要还车贷，为车加油、上保险等养护费用，让顾如很是拮据。不但不能舒服地享受周末生活，生活和工作压力也变大了，生怕自己出现错误丢了工作，没钱还贷。

其实还有一个最重要的原因是，顾如本身并不需要一辆车，也不太想买车，他只是想要超过同事，如今，他发现因为一辆没多大用处的车，打乱了自己的生活节奏，心理不但没有产生任何满足感，甚至越来越不愉快，越来越郁闷。

这种现象也是典型的由于不适当攀比而引起的负面情绪。对于顾如来说，买车并不是他内心的需求，他之所以想要买车只是出于和同事之间的互相攀比，想要超越同事，满足自己的虚荣心而已，所以即使他最后买了车，也不能带给他幸福感。

很多不快乐并不是因为自己在比较过程发现自己缺少什么，或者不如别人，而是在比较中，产生一种想法“别人有的，我也要有，不管我需不需要”。这样不适当的比较才是人们真不不快乐的原因。我们要学会多关注自己的优势，关注自己内心真正的想法，去寻找自己真正需要的东西,而不是和别人作无谓的比较,让自己错失真正的快乐。

## 8. 安慰疗法:心理暗示的力量究竟有多大

### 微行为关键词:安慰疗法

假如病人的病情很严重,无法通过常规的办法减轻痛苦,这时,有的医生会给病人使用一种“特效药”,减轻病人的痛苦,甚至有些人会因此而痊愈。那么,医生给病人服用的是什么灵丹妙药呢?其实,医生开给病人的,只是一种无形无色的心理药物,在心理学上称为安慰疗法。

安慰疗法其实是一种心理暗示,通过使人得到某种情感、情绪的暗示,从而在心理上产生特殊的变化。这种方法通常是医生用来减轻或者改善病人的病情时所使用。从某种角度上来看,安慰疗法见效快、无副作用、成本低,不过,这种方法只对那些容易接受心理暗示的病人才有效。所以,安慰疗法存在着明显的局限性,并不能每次都如愿以偿。

在使用安慰疗法进行治疗时,一定要做到对病人保密,不能让病人知道真正的“药方”,否则病人一旦知道真相,安慰疗法的效果就会明显减弱,即使在此之后,医生真的开出药方,病人也会心生怀疑,从而使病情加重。

小齐的身体一直很好,平时也非常注重锻炼,然而最近由于天气转冷,加上工作压力太大的原因,发起了高烧。一开始小齐自己也没太在意,认为就是普通发烧,去药店买了退烧药,回来吃了以后,逐渐好了起来,没想到,没几天就又引发了感冒。

人们一般都认为感冒只是一种很常见的小病，不必大惊小怪。小齐也是这样认为的，一直也没有放在心上，想着平时多喝点热水，过两天就好了。结果，这次病来如山倒，两个星期过去了，小齐的感冒也没见好转，而且还越来越严重。没办法，小齐只好去药店买了药，吃了几天，感冒还是没有好转。这段时间，小齐工作非常繁忙，干活时总是昏昏沉沉，无法集中精力，他有些不太好的预感，便决定去医院检查一下，看看是否生了其他的病。

检查完之后，医生告诉他就是正常的感冒，不用太过担心，就给他开了一副感冒药让他回去吃。结果小齐吃了两天还是不见好转，只能再次去找医生，这次医生显然也很意外，他又给小齐检查了一下，之后对小齐说："你不用担心，我们医院有一种'特效药'，治疗感冒特别管用，我先给你开一个疗程，吃完就能见效。"

小齐吃了"特效药"之后，不到两天就感觉身体开始好转，又吃了两天之后，感冒已经痊愈。小齐专门去医院感谢医生。后来再有感冒，小齐也会去医生那买"特效药"。医生告诉小齐，这种药吃的次数多了，效果就会没有第一次的好，并且建议小齐多注意身体，平时加强锻炼，养成良好的饮食和作息习惯，就不容易感冒了。

其实医生给小齐开的并不是什么"特效药"，只是普通的感冒药加维生素 C 而已，而这些药之所以能够快速地治好小齐的病，并不是这药真的有什么特效，而是医生在给小齐传达了一种明确的心理暗示。小齐听到医生介绍"特效药"的功能时，心理已经不知不觉地接受了心理暗示，因此，医生的安慰疗法才能最终成功实现。

从上述案例中我们可以发现，医生采用的这种治疗方式很明显就是"安慰疗法"。医生所用的那些并没有特殊功效却具有明显暗示效果的药物在心理学上称为"安慰剂"。安慰剂是一种与病人的治疗无关的药物，但是在病人使用之后，出于心理暗示的结果，病人会以为自己是在接受治疗，并且相信药物具有特效。

其实客观来讲，"安慰剂"对病人的治疗并没有特殊作用，也不能真正治病，可是，有的病人在使用了“安慰剂”之后，病情的确有明显好转，这是怎么回事呢？难道“安慰疗法”有什么神奇的功效吗？很多人都对这种现象存在疑惑，并且不断地进行验证，想要找出真正的原因。

1993 年，著名整形外科医生 J. B. 莫斯利就针对这种现象进行了验证。他对治疗关节疼痛的关节镜手术存有怀疑，于是，他决定用实验来进行验证。

莫斯利招募了 180 名关节炎患者，分为三组，分别进行手术。

第一组患者实施传统治疗方法。对患者进行麻醉，在患者的膝关节部位植入关节镜，切除软骨，并对患者的关节异常软组织进行矫正，最后再用 10 公斤的盐水对患者的膝部进行冲洗。

第二组患者则实施麻醉，在患者的膝部切三刀，植入关节镜，但是不切除患者的软骨。

第三组患者采取安慰疗法。对患者进行麻醉，在膝关节切三刀，但是不植入关节镜，也不切除软骨。

从三组手术方式可以明显看出不同之处，第三组患者并没有进行任何治疗，只是按照手术流程实施了一遍，从手术过程上看，第三组患者所经历的手术对于他们膝关节的恢复没有任何的功效。

在手术后的两年，莫斯利对三组做完手术的患者进行跟踪测试。通过调查他发现，第一组患者的膝关节功能恢复得较好，第二组患者的情况也很乐观，两组患者对手术都非常满意，并且都表示关节疼痛减轻了，也能正常行走了，甚至患者还表示，这种治疗方法非常管用，可以推荐给更多人。这样的结果，莫斯利和他的小组成员早就预料到了，毕竟第一组患者和第二组患者都是经历正常的手术过程，对于他们的病情也是存在明显帮助的。然而在调查到第三组患者时，第三组患者也都声称关节疼痛减轻了，令人惊奇的是，他们也恢复了正常的行走功能。

这表明，虽然第三组患者没有进行关节镜植入和软骨切除，但是他们从内心接受了医生的“安慰疗法”，认为自己也接受了治疗，因此才能和其他患者一样，感受到病情减轻，甚至能够正常行走。

现如今，还有很多人对这种“安慰疗法”存在质疑，认为这种方式并不是常规的治疗方式，但是在现代医学中，安慰疗法的运用却越来越重要。不仅如此，在我们的日常生活中，也经常会运用到这种心理暗示，比如老师对学生的鼓励、家长对孩子的夸奖、朋友之间的互相安慰等，这些都属于心理暗示的范畴，并且能够在一定程度上帮助人们走出困境，开始新生活。

# 第二章　性格行为——承认吧，你的性格其实是扭曲的

## 1. 自尊原则:我的自尊大于一切

### 微行为关键词:自尊原则

人人都有自尊心,自尊心是尊重自己,维护自我尊严,且不容别人轻易侮辱和歧视的心理。然而要想别人尊重自己,首先要学会尊重别人,因此,在与他人的交往相处中,要像维护自己的自尊心一样去维护他人的自尊心,这样才能减少很多不必要的摩擦。

维护自己的自尊心一直是人们非常看重的问题,因此在人际交往的关系中,想要双方之间的关系能够顺利发展下去,就要时刻注意维护对方的自尊心,这样才能达到预期的效果,带来意想不到的惊喜,才能使自己成为一个受欢迎的人。

麦克是一位高级大客户经理,专门负责公司的产品经销以及维护。有一次,他与一位重要客户谈成了一批产品订单。在双方针对产品的种种细节确认完毕之后,麦克就把订单交由公司的相关部门去生产制作。

结果,客户收到样品后不久,就打电话过来说,他不想要这批货了,并且非常气愤地指责麦克是个大骗子,竟然把次品卖给他们。麦克很疑惑,他在公司工作这么多年,接了无数产品订单,一直保质保量且按时发货,从来没有以次充好欺骗客户,也没有客户投诉,还如此大发雷霆。在之前与其他客户合作时,即使产品质量存在个体差异,也都会按照客户的要求重新修改,及时补发。可以说从麦克的工作经历来看,与每一位客户的合作都是很愉快的,这也是他年纪轻轻就能晋升到现在这个职位的原因。

听了客户的话，麦克虽然急于解释，但凭借他多年的销售经验来看，此时绝对不能顶撞客户，一定要平心静气，了解清楚事情的起因，再做决定。于是，麦克对客户说："您别着急，咱们在电话里说不清楚，我现在马上去您的办公室，我们见面谈。您放心，只要是我们的问题，一切损失由我们承担。"客户还是很生气，但是答应了他见面详谈的请求。

见面之后，麦克跟客户了解情况之后，才知道原来客户看到样品之后，认为不符合他们合同上的要求，关于尺寸规格及质量等方面都存在问题。可是，麦克对照样品与合同上的产品细节后，认为产品绝对是按照客户合同上所写的数据来生产的，没任何问题。可能是客户并不了解专业技术，经验又不多，所以才以为产品不符合相关要求。但是为了客户的面子，他又不能直接反驳客户，说"我肯定是对的，你是错的"。如果这样说了，便意味着他在指责客户不懂专业，很可能会伤害客户的自尊，这样不仅不能解决问题，还会雪上加霜，引起客户的暴怒，再严重点还会影响到双方之间的合作。

所以，虽然麦克心里也很着急，但他依然耐心地听完了客户的埋怨和愤怒，当客户说要解除合同时，麦克才礼貌地开口道："您说的要求我们可以完成，也可以按照您的意思重新制作，如果您坚持认为您的想法是对的话，可以给我一份新的制作蓝图，虽然这批产品已经投入了这么多钱，但是我们愿意自己出钱，承担这笔损失。不过，假如我们按照您的图纸重新生产，制作出来的产品达不到标准，这个损失需要您自行承担。还有一种方法，如果您还相信我们的能力，您可以放心地按照我们原来的图纸和数据继续生产。我向您保证，我们的设计和数据肯定是合乎标准的，如果最后按照原图生产的产品有问题的话，我们愿意单方面承担所有的损失。"

客户听了麦克的话，已经有了些微动摇，他也知道自己其实对产品生产并不专业，只是听信了别人的误传，说麦克的公司生产次品，没有求证便大动肝火，确实有些不对，于是向麦克道了歉，并且按照原计划继续生产。

事实证明,麦克的决定是正确的,最终的成品确实与合同上的要求一致,而这位客户也成了麦克的忠实客户。

从案例上来看,麦克的做法显然是正确的,试想一下,如果他不顾客户的面子,强硬地坚持自己是正确的,即使他的确是对的,那么客户还愿意跟公司合作吗?就算有合同的约束,客户这次勉强合作了,那今后还能从麦克这儿下订单吗?所以,在与别人交往时,一定要注意不要一味地指责别人来彰显自己,而是要懂得站在对方的立场上来考虑问题,多关注对方的感受,顾及对方的自尊心,这样有利于维护人际关系。

张路和顾小同是发小,感情一直不错。张路家庭条件优越,又是独生子女,身上难免有些骄纵之气,说话总是不顾及别人的感受。而顾小同呢,家庭条件不是很好,所以为人低调,生活朴素,平时很节俭。

因为关系比较好,张路说话又比较耿直,难免忽略了朋友的情绪。比如,有时她会直截了当地对顾小同说:“你穿的这是啥衣服啊?跟你说了多少次,地摊货不能穿,穿着没有气质。”看到顾小同吃泡面,她就会说:“你怎么又吃泡面,不能出去正正经经吃一顿饭吗?你要是不舍得我请你吃。”

张路的确出自一番真心,她看到好朋友省吃俭用,心里很舍不得,才这样说。想来,与顾小同这么多年的交情,她肯定明白自己的意思。

可是,张路从来没有想过,她用这样的语气说话,无意中伤害了顾小同的自尊心。而且,张路隔三岔五就请顾小同吃饭,给顾小同买衣服,每逢过节还送她礼物,看到什么好玩的好看的东西都想着给好朋友带一份。可以说,张路是真心实意想帮自己的闺蜜过得好一些,并不是故意炫耀什么。

然而,顾小同却不这么以为,她不喜欢张路处处帮她、给她买这买那,但又不好拒绝,毕竟这么多年的朋友,本身她又不善言辞,所以一直默默忍受。

后来,顾小同恋爱了,为了给男朋友留下一个好印象,她咬咬牙,买了一套很贵的衣服,打扮得漂漂亮亮地去约会了。没想到,在和男朋友约会的时候,正巧遇上张路,张路好奇地问:"我们家小同,平时都穿几十块钱的地摊货,今天怎么舍得买这么贵的衣服?你准备以后都吃泡面吗?"顾小同被说到痛处,感觉自己在男朋友面前很没面子,生气极了,没说什么就跟男朋友走了。但从此以后,她很少再和张路联系了。

从案例来看,很多时候我们出于关心,想要帮助身边的朋友,却没有用对方法,忽略了对方的自尊心。在顾小同看来,即使要吃一个月甚至更多的泡面,也要想尽办法维护自己在男朋友面前的面子,却被好朋友几句话便揭穿了,怎能不生气呢?其实很多人都是这样,他们把自己的尊严看得非常重,甚至高于自身的一切,包括健康、朋友、家人等。

我们维护自己的自尊心没有错,但也不能过度地看重自尊心,这样不但不会快乐,反而有的时候会让别人更加地轻视自己。适当地维护自己的尊严,才能更好地表现自己,才能让自己保持更自然的生活状态。

## 2. 过度自信:我的能力就是比别人强

### 微行为关键词:过度自信

自信,可以让我们精神焕发,对生活和工作充满热情,做起事来更有动力,即使遇到什么困难,一个自信的人也会主动克服,勇敢前行。但凡事适可而止,过度自信就会让人盲目冒进，迷失方向，做出一些高出自己能力范围的事情，到最后弄巧成拙。

过度自信在心理学上是一种典型的心理偏差。曾经有心理学专家提出，过度自信的人一般会产生一种“自我实现预言”。意思是，如果一个人过度自信，那么在心理上就会产生一种非常强烈的自我暗示，认为自己一定能够成功，从而忽略一些需要注意的细节，只关注结果，最后自然是由于自己的过度自信、托大，导致任务失败。比如在职场中，凡事都冲到前头，什么重任都敢接，却从不考虑自己的能力是不是能达得到，资源是否足够。要知道，很多时候单凭一腔热血，是完不成任务的。

过度自信有很多弊端，那么，不自信同样没有好处。如果一个人不自信，就会产生“自我失败预言”心理，在执行任务的过程中，会不断地自我暗示：“会失败，会失败。”这样强烈的自我暗示下，即使任务很简单，也十有八九会失败。比如，身为领导，如果对于下属的能力有所怀疑，每次布置任务的时候，总是问：“你行吗？”“你能做好吗？”这样只会让下属更加心惊胆战，即使原本信心十足，也难免变得缩手缩脚，越来越怀疑自己的能力，让十拿九稳的事情变得很糟糕。领导这时还会说：“我早说你不行吧。”下属的能力并不是不行，只是他缺乏该有的自信而已。

事实上，一个人的能力和他的自信心是分不开的，比如我们在求职面试时，总会被面试者问：“你对担任这个职位有信心吗？”可见一个人对于自己的能力还是需要一定的自信和认可，如果你自己都不相信自己，又怎么让别人相信你呢？但还是那句话，过度、盲目自信也会带来巨大的隐患。

尤其在企业的管理决策中，如果一位管理者没有信心，就会将负能量带给员工，导致他们没有自信完成任务；而如果管理者过于自信，去开发完全陌生的领域，投资超出公司能力和预算的产品，都可能给公司带来毁灭性的打击。

安迪是一位投资证券的部门经理,工作能力出众,胆大心细,经常接一些数额巨大的订单,也从中获得了不小的利润。同事对他又佩服又羡慕,领导也很赏识他,不止一次地夸赞他,只要他继续保持这样的工作效率,前途必然不可限量。

一次,安迪又接了一个大单子,这位客户是当地著名房地产公司老总的太太,因为想要将手中的钱用来投资,获得更大的收益,多方打听之后,选择了安迪所在的投资公司,又得知安迪能力超群,于是主动联系安迪,希望安迪能推荐最好的投资项目给她。

安迪当然不会放过这样的大好机会,他花费了很多心思搜集了当前几个最容易赚钱的投资项目,准备将这些资料展示给客户看,让客户有更多选择的机会。

见面之后,客户看了安迪准备的资料并不是特别满意,安迪只好对这些项目一一进行了解释和预测,极尽所能解答客户的疑惑。但最后客户还是不太满意,并将自己的想法和看法说了出来,希望安迪能够按照她的构想重新规划一下。可安迪呢,对自己的能力极为自信,这些年来他为无数客户规划了投资项目,还获得了很好的收益,所以,他坚信自己的专业投资眼光,极力劝服客户相信自己。不料想,这位客户态度更加坚决,依然希望安迪能按照她的想法重新准备一份方案。

客户表示,只要按她的要求重新规划投资方案,就一定会签约。得知客户的要求之后,同事都劝说安迪:“客户的要求才是最重要的,我们还是按照客户的意愿重新准备一份备选方案吧。”但是安迪拒绝了。他认为客户虽然有自己的想法,但是客户毕竟不懂得投资之道,而他选择的项目绝对是最适合的。他坚信,凭自己的眼光和能力,客户最后一定会选择他的方案。况且他手上还有其他订单要忙,所以并没有把客户的要求放在心上。

然而让他失望的是,客户最终并没有选择他的方案,反而选择了另外一家投资公司。安迪眼看着唾手可得的大订单就这么丢了，追悔莫及。

可能很多人都犯过像安迪这样的错误，当一个人做得特别成功，或者对一件事情太过熟悉时，即使面对某些不确定性，也会选择无视。这时过度自信的人会认为自己具备足够的能力来应对这种不确定性带来的危机。就像安迪一样，从来没有失败过，所以他相信客户最后也会像其他客户那样回来找他，显然，他高估了自己的能力，毕竟人外有人，天外有天，我们并不是最优秀的那一个。

忽视一些不确定性是一种过度自信的表现，反过来，过于乐观是过度自信的另外一种表现。比如，有些投资者对未来股市始终保持乐观态度，认为一切胜券在握。又比如有些企业家对即将开发的新产品市场前景看得无限光明，等等。

当然，拥有一定程度的自信，并不是一件坏事，在很多时候，自信和乐观甚至能够调动一个人的能动性和积极性，使人们能够更加勇敢地面对挑战和冒险。心理学家也曾证明，自信心能够增加成功的概率，而越成功的人士，自信心也越强。但在自信的同时，我们也要注意一些细节问题，要懂得顾全大局，谨慎地对待每一件事，不要盲目相信自己的能力，而是要把自信转化为执行任务的动力，这样才能帮助我们更快地走向成功。

## 3. 去个性化：老实人也会变得疯狂

**微行为关键词：去个性化**

一个人的行为和思想是可以因为外界的状况而改变的，当一个人的个体特征被模糊，或者以群体的成员形式出现时，就会丧失其个性与责任感，甚至可能会做出难以想象的行为，比如失去理性，做出一些从前不会做的事情或者违背道德和法律的事情。

仔细想想，在我们周围经常会发生这样的情况：一个平时文静内向的女孩，也会出现在酒吧放飞青春，一个老实巴交的男生也会参与打架斗殴，种种类似的事件都表明一个现象——去个性化现象。

去个性化现象指的是，在群体中的个人容易丧失自身的个性与责任感，导致个人在这种情况下，做出一些非正常的行为。这是因为，人们在群体行为和思想的影响下，个人责任感会被分散，自身约束也同样会被分散，所以，当处于群体之中时，人们就会做出很多在之前完全不可能做的事情。为什么同一个人在不同的环境下，会出现这么大的差别呢？

1952年，费斯汀格、佩皮通和纽康姆对去个性化现象进行了测验：

他们找到多位男大学生志愿者作为测试个体，并将他们分成两组进行测试对比。

第一组男大学生的身上佩戴一个标签，上面写上他们的名字，并且把他们放在明亮的教室，要求他们对自己父母的缺点进行描述。第二组男大学生头上戴着面罩，身着长袍，互相不知道姓名，别人也看不出来，并且把他们放在昏暗的房间里进行测试，要求他们同样对自己父母的缺点进行描述。

结果表明，被掩藏身份的男大学生对父母的缺点直言不讳，甚至将平时对父母的不满都肆无忌惮地发泄出来，言语间毫无顾忌。而身份可以辨识的男大学生，他们言辞十分克制、适当，即使指出了父母的种种缺点，但也适可而止，并不横加指责，议论的过程也比另一组的时间要短。

几天后，他们又对两组志愿者进行了第二次测试，大部分测试者表示希望掩藏自己的身份，这说明，测试者认为去个性化的测试方式更富有吸引力，也表明，他们更愿意在去个性化小组中参与测试。

人们在群体形式中会失去自己的个体意识，也就是说一个人的行为很有可能会受到群体行为的影响，从而发生巨大改变，做出个人平时不会做的行为。比如，在临时性大群体事件中，人们游行示威，表达自己的不满和抗议，但是在这种行为中，个体很少会考虑自己的行为是否存在不适当性，也很少考虑自己应该承担的责任。还有，在大型活动中，球迷受到群体行为的影响，在比赛现场疯狂地呐喊助威，甚至会不由自主失去控制。这些现象都表明，去个性化效应的实质不仅是模糊自己之前的行为和思想，更表现为个体失去责任心。

1970 年，津巴多针对去个性化现象又进行了进一步的测试，而这次测试也表明了去个性化效应对人们的意识与行为产生的重大影响。

首先，津巴多选择了女大学生来进行这项测试，并将女大学生分成四人一组，告诉她们，由于研究测试的需要，要求她们对隔壁房间的两个女孩进行电击（测试过程是假电击）。与费斯汀格的实验相似，津巴多也将这些女孩分为可辨识组和去个性化组。

在测试之前，津巴多让即将实施电击测试的女孩一起试听隔壁两个女孩的谈话录音。一个女孩的谈话内容听起来非常文雅，且心地善良，而另一个女孩的谈话内容听起来非常自私，且十分令人讨厌。在女大学生听完隔壁两个女孩的谈话内容之后，津巴多要求她们对两个女孩实施电击。

实验结果显示，去个性化小组对两个女孩实施电击的时间平均为 900 毫秒，可辨识组成员对两个女孩实施电击的时间平均为 470 毫秒，去个性化组实施的电击时间竟然是可辨识组的两倍多。

而从测试结果中，津巴多发现，测试进行的 20 次电击中，当进行到第10次时，两个女孩挣脱了绑在手上的皮带，被重新绑好之后，去个性化小组对于她们的电击时间明显加长，而可辨识组在后10次的电击中，对于善良女孩的电击时间明显减少，但是延长了对自私女孩的电击。

根据这次的实验，津巴多得出了关于去个性化的三个重要结论：

一是群体成员的匿名性。根据津巴多的研究，当人们身处在群体中时，会受到一种激励性的行为刺激，尤其是自己的身份不被识别的情况下，极易产生去个性化行为。当群体成员服装统一，个人身份无法辨识时，即发生"制服效应"，也就是成员会觉得自己是匿名者，别人不会轻易认出自己或者注意到自己，因此在群体中时，人们就会产生冒险心理，大胆地做出平时不敢做的事情，就像测试中的女大学生一样，平时看起来文文静静，在去个性化的条件下，也会做出电击自己同学的残忍行为。

二是群体成员的责任分散，一个人单独行事时，会极其注意自己的个人影响和行为，能够以道德和法律的准则来要求自己，从而考虑自己的行为是否妥当。但是在群体行动中，成员就会觉得自身的行为是以群体的形式出现的，责任会落到别人身上或者大家分担责任，在这样的心理暗示下，成员就会认为自己不需要有任何担心，因为降临到自己身上的责任感非常小。

三是群体的淹没性，即去个性化的主观状态。群体成员在活动时往往不是以个人的身份出现的，而是具有群体意识，这也表明群体成员在行动中会淹没自身的个性，导致他们的自我感觉缺乏，行为不受控制。在对电击测试中的去个性化组进行采访时，她们认为自己情绪稳定，但自觉性不足，因此在行为上具有冲动性、破坏性。可以这么说，如果群体的规模越大，其成员的自我意识就会越丧失，行为也会更加凶残。

从案例中看，去个性化好像具有很大的危害，那么我们要怎么样合理利用去个性化效应来发挥其正面作用呢?

我们知道,去个性化其实就是一个人的行为在群体中会受到整个群体行为的影响,这种现象也在告诉我们,群体的属性具有非常重要的作用,如果能够选择具备积极作用的群体,加以正确引导,那么就会变为一股正能量。比如,一个胆小内向的人,可以多和开朗活泼的群体相处,改变自己的懦弱。

凡事都有两面性,去个性化并不只有负面的影响,也可以给我们带来很多积极影响,只不过我们要控制自己的行为和意识,选择正面积极的群体,来改变我们身上的不足之处。

## 4. 墨镜效应:为什么戴墨镜的人都很冷酷

**微行为关键词:墨镜效应**

眼睛是人类心灵的窗户,当你想了解一个人的时候,你会首先观察他的眼神,从而判断他的想法,所以,在人际交往中,眼神之间的互动是非常重要的。如果一个人想要掩藏自己的心事,不被其他人看出自己的想法,他就会选择戴上墨镜。

从心理学的角度来看,当一个人戴着墨镜,会无形间拉大与他人之间的距离,对于双方的友好交往是非常不利的,甚至还会给对方带来不舒服的体验,或者引起对方的误会。因为当你跟一个戴着墨镜的人相处聊天,总会觉得中间隔着一层阻碍。当然戴墨镜也并非完全没有好处,有时候借助它也能适当地与他人保持良好的距离,达到一种自我保护的状态,让自己能够更加坦然地与人相处。

一位心理学家在给学生们上课时,讲过这样一个故事:一个眼睛有点近视的人，虽然近视的度数不高，但是平时还是会戴着一副近视眼镜。一天，他和老同学约好下午见面，早上起床后，怎么也找不到自己的近视眼镜了。可是，他平时戴眼镜习惯了，突然没有眼镜戴，感觉很不舒服。于是他就找出一副墨镜戴着。

在他戴着墨镜下楼之后，正巧遇到了邻居家的小狗，平时这只小狗和他很熟悉，关系也很好，他也经常拿食物喂它吃，可今天他在跟小狗打招呼的时候，却发现小狗好像不认识他一样，还冲着他大声地狂吠，目露凶光，他十分疑惑。等见到老同学之后，聊天时，发现老同学的态度也很冷淡，和之前几次见面的情况完全不同。这是为什么呢？后来，他才知道，就是因为那天他戴了一副墨镜。

为什么人戴上墨镜之后会显得冷酷呢？心理学研究表明，人一旦戴上墨镜就会影响自身的心态。当我们戴上墨镜或者处在光线阴暗的房间时，就会不由自主地表现出自己内心的自私、虚伪、冷酷等负面情绪。心理学家针对这种现象还专门做过实验：戴上墨镜的测试者比起没戴墨镜的测试者更容易采取欺骗等手段。因为人一旦处于黑暗中，或者看到的都是黑暗的情景，就会给自己造成一种假象，认为自己的身份和信息被黑暗掩藏，而这种隐蔽信息的情况会诱发人类心里的自私或不道德的行为。戴墨镜就会给人造成一种身处黑暗境地的假象，因此，戴上墨镜的人会比没有戴墨镜的人更容易产生负面情绪。

眼睛是人类心灵的窗户，戴上墨镜就好像将这扇窗户关上了。人的情感很多时候是需要通过眼睛来传达的，如果眼睛被遮住了，别人就看不到你的眼睛，不知道你内心的想法，也就无法感受到你的真情流露，甚至会觉得你是在拒绝与他们交流，因此也会下意识地躲避与你的交流。

在人与人之间的关系交往中可以发现，当我们想要与别人沟通时，会下意识地从眼神中流露出亲近、友好的想法，用最平和、自然的目光直视对方，让对方感受到我们的鼓励。如果我们戴上墨镜，对方无法判定我们是否在注视他，这样会让对方感到不适，从而降低我们在人际关系中的亲和度。墨镜不仅会掩盖我们的真实想法，也会掩盖我们的真实心意，会让对方下意识地逃避，甚至产生自我保护的心理，不愿意与我们进一步相处。

大多数情况下，我们在街头偶遇明星或者在电视荧屏上看到他们，总会发现每个人都戴着一副墨镜，很多人认为明星这样做不是为了防止被别人认出来，就是故意在假装高冷，其实还有一个原因，是因为戴上墨镜会让人看起来很酷。明星戴上墨镜之后，会自然而然地散发一种“生人勿近”的气息，这样可以拉大和他人之间的距离，让大家自动与他们保持距离，以免遇到一些不必要的麻烦。

五十岁的张阿姨是一位非常时髦的女士，而且精力充沛，每天早上张阿姨都会在小区里晨跑。由于张阿姨年轻的时候生意做得还不错，现在住的是知名高档小区，有不少明星也住在这儿。晨跑时，张阿姨遇见某几位明星，都会热情地跟他们打招呼，对方大多也都会做出回应，毕竟张阿姨只是打个招呼，也不会要求拍照或者签名什么的。

一来二去，张阿姨面对这些明星也没有了一开始的距离感和激动，大家也都默契地在晨跑时打个招呼。这天早上晨跑的时候，张阿姨远远地就看见对面跑过来的好像是一位著名电视节目主持人，因为之前跑步时遇到也打过招呼，所以也准备像往常一样问声好。结果，等跑到跟前，张阿姨发现那位主持人竟戴了一副墨镜，心里不禁觉得奇怪，忽然莫名地有点紧张，似乎对方也变得冷漠了。一转念，张阿姨没有上前打招呼，匆匆离开了。

一大早戴墨镜的情况并不多见，且一旦戴上墨镜就会给人一种强烈的距离感，还会让人在无形中显得有些冷漠，更何况戴着墨镜跑步。曾经有心理学家表示，一个女人出门戴着墨镜的效果要比带上两个保镖更好。从这种现象可以看出戴墨镜确实会影响人与人之间的友好交往，会不自觉地令对方产生距离感，进而影响双方之间的关系。

从上述案例来看,墨镜不仅会拉大双方之间的距离,还会在一定程度上,产生一种威慑力,让人不敢随意挑衅。如果合理运用的话,可以适当地增加自己的威严,保持自己的神秘感。但是如果我们想要与别人友好亲密地相处,就不要戴墨镜,更不要为了装酷而故意戴墨镜。

## 5. 完美原则:我的人生不允许有缺憾

**微行为关键词:完美原则**

“人无完人,事无完事”,世界上任何事物都不可能是完美无缺的,我们应该把心态放平,不要过多地钻牛角尖,纠结于一件事上。如果过度地追求完美,那不仅劳心劳力,还会对自己的心理造成困扰,认为事事都不如意,长此以往,导致自己陷入痛苦的泥潭,无法自拔。

完美原则是一个相对虚幻的名词,因为在世界上,没有什么东西堪称完美,但是仍然有很多人极度追求完美,追求细节,这种事事追求完美的人,就是我们生活中所称的完美主义者。

完美主义者最大的特点就是处处追求绝对的完美。杰克就是这样一位完美主义者,由于他的家庭条件和生活环境,导致他对自己、对他人要求十分严苛,有一点不满意都会感到急躁,无法安心做别的事。这一度使他感到非常疲惫和痛苦,甚至在他工作之后,这种心理也一直困扰着他。

杰克的父亲是一位军人,脾气又倔又冲,退伍之后,他的脾气就更加难以控制,而这一点也体现在对杰克的教育上。据杰克回忆,在他小时候，只要犯一点错误，父亲就会大发雷霆。有一次，杰克在写作业时不小心写错了一个字，父亲认为他这点小事都不认真，长大后更不可能养成好习惯，结果，越说越生气，父亲在暴怒中打了杰克一个耳光。或许是对父亲的畏惧已经深入骨髓，从那以后杰克就养成了仔细检查作业的习惯，随着杰克的年龄越来越大，父亲的完美原则对他的影响也越来越严重，不仅仅是对错别字格外重视，不允许作业中出现一个错别字，在其他事情上，也极度追求细节。

杰克现在是一家企业的人力资源经理，在工作中，他事事追求完美，对于一点小错误都不能容忍，不仅是对自己的要求非常严格，对于部门下属的要求也一样。可是，世界上的事情本来就没有十全十美的，很多事情做到刚好的地步已经不容易，想要做到举世无双简直是强人所难。因此，杰克极度追求完美的原则在大家看来，就成了他故意刁难下属，不好相处的体现。

其实杰克对此也很苦恼，他常常开解自己，凡事不要太过计较，不要过度地追求细节，这样自己不好过，别人也不好过。但是，当他看到一些细节问题时，如果不及时改正，或没有按要求改正，就会不由得产生一种暴躁、不快的感觉，甚至吃不下饭睡不着觉。

完美主义是一种人格特质。心理学家巴斯克认为，完美主义者通常具有以下特征：要求严格、追求细节、缺乏弹性、注重外在表现、不容犯错、自我怀疑等。生活中我们遇到的很多人都或多或少有些追求完美，这不是一件快乐的事，相反，正是因为对每件事都不满意，处处看不顺眼，恨不得所有事情都亲力亲为，以致深深地陷入痛苦和矛盾之中。我们都知道世界上没有什么东西是完美的，也没有什么事情是绝对的，所以多数人不会刻意去追求完美、要求细节。当然，每一位完美主义者也都深知这样的道理，但他们根本忍不住，依然不死心地想要追求极致完美，对身边的人与事，严苛要求，努力改善，尽量让他们看起来完美，即使明知道自己会很痛苦仍然不知疲倦。

哥伦比亚大学的心理学教授赫维特曾经把完美主义者区分为

三类：一类是自我要求型的完美主义者，这类人通常喜欢严格要求自己，当达到一定水准之后，就会设置更高的目标，通常这类人都很优秀。第二类是要求他人型完美主义者，这类人与第一类人正好相反，他们对自身的要求或许不高，但是对于他人的要求却非常之高，通常表现为不允许别人犯错。第三类是被人要求型完美主义者，这类人追求完美是为了满足他人的期望，认为自己必须时刻保持在人前完美，这样才能不辜负他人的期待，通常这种现象表现为"我一定要做一个完美的人，这样大家才会喜欢我"。

安娜是一个非常受人喜爱的女孩，不但长得漂亮、脾气好，工作能力也很出色，可以说是一个相对完美的人。在公司里，大家都愿意跟她相处，遇见难题也都喜欢向她请教，每次她都有求必应，不会像其他人那样不耐烦，也不会拒绝别人的要求。对领导布置的任务也都努力完成，即使任务再难，每个人都忍不住抗议时，她也还是保持自己一贯的作风，默默地、认真地执行任务。在同事看来，安娜的优点实在太多，几乎没有什么缺点，她不会无缘无故地发脾气，也从来不会情绪不好，好像没有什么能难住她，同事甚至不止一次地打趣道："安娜真的是世界上最完美的人了。"

安娜真的像她表现出来的这样完美吗？并不是，当独处时，安娜会忍不住发脾气，流眼泪，甚至摔东西；当别人请她帮忙时，心里也觉得很烦躁，很想直接拒绝掉；有时，会忍不住暗自埋怨父母，表达对自己的不满。但是这些都是安娜的内心表现，在外人面前，她是文静有礼的淑女；在同事眼中，她是能力出众又乐于助人的好同事；在领导眼中，她是努力上进、不怕吃苦的好下属；在父母眼中，她是孝顺乖巧的小棉袄。无论在谁面前，安娜都尽最大的可能维持自己完美的一面，不会轻易发脾气，不会犯错误。

没有人知道安娜每天的痛苦和矛盾，也没有人能够安慰开解她，所以在外人面前，安娜只能尽力维持自己的表象，因为她想让自己成为别人眼中最完美的人，甚至她非常害怕听见别人对她的任何一点质疑。为了满足别人对自己的期待,她只能时刻保持完美的状态,尽管她每天都生活在痛苦与矛盾中。

完美主义者常常要求自己做到面面俱到,但是人是无法做到十全十美的,如果每件事情都要考虑周到,每个细节都要在意,会将精力迅速地消耗掉,结果一件事情也完成不了。所以,在一定程度上,完美是不可能存在的,如果每个人都坚持追求完美,那么这个世界上就会少了很多乐趣。我们可以选择以相对平衡的方式来追求完美,尽量扩大自己的优点,但不要因此而自大自满,而是要不断地提升自己的优势,让自己变得更加“完美”,同时要学会反省自己的不足之处,但是不要因此而过度自卑,而是要懂得弥补自己的缺点,不断地进步,让自己成为更好的人。

我们应该正视完美这个词,要把追求完美看成是激励我们前进的动力,懂得追求更好的成功,要善于建立自信、适度的完美原则,不要偏执地要求自己,要理解世界上没有真正的完美。

## 6. 童年阴影:有些事会影响我们一生

**微行为关键词:童年阴影**

童年对一个人的成长是非常重要的,快乐的童年值得每一个人怀念,但有的时候,童年也会给我们留下很多痛苦、黑暗的记忆,这种记忆影响着我们的成长,会给我们带来不好的感受。想要走出童年的阴影,我们必须学会正视童年的经历,而不是选择逃避。

凯丽是一位退休老人,她每天的生活除了去公园里散步,就是和邻居聊聊天,她的子女有空时会来看她。在外人看来,这样的生活十分悠闲，但是凯丽却并不开心，因为在她退休之后，每晚睡觉都会梦见她悲惨的童年生活。

凯丽的家庭并不富裕，在她 3 岁时，母亲又生了一个男孩，家里的情况就更加艰难，甚至连勉强度日都难以维持，没办法，凯丽的父亲只好远走他乡去打工，家里的两个孩子就丢给了凯丽的母亲。

母亲独自一人带着两个孩子，其中的艰难可想而知，父亲长年在外地，家里只剩下孤儿寡母，事事都要母亲一力承担。在生活的重压下，母亲的脾气变得越来越暴躁，经常因为一点小事就大发雷霆，甚至有的时候会打骂凯丽，以解心中怨气。弟弟年龄小，又是男孩子，母亲对他非常疼爱，一切衣食住行都以弟弟为先，凯丽时常要帮着母亲照顾弟弟，一旦没照顾好，母亲便对她拳打脚踢。

母亲时常打骂折磨她，但又怕被邻居听到，每次殴打凯丽时，不允许她哭出声，如果凯丽发出一点声音，就会招来更加残酷的责罚。这导致凯丽自小养成了内向懦弱的性格，即使后来年龄见长，这种铭心刻骨的恐惧和痛苦并没有减轻。

每天被母亲责打，凯丽的身上几乎看不见完好的皮肤，到处都是青色、紫色的伤痕，这样的伤痕让凯丽觉得非常自卑，每次出门前都要细心地把自己身上的伤痕遮掩好，才敢出去见人。那些日子，就算是炎热的夏天，凯丽也要裹着长裤长衣。这种自卑而又无法反抗的日子，导致凯丽的心理状况越来越不稳定，对他人和外界都充满了警惕和恐惧。

庆幸的是，凯丽结了婚，有了自己的孩子。她深知自己童年时期的苦楚，所以对自己的孩子格外宠爱，百依百顺，想要通过宠爱孩子来弥补她没有得到过的母爱。而这种做法也让凯丽无法真正公正地教育孩子，一旦孩子淘气，凯丽想要管教时，就会想起自己幼年时受到的苦难，无法狠得下心教育孩子。

这样痛苦的童年经历并没有随着时间的推移而消退，相反，这种恐惧一直笼罩着凯丽，长大之后也从未有一刻远离。

从这个案例中可以看出,凯丽一直处于童年的阴影之下,记忆中的童年都是在母亲的打骂中度过的,这也导致她的身心备受摧残,即使长大成人也难逃童年阴影带来的恐惧和痛苦。

什么是童年阴影呢?人们在童年的时候受到某种虐待或者有过痛苦的经历,直到多年以后,仍影响着人们的生活和心理。有的人害怕这样的童年阴影会再次发生,有的人遇见与童年阴影有关联的事物就会畏惧并逃避,有的人甚至会反反复复思考回忆这些童年阴影,自我折磨。

按照心理学的研究结果,人们长大之后的很多行为和意识其实都受到童年时期记忆的影响。人的行为和思维很大程度上是来自童年时期的心理事件。如果一个人的童年并不幸福,而是极度痛苦和压抑,就会在心理留下阴影。很多时候,人们的童年阴影是需要在长大之后,利用漫长的时间来进行慢慢修复,一直到这种心理创伤逐渐被抚平。

家庭教育对孩子的成长是非常重要的,家庭成员对孩子的童年记忆同样重要。很多时候,人们认为家庭越暴力,越贫穷,孩子的童年可能就越痛苦,然而有的时候,家人太过优秀也会造成童年阴影。

汤姆有一对非常优秀的父母和一个同样优秀的哥哥,但是汤姆却是一个非常内向的学生,甚至有些自闭倾向。尽管老师非常喜欢他,家人也非常喜欢他,但是汤姆并不快乐,他甚至排斥家人的靠近,也不喜欢和陌生人亲密接触。为了改变汤姆自闭的心理,让他能够和同龄的孩子一样,快乐地融入生活中去,父母想尽了各种办法,但是一直不愿意寻找心理医生对其进行医治,因为他们觉得汤姆只是害羞内向了一点,并没有任何心理问题。

随着汤姆的情况越来越严重,开始出现社交恐惧,拒绝出门,平时甚至不会离开房间,父母没有办法,只能请来心理医生为汤姆医治。

原来汤姆之所以有自闭心理,源于他的童年阴影,而他童年阴影的主要因素是有一个十分优秀的哥哥。

汤姆的哥哥从小就很聪明,成绩一直很优秀,长大后更是才能出众,是很多人眼中的青年才俊。父母每次提起哥哥都是一脸骄傲的样子,而汤姆从小就被别人拿来和哥哥比较,可是汤姆却没有继承父母优秀的基因,不但学习不如哥哥,成绩没有哥哥好,就连外貌也没有哥哥好看,这让汤姆从小就有一种恐惧而又嫉妒的心理,他既担心别人将他和哥哥进行对比,又担心哥哥太过优秀,风头太盛,处处盖过自己,他就会被父母忽视。这种长期生活在哥哥光环之下的童年阴影,随着汤姆年龄的增长,越来越严重。

有些记忆对我们来说是很容易遗忘的,但是有些伤害却如同被烙铁牢牢地印在我们心里,挥之不去。童年的生活经历对一个人的影响是十分重大的,很多人甚至用尽一生的时间都不能使其消除。

但是我们要牢记,这种阴影毕竟是虚幻的。从心理学角度来看,无论我们经历了什么,都是偶然的、突发的,这些并不是我们自身的过错,所以我们不要自怨自艾,也不要否定自己,轻视自己,这些想法都是不必要的。

我们不能被这些记忆打败,而是要把它们转化为前进的动力,不要选择逃避,或者封闭自己的内心。固然有的人会有很多痛苦的记忆,但是每个人的生命都在不断地前进,我们不能总是把眼光和重心放在以前的回忆上,而是要展望未来,去体验生命的珍贵与美好,毕竟相比那些不好的回忆,生命中还有更多美好的东西值得我们去发现和感受。

## 7. 双向性格:左还是右?这是个问题

### 微行为关键词:双向性格

大多数人都会有这样的疑惑:在不同情境下,自己是不是具有双重或多重性格？其实这种疑惑是可以理解的。因为每个人的性格都是多面的，就像多棱镜一样，在不同的环境下，面对不同的人会折射出不同的性格特点。有的人可能表面上看起来大大咧咧，但是私底下却非常细心体贴；有的人可能外表看起来非常冷漠，但是内心可能非常热情。通常人们会表现一种常态的外在性格，但是同时内心可能隐藏着另外一种更接近真实的性格。

每个人都可能同时拥有两种或者多种性格，不同的性格可能会表现出不同的行为，比如一个人可能是外向开朗的，但是在某个时机成熟的时候，她又会显示出内向羞涩的一面，而这种性格都是由正常的心理和生理发展而来的。

我们常说，凡事都有两面性，而人是一种具备思考能力的高级动物，所以出现两种或者多种性格是很正常的。毕竟人会随着自己的意识或者需求而改变自己的性格特征等。

很多人常常会疑惑，为什么有时候发现朋友性格活泼开朗，能言善辩，而有时候又沉默寡言，安静内向呢？是不是朋友不喜欢跟自己相处呢？其实不是，每个人都会在不同的场合表现出自己不同的一面，这并不是说明人们展现自己内向、害羞、沉默的一面，是由于不喜欢某个人或者某个环境而表现出来的，只是人们会在适当的场合表现出他们以为最适合的状态，因为每个人都想把自己最好的一面展现出来，想要做到最好，所以人们必须跟随环境的变化或者外界因素的变化而改变自己的性格。

仔细想一想，每个人都有这样的经历，比如在父母面前就会表现出乖巧懂事的一面，而在朋友面前又会表现出开朗大方的一面；在安静的场合会表现沉默安静的一面，而在热闹的场合又会表现出活泼有趣的一面。不同的环境，面对不同的对象，每个人的性格都会不同，因为要展现出自己与环境相符合的性格，才能更好地融入其中,这就是人们双向性格产生的原因。

从上述来看,双向性格只是自然反应,并不会给生活造成多大的困扰,相反还会帮助人们正确适应各种环境与氛围,让我们在生活中更加得心应手。但是有的双向性格也有例外,有些人的双向性格表现为,因为自己的幻想,从而认为自己拥有两种人格,甚至会在某种情境下,与自己进行对话,有时还会刻意地将自己的两种性格进行互换,严重的话,会造成个体的精神或性格错乱。

往往精神敏感、胆小怕事的人会在不经意间出现双重性格,因为他的精神需要寄托,所以通常会幻想出自己可以依靠的另一种性格,来保护自己,去做原本不敢做的事情,让内心的另一个"我"来面对遇到的困境。

曾经有一位双重性格的人有过这样一篇自白:

从外表上看,我和其他人没什么两样,但是当我在和他们说话时,我感觉自己十分疲惫,事实上,我很努力地想要和他们聊天,努力让自己不要保持沉默不语,努力地想要迎合他们,但是我做不到,我的表面或许看起来非常平静,仿佛在认真地听他们讲话,但内心却如波涛汹涌一般无法平静,心中充斥着一种暴虐的想法,我的脑海里无数次闪过这样的念头:举起椅子砸向他,拿起桌上的水果刀杀了他……这些疯狂的念头在吞噬着我,我必须竭力阻止这些念头继续发展。很多朋友在刚和我接触时,都说我看起来难以接近,不好相处,后来相处之后才知道我其实性格很好,但事实上,他们从来不知道我的内心竟然有这么可怕的念头。

有的时候,我看起来非常快乐,我自己也认为我似乎是快乐的,但是我知道,我的内心一片混乱。周围的朋友说,我看起来活泼大方,性格开朗,好像没有什么烦恼的事情,总是笑对生活,可我知道自己不是,我常常烦躁不安,苦闷异常,常常会冒出一些乱七八糟、不受控制的念头。我不知道该怎么办,不知道该怎么逃离这种生活。想来想去,总是想不出办法;我也不能和别人诉说,我害怕别人知道我阴暗的一面；我害怕身边的朋友远离我；我也曾想过一死了之，可等我冷静下来，又打消了这种念头。我同情我自己，我又讨厌我自己。

从上面这段自述来看，这个人有着两种截然不同的性格，也就是我们常说的双重性格，并且这种双重性格已经对他的生活造成了严重的困扰。这说明他的心理功能已经发生了紊乱，倾向于一种病态的心理障碍。

为什么会造成这么严重的后果呢？因为这种心理障碍，埋在我们不易察觉的潜意识中，隐藏得很深，很顽固，这是一种强迫性的强制思维，一种病态的思维，在我们还没有感受到的时候，就已经冲破了牢笼，依附在我们的意识中，无法赶走它，即使我们不去想，它也如影随形。

这种双重性格属于一种比较激烈的性格冲突，它已经转变成了一种心理障碍，它是强制性出现的。如果不能很好地处理这两种性格之间的关系，无法让它们和谐相处，人就会感到非常痛苦，无所适从。

每个人都拥有双重或多重性格，有的表现强烈，有的表现平淡；每个人都有自己不同的一面，有的光明，有的阴暗；有的人可以很好地控制自己的情绪，即使拥有不同性格特征，也可以随时随地自由转换，有的人却做不到。不过，不管是双重性格还是多重性格，平时总有一强一弱的状态，或者说有主有次。我们不必大惊小怪，发现问题，解决问题，这原本就是生活的常态。

# 第三章　情绪行为——通过情绪看心理，通过心理控制情绪

## 1. 自卑情结:有些人是自卑的奴隶

### 微行为关键词:自卑情结

每个人都或多或少有自卑感,通常会觉得自己在某些方面不如其他人优秀,但大多数人意识不到,或者拒绝承认自己的这种自卑感。自卑感可以摧毁一个人的信念和意志,让人时刻陷在消极情绪中,影响其成长和发展。因此,我们要学会正视自己的自卑感,并且寻找正确的方法加以改正,将自卑转化为自信。

阿德勒的个体心理学中,自卑感是一个非常重要的概念,当一个人能力欠缺或者遇到无法解决的问题时,就会产生自卑心理。这种自卑心理人人都会有,并且在自卑心理产生之时,人们的表现形式也各不相同,比如愤怒、眼泪和道歉等,都是自卑情结的表现方式。而随着自卑感的出现,所有争取优越感的补偿行为也必然同时出现,但是这种行为的出现并不能从根本上解决自卑情结。

1927 年,阿德勒出版的《自卑与超越》一书中提到:人人都有自卑情结,并且人类的所有行为都源于自卑感,以及对于自卑情结的克服和超越。在书中,阿德勒详细地描述了人们的自卑情结对于人们行为的影响,以及个人应该如何克服和超越自卑感,如何将自卑感转化为自己前进的动力,走向人生的辉煌。

可能有人不承认自己有自卑情结,但事实上,自卑情结与生俱来,只是每个人的程度不同,有的人表现得甚为明显,有的人表现得不太明显。当你对自己所处的地位不满意或者追求过大的优越感时,就是一种自卑的体现。

从阿德勒自卑理论中的众多观点来看，我们可以知道人的自卑情结多与其童年经历有关，阿德勒也不例外。作为一位心理学家，阿德勒终其一生都在忍受自卑情结的折磨，他的童年十分痛苦而晦暗，灾难不断，命运多舛，加上他身体虚弱，所以多年来始终处于对死亡的恐惧之中。阿德勒有一位非常优秀的哥哥，而他呢，总觉得自己又矮又丑，还天生驼背，所以在哥哥面前，永远都感觉自惭形秽，认为自己处处比不上哥哥。这是阿德勒不快乐的根源，也是他产生自卑情结的根本原因。

阿德勒在给学生上课时，曾经描述过这样一个梦："世界末日来临了，我在午夜忽然醒来，看到天空被火光照得通红。星星像雨点一样纷纷落下，地球将要和另一个星球相撞。但是在被撞上之前，我醒过来了。"有学生提问："那您最害怕的是什么？"阿德勒回答说："我怕我不能在生活中获得成功。"可见，在阿德勒的内心里，一直有一种严重的自卑感。

人类在童年时期是非常脆弱的，必须依靠成年人的照顾来生活，很多行为举止都会受到年龄和思维的限制，如果一旦发现自己有很多不如别人的地方，或者发现自己某些地方存在缺陷，就会产生严重的自卑感，如果在这个时候，大人没有帮助儿童将这种心理加以疏导和修正，时间长了儿童内心的自卑感就会越来越重，甚至有可能发展成为心理障碍。

其实很多人不懂自卑的真正意思，觉得对自己各个方面都很满意，不存在自卑情结。其实从心理学上来说，自卑是一种非常消极的自我评价或者自我意识。比如一个人觉得自己的能力、智慧、形象等不如其他人，就会产生与他人比较的欲望，从而不断地否定自己，证明自己；比如有的人总是拿自己的短处和别人的长处相比，永远觉得别人更好更优秀。这种自卑心理会让人们产生消极情绪，从而导致其不思进取，甚至有自暴自弃的想法。

通常情况下，人们会认为有自卑情结的群体一般比较安静、害羞、懦弱等，但其实这种想法是错误的。有这样一个小故事：一天，有三个小朋友来到动物园参观，三个小朋友都是第一次来，看到许多陌生的动物都很害怕。当三个小朋友来到关着大狮子的铁笼前面时，都有些畏惧。第一个小朋友吓得面色苍白，浑身发抖，赶紧躲到大人的身后，连看一眼都不敢，甚至哀求大人道："妈妈，我不想看了，我们赶紧回家吧。"第二个小朋友呆呆地站在原地，她也很害怕，吓得不敢乱动，可依然坚持不走，声音颤抖着说："有什么可怕的，我才不怕狮子呢。"第三个小朋友也不敢乱动，只是盯着狮子道："我也不怕，我可以拿石头打它。"

事实上，这三个小朋友都很害怕大狮子，尽管他们的表现各不相同，但是无一例外都表露了自己内心的自卑感。

有的人看起来傲慢无礼，仿佛自己高贵无比，看不起任何人，这类人大多都有自卑情结。有的人看起来好像非常完美，在他身上找不出任何缺点，但这类人一样也有自卑情结。所以不管每个人的性格或者行为多么正常，其实内心或多或少都会有一些自卑情结。只是，自卑感不一定随时出现，只有在某种外界因素的刺激下，才会应运而生。

人们在产生自卑感之后，就会想要通过一些外在努力或者外部因素来帮助自己克服或者超越内心的自卑，所以在某种情况下，自卑情结也能促进我们进步。就像阿德勒的某些观点所讲，人类的地位之所以会不断提高就是源于人们内心的自卑感，当人们发现自己存在的不足之后，就会不断地改进自己、提升自己，从而使自己越来越优秀。事实上，人类的很多文明和文化都是以"自卑感"为基础的。

自卑感的存在可以使人产生紧张感，也是人类进步发展的动力。生活中，我们每个人都有不同程度的自卑感，但是这种自卑感并不是我们不思进取、消极悲观的原因，反而是我们必须前进的动力。

## 2. 踢猫效应：坏情绪是会传染的

### 微行为关键词：踢猫效应

当身边有令人愉快的事情发生时，我们总是会受到氛围的影响，心情也会变得好起来；同样地，当身边有令人难过的事情发生时，我们的心情也会受到氛围的影响，变得难过起来。可见，好情绪是可以传染的，坏情绪同样也是会传染的。

通常情况下，人们的情绪会受到环境以及氛围的影响，当一个人的情绪变坏时，他的行为就会不受控制，而且在他的潜意识里也会把自身的坏情绪发泄到别人身上，这样就形成了一种坏情绪的传递链条。当人们的不满或者郁闷情绪产生时，一般会沿着等级高低或者以社会关系的形式传递，由最高层一直传递到最底层，而身处最底层的元素，将成为坏情绪传递过程中的最终受害者。

某上市公司的部门经理王严多年来一直勤勤恳恳地工作，一次，董事长宣布第二天要召开一次重要会议，要求各部门经理都必须参与，共同商讨公司的业务发展。为了能够把握住这次机会，王严暗下决心，一定要在第二天给董事长留下一个好印象。可是那天晚上，他的手机没电了，定的闹铃没有按时响起，结果，王严醒来一看，马上就要迟到了，急急忙忙便出了门。为了赶时间，王严在路上开车超速行驶，被交警拦下，开了罚单。等他好不容易跑进公司时，会议已经开始了。董事长非常生气，将王严训斥一番。王严又急又气，可又怨不得别人，都怪自己没及时给手机充电。被领导当众训斥之后，王严一直没能平复下来。会议结束后，王严回到办公室，越想越窝囊，便将部门负责人叫来训斥一番，这才发泄完心中的怒火。这些部门负责人无端地受了一番训斥，心情又能好到哪儿去？于是，他们又把怒火发泄到下面的助理身上。助理无缘无故受到了批评，自然也是一腔怒火，就鸡蛋里挑骨头，不停地训斥新入职的员工，故意找碴儿，发泄不满。新员工被训斥之后，无可奈何，自己职位低，只能忍气吞声。等回到家之后，就会因为一点小事，几句无关的话，对着自己的家人发脾气，转移自己的怒火。家人无缘无故受到埋怨也很生气，就踢了自己家的猫一脚，可怜的猫却不知道该把怒火转移给谁。

从上文中我们可以看到，这样一种坏情绪的传递过程，最终承受怒火的是一只猫，它是整个环节中地位最低的元素，代表着社会关系中最弱小、最底层的群体，也是在坏情绪传递过程中受气最多的群体。心理学家针对这一现象提出了“踢猫效应”。

踢猫效应其实就是人与人之间的一种泄愤的连锁反应，人们在情绪变化时，往往想要发泄心中的愤怒，这样才能让心情变得好一点，而在发泄这种愤怒时，人们又会下意识地选择比自己地位低的群体，这样一层一层传递下来之后，最终把怒火全部发泄到“猫”身上。

在时代快速发展的今天，人们在享受生活的同时，也面临了更大的压力，无论是在生活中还是在职场上，总会遇到令我们心情紧张的时刻，好像随时都能爆发，稍有不慎，心情就会变得糟糕。在这种压力之下，人们的心理承受能力就会越来越脆弱，一点小事都可能导致心情变坏，从而引发内心的怒火，甚至像火山一样，猛然爆发。

这样的事情每个人都遇见过，不是受气的，就是发火的，总也逃不过这样一条规律。这也导致大家都处在一个随时爆发坏心情的环境，一旦一个人的心情变糟糕，那么坏心情就会像病毒一样在人群中传递下去，一层一层地传播，稍不注意还会传递给家人，这也导致了踢猫效应的频繁爆发，使得很多人的心情都受到影响。

在我们的生活中，经常会受到踢猫效应的影响，但其实我们仔细想想，当我们的心情受到破坏，或者做错事情之后，很多人不能冷静下来想一想自己的行为是否妥当，是不是因为自己做错事情才会导致心情不好。其实很多人都不能正视自己，总想着为自己的行为找借口，把自己的错误怪到别人身上，或者是向他人发泄自己的怒火，才最终导致踢猫效应的产生。试想一下，如果每个人都能公正地审视自己，不把自己的错误和怒火强加到别人身上，受到批评懂得反省自己，那么就能避免人与人之间发生矛盾。

情绪是人们对客观事物的感受而引起的一种心理体验，由于客观事物的差异性，人们的情绪自然也有好情绪和坏情绪之分，良好的情绪会让人有一种积极向上的心态，也会在周围形成一种良好健康的氛围，而坏情绪则会让人愤怒，甚至让周围的环境也变得紧张和充满敌意。

坏情绪的爆发就像在平静的湖面上投进了一颗小石子，会引起一圈圈涟漪，造成一系列的连锁反应，周围的群体都会受到这块小石子的影响，一圈圈地慢慢扩大，坏情绪的波及面也越来越大。不仅如此，坏情绪的爆发对个人也有很大的影响，我们都知道，心情变坏对人的身心健康都是不利的。人在生气或者愤怒时，由于交感神经兴奋，会导致心跳加速、血压上升、呼吸急促等不良反应，甚至坏情绪还会影响人的食欲，引发一系列疾病，这一点相信每一个有常识的人都了解。当人们的情绪处于负面情况时，就会引发很多不理智的行为，比如自以为是、狂妄任性、冲动暴躁等，这些行为和心理会导致原本的事态向更糟糕的境地发展，甚至还会对自己造成伤害。

每个人都知道坏情绪的影响非常严重，但是我们并不能保证自己永远不犯错，那怎样才能防止这种踢猫效应的产生，让人们时刻处于愉快、和谐、积极向上、充满正能量的氛围中呢？当我们犯了错误之后，能够及时自省，而不是随时找借口为自己开脱。如果在犯错时，有人愿意指出来，这说明我们还有改进的空间，如果犯了错误没有人指出来，那我们永远也无法进步。事实上，很多人不能正视自己的错误，才会把怒火转移到别人的身上。如果我们在心情变坏时，能够学会冷静思考，保持良好的心态，不轻易做出失去理智的行为，就能很好地疏导和缓解自己的坏情绪。在踢猫效应中，如果有任何一个环节能够停止这种转移怒火的发泄方式，那么周围的环境就会变得越来越好。

“猫”是无辜的，我们不要用自己的过错惩罚别人，也不要用别人的过错惩罚自己，学会控制自己的情绪，正确面对自己的错误。

## 3. 霍桑效应：带着情绪工作只会事倍功半

**微行为关键词：霍桑效应**

如果我们内心潜藏着情绪无法发泄出来的话，就会变得暴躁、易怒，无法平静，甚至严重影响到我们的日常生活和人际关系。如果将这种情绪带到工作当中，将会使我们的工作效率降低，工作能力减退，让我们事倍功半。

美国芝加哥的郊外有一个制造电话交换机的工厂——霍桑工厂。这家工厂员工不少，福利也不错，有很多的娱乐设施供员工免费使用，还有完善的医疗保险制度和养老福利等。这样看来，这家工厂经营得应该非常好，不然怎么会有这么高的待遇呢？但是，事实上，霍桑工厂的效益并不好，生产业绩很不理想，员工积极性也不高，所有人都愤愤不平，感觉工作非常疲惫。

为了寻找出工人工作状态和生产状况之间的关联，1924 年，美国国家研究委员会邀请了多位心理学专家组成了心理研究小组前去霍桑工厂进行调研。他们研究的课题是员工的生产效率与工作的物质条件之间存在怎样的相互关系。

研究者在霍桑工厂展开了"访谈计划"。所有访谈计划,就是研究者逐一找工人谈话,主题是关于规划与政策、部门领导的态度、工作环境、福利待遇等,或者其他想说的都可以讲出来。在谈话过程中,专家耐心倾听工人的倾诉,没有任何反驳和拒绝,并对员工的诉求和不满进行详细的记录,不管说的对与错,绝不会遭到训斥和打击。两年间,不同的心理学专家分别与不同的员工谈话两万余次,而这一访谈计划也出乎意料地收到了很好的效果,员工在和专家谈话之后,工作效率明显提高,霍桑工厂的生产状况逐渐好转,工厂的效益也大大提升。

根据"访谈计划"得出的结论,心理学家分析,工人由于长期以来对于领导的管理制度或者工作模式有很多的不满和看法,这些负面情绪无处发泄,导致他们的工作状态明显下降。而专家通过"访谈计划"使工人们在无意间将这些不满和意见都发泄了出来,将他们心里的负面情绪全部清除,心情变得愉悦起来,从而使其在工作上更加有干劲,工作效率也就随之提高了。

后来,这一实验过程被称为霍桑效应。所谓霍桑效应,是指那些意识到自己正在被别人观察的个人具有改变自己行为的倾向,是心理学上的一种实验者效应。也就是说,如果人们在工作中带着负面情绪,那工作效率就会降低,工作热情也会随之减少。

在工作中,我们总会遇到一些不开心的事情,或遇见一些不对脾气的人,然后,将许多的不满和意见藏在心里,如果长时间找不到发泄的出口,那这些情绪就会让我们对工作产生厌倦,对领导有排斥感,形成恶性循环,越是低落,越是工作不好,而越是工作不好,情绪就更坏。

当然,当我们对此有所意识的时候,都会想到去努力改变现状,但是，你要知道，职场之复杂，生活之无奈，不身处其中是不可能了解的。所有的事情不可能以你的意志为转移，所有的话也不是想说就说，即使有些看不惯的事情，也不能直截了当地讲出来，否则就可能得罪人，让自己树敌颇多，难以立足。但是，如果一味地压制负面情绪，最后就可能来一场大爆发，出现不可收拾的局面。这就需要个人智慧，也需要领导者的管理智慧。

在西方一些国家，管理者非常关注员工的心理状态，因为职场上的竞争是非常激烈，也是异常残酷的，员工的压力很大，虽然在工作中看起来，每个人都格外努力、能干，一团和气，但是在内心里却时常压制着情绪，只是喜怒不形于色罢了。这样对于员工的个人发展和公司的未来发展都是不利的，所以，有些公司便让员工用丑丑画的方式来宣泄心中的情绪。

丑丑画其实就是把人们心中讨厌憎恶的人画成最丑的样子，比如画上大大的脑袋，小小的眼睛，歪斜的嘴巴等。画得越丑，你的坏情绪就会越少。大部分人看到这样一幅丑丑画，都会变得轻松愉悦起来。

美国唐吉公司是一家生产制造电脑配件的公司，在这家公司里有一个性格温和的经理，名叫胡安。公司的很多员工表示，他们刚刚进公司，参加新人欢迎大会时，胡安就做了这样一件令他们吃惊的事情。

当时，职场上就一直流传着丑丑画，每当员工在工作中遇到不满和不开心的事情时，就会画上这样一张丑丑画，有的员工会画自己讨厌的上司。而部门经理往往是员工心目中最不喜欢的存在，所以几乎所有经理都遭受过这样的对待，于是，很多公司都制定一条制度：不允许画经理的丑丑画！

在这样的情况下，胡安竟然拿着一幅丑丑画上台了。画上的人不是别人，正是胡安自己——大大的肚子，细长的双腿，斜吊的眼睛，还有一副绿色的大眼镜。这可真算得上最丑的丑丑画了。员工在哄堂大笑之后，心里又纳闷，胡安经理拿着这幅画上台是什么意思呢？是要给新员工一个下马威吗？好让他们在今后的工作中，不允许以他为形象画丑丑画。

可是，胡安接下来说的话，却让听众席上的员工大吃一惊："从今天起，我们就是同事了，如果你们在工作中有任何不满或不开心，想要骂人、发火，甚至是画丑丑画都可以冲着我来，这是我画的丑丑画，画得不好，你们可以画得更好一点，年底的时候公司还会举行丑丑画比赛，获奖者有奖励。"

后来，有一位员工从来没有画丑丑画，胡安还非常关心地问道："从来没看见你画过丑丑画，难道你在工作中从来没有烦恼吗？"员工回答说，他不敢画。胡安听了，就鼓励他放心去画，甚至还亲自给他买了画笔，让员工每天都画一张丑丑画交给他看。从那以后，员工显然变得更加快乐，工作效率也明显提高了。

丑丑画并不仅仅是员工用来发泄不满的方式，它还是整个公司团结和谐的证明，使所有员工都能感受到愉快和谐的氛围，在工作中变得更加快乐。唐吉公司虽然每年都有员工辞职，但是这个数量与其他公司的离职率比起来已经非常低了，而唐吉公司的效益与利润的增长率，与其他公司比，却高多了。

无论是在生活中还是在职场中，人们每天都面临着巨大的压力，难免会跟别人产生摩擦、冲突，但是有的时候我们又不能明显地将自己的情绪发泄出来，大多数情况下都要选择忍耐，这其实并不是一个好的办法，因为情绪被积压在心里，长此以往，总有一天，在某种契机下，会突然爆发，到那时，情况将更加难以预料。

带着情绪工作不仅会让我们变得暴躁和敏感，也会影响工作状态和工作效率，所以我们要懂得适当地宣泄自己的情绪，使自己的心情变得愉悦，开展工作才能事半功倍。

## 4. 激励倍增效应:快乐同样也会传染

### 微行为关键词:激励倍增效应

无论是在生活中还是职场上,每个人都希望能够得到别人的认可和赞美。当我们得到他人的赞美之后,内心就会产生一种积极向上的动力,这种动力会刺激人的大脑,督促人们更快更好地完成工作。

激励倍增效应是美国一位著名管理学家彼得提出的,他认为一个人如果能够学会赞美别人,那么他从被赞美者身上得到的回报要比自己付出的多得多。当人们善于使用赞美的激励方法,就能明白管理的真谛。

一次,一位心理学家想要邮寄一封信件,但是当天寄信的人很多,邮局的工作人员显然有些忙不过来,还有一些职员由于忙了一上午,精神非常疲惫,工作起来自然就怠慢许多。

心理学家很快就发现邮局工作人员的工作状态不够积极,为了能够尽快地把信寄出去,他决定对邮局的员工进行激励倍增,让他们尽快投入到积极的工作状态中去。他决定这样做——用语言赞美那位职员,让他心情好起来,从而加快工作效率。

但是想让职员高兴起来,并不能随随便便地赞美他,而是要找出他身上的优点,这样赞美起来才显得真诚而不敷衍,否则有可能引起职员的不满,心理学家静静地观察了这位职员片刻,想着他到底有什么地方值得我去赞美呢?心理学家认真观察之后发现了职员的优点。

轮到心理学家办理邮寄业务时,职员依然还是动作缓慢,不在状态。但心理学家并不在意，反而以欣赏的语气说道："您的头发真漂亮，真希望我也能拥有这样一头乌黑的头发。"这位职员听了之后，非常惊讶，他甚至抬头看了一眼心理学家，并且向心理学家绽放了笑容，高兴地回答道："很多人都说我的头发漂亮呢！"

不出心理学家所料，在听到他的赞美之后，职员的工作速度明显加快了，甚至在工作过程中还时不时地跟心理学家交谈几句，而职员身边的同事也似乎受到和谐氛围的影响，工作效率渐渐提高，不一会儿就将工作完成了。

每个人都渴望被赞美和表扬，谁也不喜欢受到批评和指责，在与人的交往中，如果能够学会时刻赞美别人，往往会使双方之间的关系更加亲密，相处的氛围也会更加愉快。当我们赞美别人时，别人会回报我们以善意与谢意，这样一种人际关系的良性循环，可以使每个人都更加自信，更加优秀。

激励倍增效应不仅在生活中非常常见，在管理学上也被广泛运用。有这样一个故事：

一家知名餐厅里有位知名厨师，他有不少绝活，但是最拿手的是烤鸭，深受客人的喜欢，每位到餐厅吃饭的客人都会点一道烤鸭，而且餐厅老板也很喜欢吃烤鸭，所以非常赏识这位厨师。不过，餐厅的老板显然还不懂管理的真谛，因为他从来没有给过厨师任何激励或者奖励，这让厨师总是闷闷不乐，时常患得患失，认为老板并不重视他。为了能够不动声色地提醒老板，这位厨师想出了一个妙计。

一天，老板的朋友远道而来，老板为了欢迎朋友，特地在餐厅大摆宴席，招待贵宾，点了很多好菜，其中一道就是为人津津乐道的烤鸭，这也是老板最爱吃的一道菜。厨师听到老板的吩咐之后，非常用心地做了这道烤鸭，只不过在片烤鸭时，厨师用了点小心思，切掉了一只鸭腿，然后就让人端上了桌。老板和朋友谈得非常愉快，看烤鸭上来后，便热情地向朋友介绍。他给朋友夹了一只鸭腿后，想要再找另一只鸭腿却怎么也找不到，便找来厨师问道："为什么只有一只鸭腿，另一只鸭腿去哪儿了？"

厨师说："老板，我们养的鸭子都只有一条腿。"老板感到非常不可思议，明明之前吃的烤鸭都是有两只鸭腿的，但是有朋友在场，他也不好意思仔细追问，想等饭后再去寻厨师问个明白。

饭后，老板找到厨师，询问鸭腿的事情，厨师带着老板到鸭笼去看个究竟。厨师对老板说："老板你看，我们养的鸭子不全都只有一条腿吗？"当时已经是晚上了，鸭子都在睡觉，老板一看，果然每只鸭子都只有一条腿，他更疑惑了。

这时，厨师又对老板说："老板，您不如拍拍手掌看看。"

老板一听，立刻大力拍起手来，鸭子被惊醒了，一只一只都站了起来，老板大惊："鸭子明明都有两条腿啊。"

厨师赶紧说道："鸭子是有两条腿，这是因为您鼓掌拍手了，鸭子才会有两条腿。"

老板恍然大悟。

从案例中看，老板不懂得激励员工，导致员工的工作状态不稳定，不能全心全意地为公司服务；老板懂得给员工适当的激励，员工才能时刻保持一种最佳的工作状态，才能努力为公司奋斗。

想要员工一心一意地为公司效劳，其实很简单，只要让员工知道自己的价值，知道自己在公司的重要性，而要达到这种效果的最好的办法，就是对员工进行表扬和激励。员工得到上司的表扬才能明确自己的重要性，才能在之后的工作中更加认真，更加努力。

很多人在人际交往过程中总是急于表现自己，缺少发现他人优点的能力，不懂得赞美别人，时间一长，会让双方之间的关系越来越冷淡，联系越来越少，关系自然就不那么好了。在职场管理中同样如是。如果管理者只把员工当作劳动力，却不注意员工的心理变化和精神诉求，那么员工在工作中就会失去信心和动力，工作起来效率低下，甚至会给企业造成很多的负面影响。

很多管理者都有这样一个疑问,为什么有些员工,工作能力很强,待遇也很丰厚,但就是不能在公司长期待下去呢?这其实是员工的精神诉求匮乏,在公司得不到精神满足,只能选择另一家公司,寻找心中的精神诉求。

在一个物质极大丰富的社会阶段,我们并不能用物质化的眼光看待一切,很多管理者在激励员工的方式上总是选择物质奖励,这对员工来说并不算真正的激励。物质奖励是激励员工的基础,但是在这个基础上,管理者要给员工提供更大的发展空间,让员工的精神诉求能够被满足,员工能够在公司受到尊重等,这才是企业留住人才的最好办法。

## 5. 塞利格曼效应:你都不知道自己到底有多厉害

**微行为关键词:塞利格曼效应**

一个人面对一次失败,他会很快地调整自己,投入下一次奋斗当中,但是如果一个人不断失败,从未成功,总有一天,他会放弃,甚至开始自暴自弃。这是因为人们的心理承受能力都是有限的,当一个人持续不断地遭受打击,始终处于挫败感之中,就会逐渐对自己失去信心,从而陷入一种无助的状态。

1975年,美国一所著名大学的心理学教授塞利格曼做过这样一组实验:他找来几条狗,将它们分为两组,一组作为实验组,一组作为参照组。

首先,他将实验组的狗放进一个笼子里,这个笼子的封闭性非常好,狗是无法轻易从笼子里逃出来的。把狗安置好以后,塞利格曼开始对笼子里的狗实行电击(实验中的电击并不致死,也不会伤害狗的健康,只是让狗有一定的痛感)。在不断的电击过程中,狗开始拼命地挣扎,几近疯狂地想要逃离牢笼,但是无论它们怎么努力,也无法逃离笼子。过了一会儿,狗不动了,因为它们明白无论如何拼命,都是离不开这个笼子的,于是接下来的电击实验中,所有狗都选择了逆来顺受,放弃了挣扎。

随后,塞利格曼把实验组的狗放出来,把它们关进另一个笼子,这个笼子不像第一个笼子那样无法逃离,而是用隔板从中间隔开了,隔板并不算高,狗完全可以跳过去,只要它们从隔板跳出去,就可以避免被电击,因为笼子一边有电击棒,而另一边没有电击棒。塞利格曼又开始对实验组的狗进行电击。

然而,经过上一次电击实验,实验组的狗似乎真的放弃了挣扎,除了在一开始受到电击时痛苦嚎叫以外,此后一直安静地趴在笼子里承受电击,没有一条狗试图寻找出路,或者从隔板跳过去,它们显然已经放弃了逃离的努力,甚至连试一下都没有。

塞利格曼又把参照组的狗放进有隔板的笼子里,这组狗并没有接受过第一组的实验,因此在受到电击之后,参照组的狗一边嚎叫一边不断地寻找脱离之法,最后所有的狗都找到了出路,从隔板的这一边跳到了没有电击棒的另一边。

这一实验引起了心理学界的巨大反响,心理学上把这种现象称为“塞利格曼效应”,也称作“习惯性无助”。

当人们出现习惯性无助时就会不自觉地意志消沉,从而对周围的一切感到绝望、排斥,对自己丧失信心,最后一蹶不振。这种心理显然使人的思维和行为受到了严重的影响,因此塞利格曼针对如何预防这一心理现象又重新设计了以下实验。

塞利格曼改变之前的实验顺序,先将狗放在有隔板的笼子里,然后对它们进行电击,这些狗在被电击时会主动寻找安全出口,轻松地从隔板上跳过去,逃到没有电击的一边。如此反复实验,直到狗能够轻易地从有电击的一边跳到没有电击的一边;然后,将这些狗放置在没有隔板,无法逃脱的笼子里,再次对狗进行电击,然而经历过“跳隔板”的实验之后,狗在没有隔板的笼子里也会主动寻找出路,不会轻易陷入绝望,放弃挣扎。

实验结果表明,再对狗进行“无法摆脱的电击”实验之前,首先让狗学会从电击中逃脱,那么狗在被放进无法逃脱的笼子里之后也不会轻易地陷入“塞利格曼效应”。

此后,其他心理学家用不同的动物进行类似实验,结果都验证了“塞利格曼效应”。想要搞明白“塞利格曼效应”究竟是什么意思,看看生活中的例子就全明白了。

一家著名保险公司的老板最近很苦恼,因为新招聘的一批保险销售员不到一年的时间,就辞职了一大半,原因是这些员工每天都会被无数客户拒绝,渐渐丧失了信心,甚至一想到要去接待或拜访客户就不寒而栗。长时间没有业绩,只好选择辞职。老板怎么劝说也改变不了他们辞职的想法,因为他们失败的次数实在太多了,根本没办法下定决心努力工作了。

老板苦恼之后,开始想方设法提高员工的自信心和抗打击能力,以使员工在被客户拒绝之后依然能够振作起来。后来,老板终于想到了一个办法。在第二年的招聘会上,老板把新招到的员工聚集在一起,对他们进行了为期一个月的销售培训。培训过程中,每天除了教给新员工基本的销售技巧之外,还规定他们必须进行“拒绝演练”,也就是员工自行组成小组,每天进行半小时的互相拒绝演练,并且每一次演练时的拒绝借口不能相同,而员工要根据对方拒绝的态度做出相应的反应,及时应对,直到说服“客户”。

在为期一个月的拒绝演练之后,员工的抗打击能力明显提高,因为在培训过程中,已经被同事扮演的客户拒绝了无数次,当他们真正面对客户时,早已习以为常,并且能很快找到应对的办法。而这一年,新员工的辞职率比前一年低了许多。

从上述案例中我们能够看到，销售员在面对客户的多次拒绝后，开始产生绝望、抑郁的心理，逐渐丧失信心，工作激情慢慢减退，这是一种典型的“塞利格曼效应”。而在老板对员工的管理做出改变之后，由于员工事先已经进行了无数次拒绝演练，所以在真正被客户拒绝时，他们不会轻易地陷入“塞利格曼效应”。

在我们的日常生活中，常常会遇到各种各样的挫折，经历这样那样的失败，谁也难免会陷入“塞利格曼效应”，失去对外界的信任，也会自我怀疑。所以我们会产生一种错觉：认为自己无论做什么都是错的，无论做什么，最终都会失败。

难道我们真的一无是处吗？当然不是。要不然怎么会有“天生我材必有用”的诗句，我们只是陷入了“塞利格曼效应”而已，这种效应让我们对自身的能力产生了怀疑，就像塞利格曼实验中的狗一样，它们在接受第二次实验时，明明有机会可以逃离电击，却自暴自弃地放弃了希望。

所以我们一定要保持昂扬的斗志，坚定前行的信心，客观地面对自己的失败，相信自己的能力，无论面对怎样的挫折和困境，无论经历多少次失败都不要轻易放弃，因为我们永远不知道，什么时候会有“隔板”。别放弃任何一次机会，尽可能地多尝试一次，尽可能地再努力一次，或许，下一次就能找到出路。请记住，只要活着，就有“下一次”。

## 6. 健忘效应：健忘其实并不是因为你记性不好

**微行为关键词：健忘效应**

我们可能常常会因为忽然忘记某些人或者某些事而感到困惑，怀疑自己的记忆力出现了什么问题。其实从行为心理学上来说，即使是记性最好、最聪明的人也会有健忘的时候，这并不是因为人的记忆力出现了问题，而是因为那些容易遗忘的部分都是我们不够关注、不够重视的，才会选择性遗忘。

健忘效应其实并不是一个人的记性不好，或者身体机能出现了问题，而是人的某种意识被压制住了，从而事物被遗忘。一个人的记性再怎么好，他的自我抑制能力也不能达到最高境界，总会有些时候是无法压制住自己的本意的，当那些想要被压制住的本意不小心跑出来时，人们为了掩盖自己的真实意图就会不停地提醒自己，千万不要把这些意图表现出来，而在人们的压制过程中，就会产生很多无意识的健忘行为。

玛丽最近非常苦恼，就连工作都常常不在状态，不断地出现一些小错误，被领导多次训诫之后，玛丽更加焦虑了，甚至一天比一天憔悴。同事看她状态不好，关心地问道："玛丽，你最近怎么了，如果需要帮忙的话就说，千万不要客气。"玛丽其实并不是遇上什么难解的问题了，而是最近和她的男朋友之间的感情出现了问题。

玛丽和他的男朋友从大学时期就在一起了，毕业之后两个人在不同的城市工作，但感情依然很好，玛丽不止一次向朋友炫耀说，虽然她和男朋友现在是异地恋，但两人的感情却比在一起时还要好。可是就在前几天，她和男朋友在电话里大吵了一架。原来那天是他们大学时期在一起的纪念日，可她的男朋友却忘记了这件事情。玛丽发了几次短信暗示男朋友，可是直到深夜，男朋友也没有任何表示。玛丽越等越想越生气，便打电话过去兴师问罪，他的男朋友只好解释是忘记了。

玛丽说："这么重要的事情他都能忘记，他肯定是不爱我了。我生气了，他还说我是小题大做，最后还挂断了我的电话，我决定要跟他分手。”玛丽越说越伤心，想着现在的男人真是不可靠，没在一起之前承诺说什么纪念日都会记得，结果在一起才几年，就理直气壮地忽略了，还大发脾气，真是太不靠谱了。

同事听了玛丽的诉苦之后，也和玛丽说起了自己的苦恼："我老公也是，前几天我过生日，我老公竟然忘得一干二净，虽然我知道他的工作很忙，但是在我生日的那天，他竟然连一句生日祝福都没有跟我说。这么重要的事情他都能忘，你说他还爱我吗？我打电话给他，他还说让我原谅他，我当然不能原谅他。”

一听到同事这样说，玛丽瞬间觉得更有底气了，也更加难以忍受男朋友的行为，甚至下定决心坚决不能轻易原谅他。

在生活中，经常有人这样抱怨男朋友。有的人认为男生可能由于性格使然，神经大条，不把这些放在心上，可以理解，但是也有的人认为这么重要的纪念日都记不住，那么这个男生一定不爱自己，这样的话，双方还有在一起的必要吗？

其实，无论是男生还是女生，健忘都是一件非常正常的事，不能因为忘记了这些纪念日就觉得对方不够爱你，不够重视你。

这样的事情每天都在发生，没有一万也有八千，只要你听听周围女性的倾诉，基本大同小异，全是讨伐男朋友忘性大的。可是，令人奇怪的是，我们为什么会忘记呢？很多男生确实比较神经大条，经常忘记一些重要的日子，我们不能把“健忘”和“不爱”联系在一起，说不定他们只是不擅长记住这些日子。但是如果对方“健忘”的频率越来越高，不断地忘记你们之间的一些重要约定，那么你就需要提高警惕了。当对方健忘的时候，我们应该首先确认的是这些健忘背后的心理，只有明确这些健忘的原因，我们才能做出正确的判断。

从心理学的角度客观公正地来看，男生在健忘的背后究竟隐藏着怎样的心理呢？心理学家认为，健忘行为主要表现在三个方面：一是人们会出现口误、笔误、错别字等；二是暂时忘记，这种忘记不是永久性的，而是指当事人在一段时间内想不起来；三是忘记物品摆放的地点，这种忘记一般体现在某些常用的东西突然不知道放在了哪里等。

人们之所以会出现健忘行为，是因为潜意识里认为那并不是真正在意的东西，下意识地隐藏了这些东西，或者不愿意提起这些东西。在这种潜意识的作用下，人们就会对这些东西进行压制，从而出现健忘现象。不仅如此，心理学认为人们在潜意识里都习惯于隐藏自己内心的真实想法，以更好地适应复杂的人际交往。比如，当你不喜欢一个人，但又不得不与他交好时，就会下意识地隐藏自己的真实想法，有意表现出自己对对方有好感的样子。说白了，健忘也是这样的心理，对于潜意识里不喜欢的或不想记起的东西，就有意主动地忽略掉某些信息，造成自我遗忘。

由此可见，健忘心理并不是记性不好的问题，而是人的某种意识被压制的后果。就像案例中的玛丽抱怨男朋友的健忘行为一样，男生忘记了纪念日并不是他的记性不好，而是他的潜意识里刻意压制了那些信息，主动忘记了。

讲了这么多，估计你也大概了解了。如果对方永远不记得你们之间的一些重要节日或重要约定，那么你一定要提高警惕，因为这说明你们之间的亲密程度已经开始下降，对方开始在潜意识里主动压制某些关于你们之间的记忆。如果不尽快做出改变，你们之间的感情会越来越淡。千万不要轻视健忘，如果对方的健忘越来越频繁，忘记的事情越来越多，你就需要开始重新审视这段感情了。

还有，要知道，健忘跟年龄没有绝对的必然关系，跟身体机能也没有多大的关系，反而跟个人的心理意志有关系。神经比较敏感脆弱的人更容易健忘，而意志力比较坚定的人越不容易健忘。想要记住某件事，并不难，方法很多，比如设闹钟提醒，写备忘录等，只要你想记住的，内心认为的确重要的，怎会轻易忘记？除非一种可能，那就是，不想记得。

当然,如果你真的是身体原因才出现遗忘,那也不用太过担心,有病治病,只要积极面对生活,没有解决不了的事情。无论是因为什么原因产生的健忘,如果我们想要避免这种现象,就要懂得适当地缓解心情,不要给自己太大的压力,懂得转移自己的负面情绪,让心情时刻保持舒畅。

## 7. 瓦伦达心态:凡事做就好,千万不可想得太多

### 微行为关键词:瓦伦达心态

很多时候,我们发现,越想做好一件事,就越不尽如人意,甚至事与愿违,结果更加糟糕。这种情况,也许与事情本身并没有绝对的关系,只是因为我们对结果的期望值过高,自己的心态受到影响,从而导致了最后的失败。

心理学上有一个著名的现象——瓦伦达效应。瓦伦达效应的产生来源于一个真实的故事。美国曾经有一位名叫瓦伦达的知名高空钢索表演艺术家,他的一生获得过许多关于高空钢索的荣誉,可是,后来在一次大型表演活动中,瓦伦达不幸失足而亡,当时正在观看表演的观众吓坏了,谁都没有想到如此著名的表演艺术家也会失足掉落下来。因为在以往的表演过程中,瓦伦达的表现太好了,观众都认为瓦伦达的钢索技艺已经炉火纯青,不可能失败。

在采访瓦伦达的妻子时,她非常难过,但是她告诉记者:“在瓦伦达参加这次表演时,我就已经有了不祥的预感,因为在这次表演之前,瓦伦达一直在重复‘这次的表演太重要了,我一定不能失败’。”

而在瓦伦达以往的表演中,他从来没有“只许成功,不许失

败”的想法，他行走于钢索之上时，只想着目的地，只想一步一步走下去，从来不会关注结果的好坏，所以他才能在每一次的表演中取得圆满成功。而最后一次之所以失败，是因为瓦伦达把这次表演看得格外重要，他一直在关心表演的结果，不容许自己有一点失败和瑕疵。正是因为他在行走过程中想得太多，顾忌太多，导致意外坠亡。

一个人想要做好一件事情，如果只享受过程，而不过多考虑结果是否成功，那么，就会把事情做好，出现“无心插柳柳成荫”的意外惊喜；如果一个人在做一件事情的时候，总是想着结果好坏，患得患失，唯恐失败，那么结果反而会朝不好的方向发展，这种现象就是著名的瓦伦达效应，而在这个过程中产生的心理就是瓦伦达心态。

看了上述故事之后，我们应该明白，有的时候，我们不必思考太多，更不用太看重结果，多想不如多做，当你把成败抛于脑后，你会发现事情的结果往往会令自己满意。

美国一所知名大学曾经针对“瓦伦达效应”做过具体研究，结果表明，当人们害怕产生某种结果时，就会形成这种不好的设想，大脑就会自动呈现出这种图像，而这种图像会刺激人的神经系统，导致人们的设想成真。比如，当我们在投篮时，内心总是想着不要把球投到场外，这时候大脑就会自动出现“球被投到场外”的情景，而这一情景就会在大脑中成像，从而影响我们的行为，结果导致球果然被投到场外。

在这种“瓦伦达心态”的影响下，事情往往不会向着我们希望的方向发展，反而会向着我们害怕的方向发展，而类似的瓦伦达事件也经常出现在我们的生活中。

海陆在某重点高中就读，成绩十分优秀。而且，海陆从小学开始，就从未令老师和父母失望过，不仅年年班里第一名，就是在全年级的排名也一直名列前茅。从入学以来，海陆一直是老师重点关注和培养的对象。

面临即将到来的高考，海陆感受到了无与伦比的压力，这种压力超过了任何一位高考生的正常压力，这让海陆感到从未有过的惶恐与不安。他时刻在担心高考成绩，总是害怕高考成绩不理想，辜负所有关注自己的人。当他一想到父母对自己的期待，老师对自己的信任，他不敢有丝毫懈怠，每天拼命地学习，一刻也不敢放松。可是，即使如此努力，海陆的情况并没有好转，压力反而越来越大。他几乎时刻都在提醒自己"一定不能考差，一定要考上重点大学"。但是，海陆的父母和老师都没有注意到海陆的巨大压力，他们认为在高考之前有一点紧张情绪是正常的。所以在高考前，他们对海陆千叮咛万嘱咐，一定要发挥出正常水平，不能出现任何意外。

正是由于这样的期待给海陆本来就无法承受的心灵带来了更大的压力，他时刻告诫自己："不能失败，绝不能失败，一定要考出好成绩，这么多人都在关注我，如果我的高考成绩不理想，我还有什么脸面面对父母和老师呢？"

过度的自我提醒让海陆焦虑不安，甚至在高考的前一晚失眠了，总是害怕自己考不好，"无颜见江东父老"。在这样巨大的压力下，海陆高考发挥失常，成绩下来之后，海陆甚至连一本线都没过，这出乎所有人的意料，也令所有人失望。而那些平时不显山不露水的同学，反而考得不错，拿到了重点高校录取通知书。

海陆的故事并不是个例，它就发生在我们身边。很多优等生都有类似的经历，父母把自己的希望寄托在孩子的身上，孩子承受着巨大的压力，以致他真正面对这件事情的时候，难免患得患失，结果就是最不愿看到的。

父母望子成龙的心情我们都可以理解，但是请不要给孩子施加过多过大的压力，不要再出现第二个第三个海陆。尽可能地给他们营造一种轻松愉快的学习氛围，帮助他们调整心态，如果看到他们偶尔考试成绩不理想，也别轻易下定论，随意打骂，施加压力，那只会适得其反。不如变压力为鼓励，让孩子对未来充满期待，而不是充满恐惧，这样才能减轻他们的心理压力，让他们尽情去追逐梦想。

心理学研究表明，考试过程中的心态往往决定着考试成绩的好坏，这也就是平时常说的“发挥”。不仅仅是学生，我们在工作中也常常要面对各种专业考核或职业测评，同样的道理，有压力未必有动力，但有动力才能积极备考。我们从小到大，每个人都经历过无数次大大小小的考试，很多人都害怕考试，因为有考试，就有分数，有分数就有比较，有比较就会有落差。考不好的人，要是挨了批评，没了面子，情绪还能好到哪儿去？如果我们面对考试，摆正心态，把考试当作一次测试，检验学习成效，不要过多地在意考试结果，就不会出现“瓦伦达事件”了。

生活中，当我们遇到困难或挫折，何尝不是另一种考试呢？如果我们在这种情况下，也只一心盯着结果，患得患失，担心失败，害怕丢脸，一旦最后担心应验了，那我们可能会无法承受，反而让事情向更坏的方向发展。所以，当我们决心去做什么事情的时候，千万别想得太多，也不要把眼睛放在结果上，而应摈弃一切的干扰因素，一心一意去做，尽自己最大的努力，即使最终结果并不是那么完满，也不会后悔。这也就是所谓的“尽人事，听天命”。

时刻保持平和的心态，积极地面对任何事情，认真地去完成每一件事，专心致志，努力把事情做好，不在乎结果好坏，不考虑成功还是失败，只考虑自己是否努力，这样人就会自然而然地变得轻松，处理事情也会更加得心应手，所有的一切也会向着更好的方向发展。

## 8. 倒 U 形假说:压力越大,动力越小

**微行为关键词:倒 U 形假说**

当一个人处于心情放松、精神振奋的状态时,往往可以把工作做得很好;当一个人情绪低落、精神萎靡的时候,工作的积极性就会大打折扣,效率也会大大降低。当然了,如果一个人兴奋过了头,超出了正常情绪,就会容易出错,完成度也会降低。

美国著名学者威廉逊曾经提出倒 U 形假说,该假说指出,当一个国家处于经济发展初期时,这个国家的各个地区之间的经济差异一般不会太大,但是随着经济的不断发展,各个地区之间的经济差异就会越来越显著。当国家的经济发展水平达到一定极限时,各个地区之间的经济差异的扩大趋势反而会停止,并且开始转变为不断缩小的趋势,这样一个变化的过程就好像"U"字倒过来写一样,所以人们将这种现象称为倒 U 形假说。

倒 U 形假说不仅在经济学上被广泛应用,在心理学上也很常见。当一个人有了压力之后,他的生活才会有动力,但如果一个人的心理压力过大,那么他的生活动力反而会变小。

从前有一个小和尚,一天,寺庙里的厨师让他下山去挑水,并且十分严厉地叮嘱小和尚:"你一定要小心一点,千万不能把桶里的水洒出来,如果有一滴水洒了出来,我就罚你一天不许吃饭。等你回来之后,我可是要测量的。"小和尚非常害怕,连连称是。厨师还是不放心,又一遍一遍地交代,直到小和尚发誓绝不会洒一滴水才罢休。

小和尚虽然答应了厨师的叮嘱，但内心其实很害怕，可又没有别的办法，只好胆战心惊地下山挑水。到了河边，将水桶打满之后，小和尚就赶紧挑着水往回走。一路上，小和尚非常害怕，总担心桶里的水会洒出来，只要一想到厨师凶恶的表情和严厉的叮嘱，就吓得浑身发抖。即使他小心翼翼地走在路上，桶里的水还是一点一点地洒出来，越是这样，小和尚就越害怕，越紧张。

快走到庙门时，小和尚终于松了一口气，赶紧向前跑去，只想着赶紧把这两桶水交给厨师。结果，由于太心急，一不小心踩到了一个水坑，不但被溅了一身的泥水，就连桶里的水也洒了一半。小和尚害怕极了，哆哆嗦嗦地挑起余下的半桶水，硬着头皮走进寺庙里。等到把水挑到厨师面前的时候，桶里只剩下了 1/3 的水。

厨师气坏了，大骂道："你这个笨蛋，不是让你小心一点吗？就剩这么点水怎么够用？"小和尚听了之后又难过又羞愧，不禁哭了起来。这时，恰巧寺庙的方丈走了过来。方丈是一位德高望重的老师父，他见小和尚哭得厉害，就慈祥地问小和尚怎么回事。小和尚委屈地把事情的经过讲述了一遍，并且强调说："我已经非常小心了，但是不知道为什么，越小心水洒得越多，我是不是太笨了。"

方丈笑着说："这样吧，你现在再去挑水，但是这次我不会要求你的水洒不洒，而是要求你在挑水过程中观察你看到的所有事物，并把它们一一记下，回来之后告诉我。"

这一次小和尚轻松多了，因为不用再担心水会不会洒出来，只要用心观察沿途的风景就行。于是，第二次打水回来的路上，小和尚遵循方丈的吩咐，一直观察着路边的风景，将巍峨的山峰，鲜艳的花草，路边玩耍的小孩子，一一记在心里。等到小和尚把水挑回来，急忙找到方丈，迫不及待地把看到的东西详细地告诉给了方丈。方丈听后只笑着说："你看，水桶里的水不是一滴没洒吗？"

厨师的要求极其苛刻，但是小和尚依然洒出去很多的水，这是因为厨师太过严厉，给了小和尚巨大的压力。而小和尚的压力越大，就越紧张，不但没有动力去保护桶里的水，甚至洒的水越来越多。而方丈没有给小和尚这么大的压力，而是让小和尚用心观察沿途的风景，小和尚没了压力，也不紧张了，挑水的动力反而越来越大，所以水桶里的水一滴也没有洒出来。

倒 U 形假说又称为贝克尔境界。鲍里斯 · 贝克尔是德国一名职业网球运动员，曾经是 6 个大满贯网球单打冠军的得主。鲍里斯 · 贝克尔 17 岁那年，就已经打败众多优秀对手，夺得温布尔网球锦标赛成年组的男单冠军，是当时最年轻的大满贯成年组男单冠军。

后来，在采访中，贝克尔透露了他成功的秘诀，那就是避免在比赛过程中精神处于高度兴奋状态，而是要始终保持半兴奋的状态，这样，才能保证自己的动力处于最高点，而不会受到情绪的刺激，影响比赛水平的发挥。后来人们就将贝克尔的这种秘诀称为贝克尔境界。

贝克尔境界与心理学家提出的倒 U 形假说有异曲同工之妙，甚至在管理学中也被广泛应用。一个人的工作压力和他的工作业绩之间的关系是有迹可循的。当一个人没有任何压力时，工作就没有动力，那么，他的业绩就会持续下降，当一个人的工作压力比较大时，工作动力也会相应提高，工作业绩也会随之提高，然而当一个人的工作压力达到极限时，他的工作动力不但不会提高，反而会越来越低。所以只有当一个人处于轻度压力下，他的工作能力才能达到最好的状态。

这种状态就像一个倒 U 形曲线一样，先呈现上升的趋势，当到达某个点时，逐渐呈现下降的趋势。就像贝克尔的成功秘诀，因为他始终使自己的精神状态处于轻度兴奋点，才能在比赛时发挥最大的能量，成为常胜将军。

人们常说压力就是动力，有了压力才能有动力，压力越大，动力也就越大，这种说法其实是片面的。任何人的压力都有一个最高值，达到这个压力值时，人们可以发挥出自身最大的动力，一旦超过这个最高值,再给自己增加更大的压力,动力反而会一直减少,甚至降到最低。

因此,在做任何事情时,我们都要考虑自身的能力,不要给自己过大的压力,要懂得把握最好的压力状态,只有在这个状态下,我们的能力才能被最大地发挥出来。良性的压力可以帮助我们更快地获得成功,恶性的压力反而会拖住我们前进的步伐,那么,请适度地给自己加码,让我们保持良好的工作与生活状态。

## 9. 焦虑效应:平白无故地,为什么我们会焦虑

### 微行为关键词:焦虑效应

焦虑情绪是一种负面情绪,但是焦虑情绪却不一定完全是坏事。当一个人产生焦虑情绪时,可能是一种防患于未然的行为,可以帮助我们预测接下来要发生的事情,让我们能够做好相应的准备。但是,如果我们长期处于焦虑情绪之下,精神就会受到严重的压迫,做出过激的事情,所以,请保持一颗平常心。

李丝是一名高三的学生,即将面临人生中最重要的一场考试——高考。但是最近李丝的情绪非常糟糕,常常因为担心考试不理想而紧张。最近一周尤为明显,李丝表示,只要一想到,如果高考失利,不能报考自己心仪的大学,就会不由自主地紧张、烦躁,以致出汗,坐卧不宁,甚至整晚失眠,越是想明天要早起,越是想睡不好就会影响学习,就越是睡不着。即使最后睡着了,也很容易被某些细微的动静惊醒,然后又是难以成眠,神经已经濒临崩溃。

不仅失眠,就连每次看书做题都难以集中注意力,有的时候刚

刚打开书就开始感觉烦躁，想要赶紧结束这种折磨，做事也变得越来越没有耐心，甚至还会在脑子里构想很多漫无边际的想法，想要离家出走，想要放弃高考等。无法控制的想法越来越多，越来越荒唐。有的时候内心还会出现暴力的想法，想要摔东西，想要发脾气。

李丝在形容这种情绪时也坦诚地表示说，她非常害怕，害怕长期下去，不但高考要考砸，自己还可能会得抑郁症，影响今后的生活。李丝很想摆脱这种焦虑的情绪，每天都强迫自己入睡或者学习，结果，心理压力没有减轻，反而让她更加手忙脚乱，症状越来越严重。

在进一步了解后发现，李丝的父母对她的期望很高，而且她身边的亲戚朋友的孩子，学习成绩都非常优秀，而李丝所在的班也是重点班，这无形中给了李丝更大的压力。她害怕自己考不上重点大学会被别人嘲笑，被父母嫌弃。正是来自各个方面的压力和李丝自身的压力形成了这种焦虑效应，使她无法摆脱自我纠缠的紧张情绪。

从案例中看，李丝之所以会产生焦虑的情绪是由于受到了极大的高考压力。事实上，任何一种焦虑情绪都是因为受到了某种“威胁”，使得我们在内心深处想要消除这种威胁，所以才会焦虑不安。

著名心理学家弗洛伊德从心理学角度上对焦虑效应做过研究，他表示，人们的焦虑效应通常分为客观性焦虑和神经症性焦虑。

客观性焦虑指的是我们对于存在危险的外界环境或因素产生的焦虑，比如在一个重要会议上，突然要求一个平时不善言辞的人上台发言，这时候，这个人就会忽然产生焦虑情绪，因为他本身就没有演讲的经验，加上自己不善言辞，担心上台演讲会丢人，自然就会陡然产生焦虑情绪。很多时候，人们表现出来的大部分焦虑都是这种客观性焦虑。

而神经症性焦虑指的是人们的意识在突然之间感受到了危险，从而开始感受焦躁紧张，但是这种危险因素又无法确定。

焦虑，难道只会给我们带来负面的影响吗？其实不然。美国著名心理学家马丁·塞利格曼曾经出版一本名为《认识自己，接纳自己》的心理自助书。在书中，塞利格曼提出，人们的焦虑其实是心灵之舌，提前预知危险的来临，使我们能够学会思考，提前做好准备迎接即将到来的危险。

杰瑞自从到了新公司之后，就突然变得焦虑起来，奇怪的是，他也不知道自己在害怕什么，担心什么，但就是有一种莫名其妙的烦躁情绪，这种烦躁情绪影响着杰瑞的工作状态和生活习惯。

杰瑞总觉得自己有很多事情需要去做，但又不知道该做什么，该怎么样做，以至于在工作上经常出现失误，被领导批评了几次。有的时候，下班回家，也经常受到妻子的抱怨。杰瑞开始思考这种焦虑的背后，到底存在什么样的威胁。后来，他发现其实是因为自己到了一个新的环境，没能及时适应环境的转变，从而造成了心理上的不安，而这种心理现象其实是为了让他能够更加迅速地融入新的环境、新的集体。当杰瑞还不明白怎么样改变自己以适应新环境时，内心就随之产生了一种焦虑情绪，来提醒他要尽快想出办法改变自己的工作习惯或者工作方式，以便更加适应新公司的发展脚步。

果然，在杰瑞慢慢适应公司的氛围，了解了同事的喜好，与周围的人越来越熟悉之后，这种焦虑的情绪开始慢慢减弱，最终消失不见。

从案例中来看，杰瑞之所以产生焦虑是因为他提前感受到了威胁，他在内心深处担心自己不能好好地应对新工作，或者不能和新同事友好地相处，在这种预感之下，他才会产生一系列的焦虑行为。这种现象看似是一种情绪上的不安和紧张，其实质是杰瑞一直在寻找一种解除这种焦虑不安的方法。

很多人一旦提到焦虑、烦躁、紧张，就会认为这些情绪是一件不好的事情，会给自己的生活带来许多负面的影响，其实真的不必这么紧张。焦虑并没有我们想象中的那么可怕，之所以害怕这种情绪，是因为我们在脑海中放大了焦虑带给我们的影响。

可惜的是，很少有人会选择积极、主动、正面地去对待焦虑的情绪，人们总是把它当作洪水猛兽，排斥它、厌恶它、逃避它。其实，在心理学上早就对此有过证明，心理学家认为焦虑情绪没什么大不了的，它不比癌症更可怕，更没有死亡令人恐惧。相反地，从一定程度上来讲，只要好好调整，积极地面对，焦虑还会对我们的生活和工作起到推动作用，让我们预知即将到来的威胁，帮助我们去积极处理危机，避免一些不好的事情发生。

当你感到焦虑不安时，就说明有危险即将到来，那就请你尽快找到背后的原因，并且积极地面对这种情绪，找到妥当的解决办法，从而消除威胁，也消除我们内心深处的焦虑。请相信，焦虑一点也不可怕，可怕的是我们毫无作为，一味地让自己处于焦虑之中，不敢正视自己的内心，那才会让我们深陷其中，无法自拔。如果我们能够勇敢地面对它，不逃避，不隐瞒，将这种情绪当作善意的提醒，提前做好准备，应对之后的威胁，你会发现，其实焦虑是可以被战胜的。

# 第四章　决策行为——那些看似合理的不合理决策

## 1. 沉锚效应:那些先入为主的“偏见”

**微行为关键词:沉锚效应**

当我们判断一个人的性格或者品行时,总是以第一印象为主;当我们判断某件事情的对错时,也总会相信我们第一眼看到的。成语“先入为主”是这一心理的贴切注解。沉锚不同,你做出的判断就不同,做出的决策也不同。

心理学家指出,当人们在对某一件事、某一个人进行评价时,会受到第一印象或者第一信息的影响,从而固定自己的思维,就像沉入海底的锚一样,非常牢固,不会轻易发生改变,这种现象称为沉锚效应。

所谓沉锚效应,说得直白一些,就是一种思维定式。当我们第一次看到某人某事,大脑就会对收到的第一个信息格外重视,形成固定点和框架,当有新的信息出现时,就会不由自主地根据这个“沉锚”(也就是以往的经验和知识)去判断,将自己设置在那个框架里,不能客观、辩证地对待。即使有时候意识到第一信息有失真实,也不想否定自己。

1957 年,著名心理学家洛钦斯做过这样一个实验:

洛钦斯创作了四篇文章,这四篇文章都描写同一个人的特性,只是文章内容的排列顺序不一样。在第一篇文章中,心理学家描述了人物开朗友好的性格特征,而第二篇文章中,心理学家在前半段描述人物的性格非常友好而开朗,后半段又开始描写人物的性格孤僻而内向。第三篇文章和第二篇文章的排列顺序相反,心理学家首先描述人物的性格孤僻而内向，在文章的后半段才开始描写人物的性格开朗而友好。第四篇文章是描述人物孤僻而又内向的性格。

文章整理好之后，洛钦斯将参与测试的志愿者分为四个小组，每一个小组分别阅读这四篇文章，阅读完毕之后，志愿者分别在一张计量表上写出人物的性格特征。

结果表明，志愿者阅读的文章是开朗而友好的性格在前半部分，其中认为人物性格开朗而友好的人数占78%；志愿者阅读的文章描述人物的性格是孤僻而内向的在前半部分的话，那么认为人物性格开朗而友好的人数则降至总人数的18%。

可见人们对先入为主的"偏见"是非常牢固的，无论这个人的真实性格是怎样的，当人们在第一眼看到他时，就已经在心里留下了牢固的印象，而在之后就很难改变这一印象，就像"沉锚"一样，一旦位置固定，就不容易改变。

后来，心理学家又做了类似的实验，他邀请了两位学生做一张试卷，要求A学生做对题目中的前15道题，而B学生做对所有题目中的后15道题。然后把这两份试题交给其他人评论，让他们评论出谁是最聪明的学生，实验结果证明，大部分人都认为A学生更聪明。

生活中，我们也常常会有先入为主的"偏见"，比如听到别人讲那个人品行良好，就在心里认为他是一个好人，即使发生不好的事情，也不会联想到他的身上。比如从小就接受父母或者老师传达的某种观念，那么在我们的成长过程中就会情不自禁地遵循这种思想。还有，如果我们经常听到别人说某个地方的景色很美，那么当我们想出去散心时，就会第一时间想到那儿。先入为主的"偏见"有时会影响我们对事物的判断，因为在我们的心里已经对这件事情下了定义，并且认定自己的评断是正确的，所以很难再接受其他的信息。

文学作品中也有这样的故事。如果你读过《三国演义》，就应该知道，曹操是一位很有智慧但是疑心比较重的枭雄，他对关羽很是欣赏，曾不止一次地想要收服关羽，让他为自己效力，但是都被关羽拒绝了。尽管如此，曹操依然求贤若渴，抓住关羽多次，仍对他以礼相待。

后来，关羽在下邳被曹操生擒。曹操想要留住关羽，但是关羽始终身在曹营心在汉，不同意为曹操效命。然而，对关羽青睐有加的曹操并没有因此而生气，反而经常与他一起把酒言欢。有一次，曹操与关羽论及天下英雄，关羽夸赞自己的三弟张飞，说张飞能够在百万军中取上将首级，如探囊取物。

之后，曹操在荆州与刘备大战，击败刘备之后想要乘胜追击并杀之，结果在当阳遭遇张飞。由于想到关羽对于张飞的评论，曹操开始踌躇不前。在原文中，罗贯中是这样描写的：

张飞睁圆环眼，隐隐见后军青罗伞盖、旄钺旌旗来到，料得是曹操心疑，亲自来看。飞乃厉声大喝曰："我乃燕人张翼德也！谁敢与我决一死战？"声如巨雷。曹军闻之，尽皆股栗。曹操急令去其中盖，回顾左右曰："我向曾闻云长言：翼德于百万军中，取上将之首，如探囊取物。今日相逢，不可轻敌。"言未已，张飞睁目又喝曰："燕人张翼德在此！谁敢来决一死战？"曹操见张飞如此气概，颇有退心。飞望见曹操后军阵脚移动，乃挺矛又喝曰："战又不战，退又不退，却是何故！"喊声未绝，曹操身边夏侯杰惊得肝胆碎裂，倒撞于马下。曹便回马而走。于是诸军众将一起往西奔走。

曹操之所以不敢轻易应敌，就是因为在他的心中已经埋下了"张飞能于百万大军中取上将首级"的观点。而且，由于曹操非常看重关羽，所以从关羽口中听到关于张飞的评价之后，深信不疑，以至在与张飞对峙时，曹操下意识地有些忌惮张飞的本领。这种先入为主的观点直接影响了曹操的判断，加上曹操本身多疑的性格，更加不敢贸然应敌，最终狼狈而逃。可见"沉锚效应"对一个人判断力的影响是多么巨大。

先入为主的概念不仅在我们的生活中起到了很大的影响，如果运用得当的话，在职场中也能给我们提供很大的帮助。

比如在我们面试时，我们都知道第一印象对于面试官来说是非常重要的，应聘者的衣着、外貌、礼仪、神态等都是面试官首先要观察的。一般情况下，面试官对应聘者的好感度很大一部分来自第一印象。如果面试官对应聘者的第一印象非常好，那么接下来应聘者在面试过程中就能很轻易地取得面试官的认同。相反，如果面试官对应聘者的第一印象很不好，那么在接下来的面试中，无论应聘者再怎么努力，也很难改变面试官的想法。

所以说，无论是在人际交往中，还是在职场中，我们都要时刻注意自己的形象，要善于将最好的一面展示给对方，给对方留下一个好的印象，这样才能增进我们与朋友之间的关系，才能在我们的工作中起到积极良好的作用。

## 2. 晕轮效应：为什么我们的判断会失误

**微行为关键词：晕轮效应**

当我们对一个人的认知被固定在好的印象之上时，我们对于这个人其他特征的认知就会倾向于好的方面；当我们对一个人的认知被固定在坏的印象之上时，我们对于这个人其他特征的认知就会倾向于坏的方面。

西蒙作为公司的资深人力资源专员，眼光又毒又准，总能在众多的面试者中筛选出公司真正需要的人才，这些经由西蒙推荐的应聘者进入公司后，都可以轻松胜任相关职位。一次，公司业务量增加，急需扩招新员工，于是西蒙便再次担任了总面试官的职责。

在面试的当天，西蒙观察询问了很多面试者，但是都不太满意，不是刚出校门没有经验的实习生，就是自诩经验丰富想要身居要职的“人才”，西蒙有些失望，面试马上就要结束了，还没有发现任何可用之才。

等到最后一位面试者进来时，令西蒙眼前一亮。虽然这位面试者穿着打扮都很正常，和其他面试者一样上身衬衫，下身西装裤，没有什么特别之处，但是精气神儿非常足，给人一种十分阳光的感觉，瞬间便引起了西蒙的兴趣。

在听了这位应聘者的自我介绍，又看了他的简历之后，西蒙认为他的能力十分出众。而且，之前的公司给他的评价也很高，业务成绩很不错。西蒙觉得他非常符合公司的要求，便与这位应聘者签订了初步意向合同。

进入公司后，这位应聘者却完全没有西蒙认为的那样出色。当然，他的工作能力完全可以胜任相关职位，跟同事之间的关系也处得非常好，领导布置的任务也都积极完成。他的问题在于，粗心大意，还屡教不改，每次工作报告中都会出现很多书写错误，尽管不是重大错误，可这对阅读报告的领导来讲，即便一个错别字也足以认为写报告的人难当大任，毕竟细节决定成败。而且，这位新员工，虽然与同事相处融洽，也很热心，很健谈，但是控制不住自己的脾气，常因为一点小事就与人发生矛盾。在很多人看来，这都是小毛病小问题，谁还能十全十美呢，只要不是原则性的问题就行了。道理是这么个道理，但对有些职位来说，需要的就是细心、耐心。

西蒙没有错，只是被第一印象蒙蔽了眼睛，见到那样一位应聘者，几乎没有哪位面试官会将其拒之门外。正是初次见面的好感，让西蒙错误地以为应聘者其他方面肯定也很优秀，其实，人都有优缺点，只看他愿意将哪一面展现给你。

像西蒙这样以偏概全的认知方式就是晕轮效应。

晕轮效应，是指人们对一个人的某种特质或者对某件事的看法形成了固定的印象之后，就会倾向于根据此印象推论其他特征，这种认知的方式就像光晕一样，从一个固定的点不断地向周围弥漫、扩散，从而掩盖了其他的特征，所以被形象地称为“晕轮效应”。如果你留心观察过大风天气的前一夜的天空，就会发现月亮周围总会出现一圈月晕，这是月亮本身的光的扩散，以此命名“晕轮效应”真是太形象太贴切了。

晕轮效应是一种会影响人们正确判断的效应，容易使人形成以偏概全的主观印象，这种现象最初是由美国著名心理学家爱德华·桑戴克于20世纪20年代提出的。爱德华·桑戴克认为，人们对一个人的认知和评判往往只关注局部特征，再进而扩散得出整体印象，常常以偏概全。

如果一个人被某些标签标明是优秀的，他就会被认为带有一种积极向上的光环，并被其他人赋予一切优秀的赞美之词。如果一个人被某些标签标明是恶劣的，他就会给人留下一种消极否定的印象，并被认为具有全部坏的品质。

著名心理学家戴恩也曾针对这种现象进行过一项测试：他将不同的照片分别拿给志愿者观看，照片中的人有的看起来气质非凡，有的看起来是平民百姓，有的像职场精英，有的吊儿郎当。戴恩要求志愿者在对这些照片进行仔细观察之后，要求他们逐一对照片上的人进行描述及评价。测试结果表明，气质非凡或者看起来像职场精英的人，志愿者赋予了他们一切美好的词汇，而那些看起来像平民百姓或者吊儿郎当的人，志愿者则不屑一顾，一句赞美与肯定的话都不愿多说，甚至认为他们品行也好不到哪儿去。

这种现象就是我们通常所说的“以貌取人”，也是在生活中一种非常常见的晕轮效应。晕轮效应不仅仅体现在以貌取人这一点上，还表现在以人物的穿着等来判断对方可能拥有的地位、个人性格，甚至具备的品质及才能等。特别是面对陌生人时，这种晕轮效应的运用尤其明显。

美国心理学家凯利对此也做了一项测试：他将同一所学校两个不同班级选为测试对象，在为两个班级上课之前，凯利分别向学生宣布，接下来会有一位临时邀请的研究生来代课，并且告知 A 班的学生，这位研究生非常热情、勤奋、能干、机智等；而告知 B 班的学生，这位研究生有些冷漠、勤奋、能干、机智等，除了“热情”和“冷漠”不同之外，其他的特征都是一样的。

结果证明，A 班的同学在下课之后就积极地邀请研究生参与探讨，双方一见如故，气氛融洽。而 B 班的同学，在下课后，没有人愿意与研究生攀谈，大家都刻意回避。由此可见，仅仅因为一个词语的不同，就会影响到研究生的整体形象，而两个班的同学也在不知不觉的情况下陷入了晕轮效应的误区，以个别认知判断人物的整体特征。

为什么会形成晕轮效应呢？这其实与人类知觉特性中的整体特性有关。当人们在认知客观事物时，并不是对认知对象的个别特征或者个别部分进行单独感知的，而是倾向于把不同属性、特征的对象认知为一个统一的整体。这是因为，人们认为认知对象的各个属性和特征是有机地联系在一起的。比如，当我们闻到榴梿的味道时，立刻就会猜出这是榴梿，因为我们以往的经验帮助我们弥补了榴梿的其他特征。然而这种方式并不能帮助我们做出正确的判断，比如我们常说的“盲人摸象”就是典型的例证。

除了对事物的整体特性感知，对人的性格的整体特性的感知也是这样。人们通常认为热情的人会同时具备幽默感，比较容易相处，乐于助人等，而冷漠的人则比较孤僻、自私、不容易相处等。在这种看似正确的“人格理论”作用下，人们通常知道对象的个别特征之后，就会自然而然地补足其他特征，这也是晕轮效应产生的一个重要原因。

从认知角度来看，晕轮效应最大的特点就是抓住事物的某一个特征，并根据个别特征来推论事物的其他特征或者全部特征，这种认知方式是非常片面的，对我们用来认知或者了解世界的方方面面都是一种很大的障碍。因此，在我们的日常生活中，切记不要被晕轮效应所影响，产生偏见，让自己做出错误的判断。

## 3. 互惠原则：人人为我，我为人人

### 微行为关键词：互惠原则

俗话说：“来而不往非礼也。”意思是，如果别人赠送了礼物给我们，我们必须回礼给别人，这样才能保证双方友好相处。同样的，当我们想要从别人那获得某种东西时，首先得把自己的东西赠送给别人，这样别人接受了我们的心意之后，才可能感念当初的心意而欣然给予我们想要的东西。这就是古人所讲的“将欲取之，必先予之”。

琼斯是一家艺术品公司的老板，他的公司虽然算不上是一流的大牌企业，但是在市场上也占有一席之地，在业界小有名气，每年的盈利也非常可观。随着市场的不断发展，琼斯准备带着公司的产品去参加全国知名权威的产品博览会，一是为提高知名度，二是寻求更大的发展。

谁知在开展前一天，琼斯才发现他们公司的产品被安排在了一

个偏僻的角落，一个不仔细看的话根本发现不了的位置，别说参加博览会的人匆匆忙忙，来来往往，很容易忽略过去了，而且一看这样偏僻的位置，客户也会认为他们公司没有实力，连个好位置都不舍得租，还谈什么合作呢。

琼斯越看越想，就越是生气，本来参加展览会就是想要提高公司的声望和影响力，扩大产品的知名度，现在却被安排在这样一个不起眼的角落里，计划岂不是要泡汤了？琼斯不想坐以待毙，他必须立刻想办法改变现在这种情况。于是，他马上找到主办方要求对展位进行调整，但是主办方的负责人告诉他："你看，来参加展览会的都是一些知名品牌，我们也是按照公司的知名度分配位置的，这些摆在显眼位置的产品都是全国数一数二的企业，琼斯先生，你的产品位置也是最合适的。"

的确，显著位置摆放的都是一些大品牌的产品，参加展会的客户，进门后一眼就可以看到，而自己的企业虽然知名度也不低，但是跟这些大品牌相比还是略逊一筹。难道花了这么多钱来参加展览会，最后要无功而返吗？琼斯绝不甘心就这样结束展会，于是他想到了一个办法。

琼斯回到公司，立即召集员工连夜定制了两千张卡片，每一张卡片的背面都写有一句话："请凭此卡到琼斯艺术品展厅领取纪念品一份"，下面是公司所在的具体展位。第二天，正式开展了，琼斯和他的员工早早就来到展厅门口，他们给每一位进门参观的客户分发一张小卡片。

展览会非常热闹，前来参观的人络绎不绝，一开始确实很少有人注意到琼斯他们公司的展位，但随着分发的小卡片越来越多，就有越来越多的人向这边聚拢过来。本来很少有人关注的展位一下子变得水泄不通，甚至一传十，十传百，几乎所有的客户都知道了琼斯公司的展位。守候在展位前的员工不仅真心实意地将纪念品赠送给过来的客户，还细心地帮他们包装，然后看似不经意地引导客户欣赏他们展销的艺术品，并做以详细的介绍，客户感受到了琼斯公司的真诚与实力，在领取纪念品之后都纷纷花钱再购买了一些有价值的艺术品，等到展览会结束之后，琼斯的公司不但名声大振，还赚了不少钱。

从以上案例，我们可以看到，琼斯的展位一开始被设置在偏僻的角落，很难被人注意，后来琼斯给客户分发了小卡片，吸引他们去领纪念品时，客户才纷纷赶往琼斯的展位。这就是琼斯能够完美收官的原因了。客户接受了琼斯公司的小恩惠，主动来到他们的展位，在领取了纪念品，得到周到的服务，以及详细的介绍之后，再看到展销的艺术品的确不错，基本不会空手离开，无论如何都会购买一两件艺术品回去。

这种互惠原则其实就是一种“恩惠 + 负债感 + 产品”作用，顾客心里有了负债感，又急于将这种负债感消除掉，于是就会选择购买琼斯的产品。

除了这种赠送小商品的方式以外，商家还会采取其他一些措施来吸引客户购买，比如一些试用、试吃等促销手段，也能激起客户心中的负债感。

泰勒是一家大型食品公司的店长，在当地经营一家连锁直营店，只是最近店铺的生意有些惨淡，营业额也不增反减。上个月，区域总管曾对泰勒说，如果这个月的业绩能够提高三个点的话，就给他升职，所以泰勒非常努力，每天都早早地开门打扫，精心挑选商品，对每一位客户都非常用心地服务，帮助客户挑选零食和包装，甚至有的时候还会帮助客户送货。但不知道为什么，泰勒店的营业额依然不是很高。泰勒非常着急，他每天都在想，怎样才能让店里的营业额提升，让更多的客户来购买产品呢？

经过一番调查和考虑之后，泰勒终于想到了一个好办法。他决定加大店铺的宣传，不仅购买了很多的纪念品赠送进店的顾客，还自己花钱买了店里很多的食品赠送给前来购物的客户试吃，连他自己身边的邻居和朋友也都一一送上门去。

这种吸引客户的方法很快就见效了，泰勒店铺的客流量逐渐增多，没几天，营业额就上去了。泰勒不仅顺利升职，和朋友还有邻居的关系也变得更加融洽。

现在很多超市或小吃店都会采用试吃的促销手段来吸引客户，不要以为店家举办试吃活动或者其他赠送活动是亏本经营，世界上谁会做亏本的生意，除非他疯了。这分明是拿准了人贪图小便宜的心理而特别设置的营销手段。大家在试吃之后，内心就会产生一种负债感，这种负债感会刺激人们进行消费。如果正好店家的产品质量又非常不错的话，那么店家将会获得更大的效益。

互惠原则不仅常常被运用于商业活动中，我们日常生活中也经常这样促进人际关系的发展。要知道，人们总是愿意以相同的方式来回报别人为我们所做的一切，这样才能体现双方之间的友好情谊，才能建立长久稳定的相处关系。

互惠原则是建立和谐关系的一种重要方式，你付出的越多，收获的也就越多，因为大多数人在接受别人的好意时，内心总会觉得不好意思，像是欠了对方的人情。特别是注重人情的社会，欠了人情就会刺激对方用相同的方式回报我们。如果在与别人的交往中，我们只懂得一味地索取，不懂得付出，那么在别人眼里我们就是一个自私的人，一个自私的人是不可能拥有真正的朋友的。人与人之间的相处不仅仅是建立在诚信、平等的基础上的，最重要的是，双方之间能够坚守互惠原则，当别人帮助我们或者付出时，我们也要懂得帮助别人，回报别人，这样双方之间的关系才能越来越稳定，越来越亲密。

## 4. 喜好原则:爱屋及乌的心理效应

### 微行为关键词:喜好原则

很多时候,我们会发现,当自己喜欢的人向我们提出要求时,我们总是会爽快地答应。同样的,当我们讨厌的人向我们提出什么要求时,我们总会果断地拒绝,这是因为,在人与人的关系中,双方要么互相喜欢,要么互相讨厌。

心理学家曾经做过这样一项研究:将同一种产品分成两组进行销售,不同的是,其中一组的推销员是一位非常漂亮的女模特,而另一组产品的推销员长相普通。

当心理学家将两组同时进行销售时,大部分男性客户都会选择女模特推销的产品,他们认为女模特推销的产品质量更好,更有设计感,更讨人喜欢。而另一组却很少有人选择。

事后心理学家对选择女模特推销产品的男性客户进行访问,大部分人都拒绝承认是因为喜欢漂亮的女模特,才选择第一组产品。当然,也有一部分男性客户比较坦然,他们表示正是因为喜欢漂亮的女模特,所以选择了第一组产品。但是那些拒绝承认因为漂亮的女模特而影响了判断力的男性客户,真的没有撒谎吗?显然不是。

这种现象在心理学上被称为喜好原则,指的是当喜欢一个人或者对某个人产生好感后,那么对那个人的行为或者思维都会无条件地认可。这就是喜好原则的巨大魅力,也是为什么现在商家在产品的推销或者代言上,不是选择名气高的明星代言,就是选择外貌出众的明星做宣传,因为这样的明星拥有数量惊人的粉丝,不管这些明星做什么说什么都会成为热点,有时甚至发一条一个“嗯!”字的微博都可能引来几十万条转发及评论。狂热的粉丝会将对明星的喜欢,转移到明星代言的产品上,只要明星一句话推荐,粉丝便会产生巨大的购买能量,为相关产品的销售带来巨大利润。或许,商家为请明星花了高昂的广告费,但他们获得的利润会更高,是我们普通人不可想象的。

喜好原则的魅力不仅非常强大,而且很普遍。比如当你喜欢某个人时,那么,当他向你提出什么条件或要求时,你就会比较容易答应,这就是为什么恋爱中的双方会愿意为对方做任何事情。再比如当朋友向你推荐某种产品时,你会更加认可这件产品,因为对每个人来说,朋友是一种互相信任、互相喜欢的牢固关系,所以我们的选择会受到喜好原则的影响,潜意识里认为朋友推荐的产品比商家直接推荐的产品更可靠。

所以说,喜好原则不仅影响着我们的生活,还给商家的销售带来了更多可乘之机,甚至有研究表明,人们的喜好原则产生的影响要比人们对于产品本身的喜好高出两倍之多。

换个角度想想,喜好原则无论是在生活中还是在职场上,对我们都能起到不小的帮助,只是需要我们懂得合理运用。

安妮是某外企的销售经理,她不仅能力出众,在同事之间的人缘也很好。从事销售行业的人都知道,一个销售人员的人缘多么重要,人缘越好,客户就越多,客户越多,业绩就越好。安妮就是这样一位优秀的销售员,所以她才能在短期之内就晋升为销售经理。

安妮非常善于和各种类型的客户打交道,不管是年轻的还是年长的,是性格温和的还是冷漠的,安妮都能在很短的时间内赢得他们的好感。当客户对销售员产生好感之后,基于喜好原则的影响,就比较容易对销售员推荐的产品产生认同感。

在职场中,像安妮这样优秀的人,很容易遭到同事的嫉妒,但是安妮格外注意和同事之间的关系,与每个人的关系都非常好。身边的人不仅不嫉妒安妮取得好业绩,反而在她遇到困难的时候,还很愿意帮助她。

不仅对同事,安妮对自己的助手也非常好,从不对助手吆五喝六,颐指气使,而且真心实意地帮助她,希望她能够学到更多的东西,进步更快一些。一次,助手和同事发生了矛盾,闷闷不乐,不知怎么办好。于是,助手疑惑地问安妮:"为什么每个人都那么喜欢你,愿意帮你的忙,客户也都愿意和你合作呢?"

安妮说:"因为他们很喜欢我,所以他们认同我。"

助手又问:"那为什么他们全都喜欢你呢?"

安妮说:"因为我很喜欢他们,所以他们也会喜欢我。"

助手不解:"那么多人难道你都喜欢吗?不会有让你讨厌的人吗?"

安妮说:"这不算什么,只要我表现出喜欢他们的样子就够了。"

从案例中看,安妮就是掌握了喜好原则的影响,通过引起别人的好感和喜欢,从而使其接受自己的产品。其实每个人都有一种强烈的倾向,就是喜欢那些喜欢我们的人,或者对那些喜欢我们的人容易心软,即使他们的性格爱好可能和我们不同。

如果有人问你,在这个世界上你最喜欢的人是谁,或许大部分人都会想"最喜欢的是我自己",但所有人在表面上都不会承认这一点。但是在内心深处,每个人最喜欢的还是自己。当有人喜欢我们或者表达对我们的好感时,我们就会觉得对方真是太有眼光了,在这种情况下,我们的心里就会自动产生一种认同感。除了自己,当然我们还有很多喜欢的人,毕竟,人是有感情的动物。

俗话说"情人眼里出西施",这句话的意思是,当我们喜欢一个人的时候,就会觉得她像西施一样漂亮,怎么看都是好的。同样,当我们对一个人有好感的时候,无论他做什么,我们都会觉得他是对的。这就是成语“爱屋及乌”的贴切注解。

那么，为什么对于喜欢我们的人，我们会觉得更有亲近感，更认同对方呢？从心理学角度来说，对方表达对我们的喜欢会让我们体验到一种愉快的心情，心情一旦愉快了，我们就会对对方产生好感。其次是对方对我们的喜欢会让我们产生自信，因为每个人都或多或少缺乏自信，而对方的喜欢会让我们增加自信，所以我们会自然而然地对对方产生相同的好感。再者，对方对我们的喜欢会给我们营造一种志同道合的感觉，物以类聚，人以群分，人们一旦产生这种感觉，就会觉得对方的某些特征或者某些行为与自己类似，人们都喜欢与自己志同道合的人。

说了这么多，我们已经知道喜好原则对一个人判断力的影响有多大了，如果想要让我们的人际关系更加和谐，就要学会赢得对方的好感和喜欢，这样对我们自身的发展有很大的帮助。反过来说，当我们做出选择时，一定要慎重考虑，明确自己喜欢的是这件东西，还是因为喜欢别人才喜欢这件东西。喜好原则会影响我们的选择，而我们要做的就是保持理智，不要被自己的私人情感所左右。

## 5. 最大笨蛋理论：不知道谁是笨蛋，那你就是笨蛋

### 微行为关键词：最大笨蛋理论

有时候，当我们购买一件产品时，会错估产品的价值，从而花费大价钱购买回去，这就是古玩行里所说的“打眼”。还有另外一种情况，有些人明知道这件东西没有那么大的价值，依然会买下来，因为他坚信，总有人会心甘情愿花更大的价钱再次把它买走。

著名经济学家凯恩斯一生研究出很多经济学原理、货币理论、证券投资理论等，其中包括他提出的“最大笨蛋理论”。为此，经济学界有人称他是“一架按小时出售经济学的机器”，可见，凯恩斯对经济投资有多么精通。

凯恩斯在开始只凭借赚课时费来支付自己的经济学术研究，但是仅靠课时费的微薄收入是不能够支撑他自由而专注地从事学术研究的，因此，他想要另谋出路，不再让自己受到金钱的困扰。

后来，凯恩斯想到了一个可以快速赚钱的方法。1919 年 8 月，凯恩斯向朋友借了几千英镑，随后，他便利用这几千英镑做远期外汇“投机”去了。

或许是凯恩斯的运气够好，也或许是凯恩斯的确有才华，仅四个月时间，凯恩斯就利用手里的几千英镑净赚了一万多英镑。在当时的经济水平来看，这一万多英镑相当于凯恩斯 10 年的课时费收入，而这一次的大获成功也让凯恩斯开始走向了新的致富道路。

很多“投机”客都有这样的经历：刚开始那次投资有惊无险，非常简单，钱就轻轻松松地进了自己的口袋，然而，真正的考验还在后面。

就在凯恩斯沾沾自喜之时，他却感受到了世事无常，一下子就掉进了万丈深渊。三个月之后，凯恩斯将原来借的本金和净赚的利润赔了个精光，甚至还欠了不少外债。

我们知道，投机客就是一种赌徒，而赌徒往往都有这样的心理：这一次输了是运气不好，下一局我一定能把所有的钱都赢回来。凯恩斯很明显也是这样想的，他又一次投身于这样的赌局中，想要从“赌桌”上把输掉的钱全部赢回来。

不久，凯恩斯又开始涉足棉花期货交易，结果大获成功，赚了不少。他似乎受到了鼓舞，不仅没有见好就收，反而把期货品种全部做了个遍，再到后来，凯恩斯不再拘泥于期货，还开始炒股票。在这之后的十几年里，凯恩斯通过经济投资已经赚了盆满钵满。

凯恩斯决定金盆洗手，离开股票等投资业务。他没有像其他赌徒一样，只想着获得巨额的财富，而是要将他毕生的投资经验全部传给后人，还留下了极富吸引力的投资理论：最大笨蛋理论。

最大笨蛋理论又称博傻理论，指的是在资本市场中，比如股票、期货等，人们在花费高价购买产品时，不会去深究这个东西的价值是否真的值这么多钱，因为他们确信，终有一天会有人以更高的价格从他们的手中将这件东西买走。像这样一层一层地出售成功，最后买到并且卖不出去的那个人就是最大的笨蛋。

最大笨蛋理论其实是一种投机做法，但是也告诉了我们一个非常重要的道理，就是在这个世界上，成为笨蛋不可怕，可怕的是做最后一个笨蛋。

在经济市场上，最大笨蛋理论带来的投机狂潮不断地重复上演。就好像现如今的股票市场，每天都有无数人争先恐后地踏进这个“赌局”，想要从中谋利，但是却不能把握真正的投资信息，最后得不偿失，赔得倾家荡产，把好好的日子也赌了进去。

从某种程度上说，期货和证券也是一种投机或赌博行为。比如说，当你并不知道或者并不懂得某个股票的真实价值时，你仍然愿意花费二十块钱购买一股，这是为什么呢？因为在你的预期里，总会有人愿意花更高的价钱把它再次买走。这就是凯恩斯所谓的最大笨蛋理论。人们之所以在投资时不考虑某样东西的真实价值，却仍然愿意花高价去购买，就是因为每个人都预期会有一个更大的笨蛋，用更高的价格，从自己的手中把它买走。这种投机行为的关键是判断是否有比自己更大的笨蛋，只要自己不是最大的笨蛋，那么你就是赢家，区别只是赢多赢少的问题。如果再也找不到愿出更高价格的更大笨蛋把它从你那儿买走，那你就是最大的笨蛋。可是，贪婪的投机心理总是在你耳边诱惑你说：自己不会是最后一个笨蛋，总会有更大的笨蛋在后面。

有这样一个小故事：一天，一家石油公司的老板去天堂开会，当他急急忙忙地赶到会议室时，却发现小小的会议室已经没有座位了。为了能够让坐在那儿的人被某种东西吸引，从而主动离开位子，老板便冲着会议室高声喊道："好消息！好消息！有人在地狱里发现石油啦！"

这句话无异于一颗重磅炸弹，吸引了天堂会议室里的所有人的注意，他们都想成为第一个开发石油项目的人，大家都争先恐后地朝外跑，生怕落后一步被别人抢走了。

当人们被"好消息"所吸引，向着地狱跑去时，会议室的所有位置都空了出来，发布好消息的石油老板慢悠悠地准备找个视线好的座位坐下来。正在这时，忽然听到外面有人在议论，地狱的石油是多么丰富。这位老板立刻就愣住了，原本他只是随口一说，难道竟然真的就这么凑巧，被他说中了？地狱果然发现了大量的石油？想到这儿，他坐不住了，赶紧朝地狱跑去。结果到了之后，才发现被人家骗了，地狱里根本没有石油，不过是之前被骗的人故意放出来的消息，想要骗下一个人而已。

从这个故事我们可以看出，地狱里是否有石油其实并不重要，只要别人说有，那么一定会有人为了利益而前去查看，这就好比在利益的驱动下，人们会失去以往的判断力，甚至总会有一些笨蛋在不清楚消息真假的情况下，盲目跟风投资，想要分一杯羹，等到发现消息错误时，又故意吸引别人来看，让别人成为最后的笨蛋。因此，想要自己投资成功，不仅要判断是否有比自己更大的笨蛋，还要预防被别人误导，成为最大的笨蛋。

## 6. 形象效应:美女都是包装出来的

### 微行为关键词:形象效应

多数时候,我们在了解一个人的性格或者品行时,会先观察他们的外表和着装。人的外貌没有语言,却可以告诉我们很多信息。因此,想要为自己塑造一个完美的形象,必须首先注意自我包装。

布莱恩最近非常苦恼,因为这个月的绩效很不理想,完全没有达到自己的期望值,而办公室的其他同事都取得了不俗的业绩,自然拿到的提成也高。同事都劝布莱恩别灰心,下个月再努力吧。

虽然布莱恩不开心,但也没有轻易放弃,反而更加努力地联系客户,补充专业知识,想要在接下来的绩效考核中有好的表现。在布莱恩的不懈努力下,终于和一位重要客户建立了良好的关系,双方约好洽谈的时间、地点之后,布莱恩仔细整理了自己的着装,直到十分满意之后才出门叫了一辆出租车去了约定的地点。

布莱恩以为肯定能早到,没想到,当他来到约定的地方,才发现客人已经到了。简单的寒暄之后,布莱恩就利用自己的专业知识给客户详细介绍了几款利润比较大的投资业务,但是客户看起来并没有很感兴趣的样子,匆忙看了几眼之后,友善地表达了不想投资其中任何一款项目。这让布莱恩有点失落,这已经是这个月第三次被拒绝了。布莱恩开始怀疑自己可能根本不适合这份工作。但是他回想了一下,认为自己为了合作准备得非常充分,实在不知道问题出现在哪里,客户为什么就是不肯签约。想到这里,布莱恩不禁问道:“虽然很冒昧,但是我还是想知道为什么您要拒绝呢? 是不是我哪里做得不恰当?”

客户听了布莱恩的话,很是诧异,但还是很友好地回答道:“你做得很好,只是你的外在形象实在与你的工作不符,我一直以为你是一个刚毕业的实习生。”

经客户一解释,布莱恩才知道问题出现在哪里,自己从事的是金融投资行业,而且待遇薪资都很不错,但是他为了节省开支,很少在外在形象上花费太多钱,这就导致他的外在形象和自身的职业特征出现偏差,没能取得客户的认可和信任。

想通这点之后,布莱恩开始了打造自己外在形象的首要工作,不但买了好几身高档私人定制的西装,还拿出自己的积蓄买了一辆中档的私家车。

做完这些之后,布莱恩也发现自己好像更加专业了一点,而在之后的工作中,布莱恩每次约见客户都会正式地穿上西装,开车过去,尽量将自己成熟专业的一面表现给客户。显然布莱恩的改变十分成功,很多客户看到布莱恩的外在形象之后,对于他的专业和能力更加信服,认为他的穿衣品位和消费水平都符合一位金融从业者的身份,甚至还有很多新客户主动联系他,请他帮忙制定合适的投资方案。布莱恩对在自己身上的投资也越来越重视,而良好的外在形象也为布莱恩招揽了更多的客户,使他的业绩也越来越好,当然,布莱恩的薪水也在不断地上涨。

从案例中,我们可以看出,一个人的能力和身份往往是由他的外在形象体现出来的。身为一名金融工作者,如果想要展现自己的优秀,就得要有证明自己身份和能力的外在标识,比如高档得体的西装,低调大方的汽车,高端享受的住宅等,这些外在标识可以更加容易获得别人的认可和信赖,使我们在工作中更加便利。

当一个人有能力时,如果他不把这种能力表现出来,就不能责怪别人看轻他,因为很多时候,人和人之间的相处都是非常短暂的,双方都没有更多的时间对对方进行深入了解,只能从自己已知的信息进行分析,而外在形象就是我们包装自己、展示自己的直接手段,也是别人最能直观了解的信息。

有一位年轻医生辞去了大医院主治医生的工作,因为他的梦想是开一家自己的诊所,并且他对自己的医术很有信心,因此,在他辞职之后,他就开始规划想要开一家中医诊所。

在寻找到合适的地段之后,接下来就是诊所的装修以及宣传工作了,年轻医生专门去征询了父亲的意见,因为他的父亲也是一位非常优秀的中医,并且有 30 年的工作经验,所以,对年轻医生来说,父亲的意见是非常重要且实用的。

明白了儿子的想法之后,父亲对他说:“如果你想要体现自己的医术和能力,就必须为病人营造一种你已经取得成功,并且将来会一直坚守这个岗位的形象,毕竟没有任何一个患者在看病时会让一个看起来毫无经验,甚至可能短时间内就离开岗位的医生来给自己看病。患者在看病时,最重视的就是医生的医术和操守,所以你想要让诊所成功地开起来,首先要注意诊所的形象以及个人的形象。”

听了父亲的话,年轻医生觉得非常有道理,于是在诊所的装修上下了很大的功夫,所有人看到了都会认为他已从医多年,而且接下来的人生也会一直从事中医行业,给人一种值得信赖的印象。

当诊所开业时,年轻医生凭借诊所的古朴装修成功地树立起可靠的专业形象,而他自己的医术也确实非常高明,很快便打响了名号。

可见,一个人想要取得成功,不仅与他自身的努力和能力有关,还要懂得怎样塑造自己的形象,为自己加分,这样可以帮助我们增加更多的附加值,让我们的价值变得更高。

除了在专业领域,在我们的日常生活中,形象包装也是很重要的。简单点说吧，一个人如果不修边幅，邋邋遢遢，穿的衣服皱巴巴的，也不知道勤洗勤换，更不要说讲究颜色搭配，款式合体了，再不懂得保养和化妆，每天素面朝天，看起来一点儿精神也没有，还要自称纯天然、自然美。试问，面对这样一个人，都懒得照顾自己，你还指望他具有职业素养和专业精神吗？

是的，我们要提倡心灵美，但是没有人能在一瞬间透过你邋遢的外表看到你美丽的内心，除了火眼金睛的孙悟空，我们都需要时间，由表及里，慢慢地认识对方，了解对方，欣赏对方。所以，才有“日久见人心”的说法。

形象是每个人最宝贵的财富，也是影响我们判断的关键因素。塑造好的形象可以帮助我们在工作中或者生活中更加如鱼得水，还可以给身边的人带来精神和心理上的满足感。为自己塑造一个好的形象并不是欺骗别人，而是对自己进行有效的投资，但是在塑造自己形象的过程中，我们也要注重自己内在的实力，如果没有真正的实力，那么再完美的形象也终会有一天失去效用。

## 7. 刻板效应：经验有时候是阻碍

**微行为关键词：刻板效应**

当我们对某一群体或者某一事件形成一种固定的看法，就很难再轻易改变，甚至在看到与其相似的群体或事件时，也会下意识地用原本固定的看法来评价。

艾瑞克是一家销售公司的客户经理，能说会道，处世圆滑，深受同事和领导的喜欢，很多客户也认为艾瑞克是一个非常细致周到、平和易处的合作伙伴，不管是吃饭聚餐还是宣传活动，艾瑞克总能照顾到所有人的情绪和喜好，让每个人都能感受到被重视。

正是这样圆滑的处世方式，让艾瑞克在很短时间内就升职为客户经理，不仅职位提升了，薪资待遇也直线上升，让很多人既羡慕又嫉妒。

一次，公司与外省企业谈合作之时，考虑到艾瑞克的能力，于是就把这项责任重大的任务安排给了艾瑞克，并且强调这次合作关系到公司的兴衰，只能成功不许失败。艾瑞克也明白自己身上的重担，在了解对方代表的基本信息之后，就立刻安排了一系列接待事宜，准备得十分充分，然后，艾瑞克信心十足地去机场接客户。

由于事先知道合作公司代表团的领头人是一位四川人，于是艾瑞克便预订了本市一家最正宗的火锅店安排接风宴。

一切准备就绪，菜都点好了，合作公司的领头人看着各种各样的辣椒，不好意思地说，其实他本人并不能吃辣，而且平时的饮食都以清淡为主。

艾瑞克很是尴尬，羞愧难当。当他听说对方是四川人，就下意识地认为对方肯定喜欢吃辣，所以才订了全市最正宗的一家火锅店，没想到对方却一点儿不能吃辣，这让艾瑞克感觉到既意外又难堪，也让他一直以来满满的自信心受到了严重打击。

从案例中我们看出，艾瑞克其实是一位非常细心周到的客户经理，在他的工作经历中，每次都能恰到好处地给客户提供优质的业务服务，让客户对他的工作能力赞不绝口，但是在刻板印象的影响下，艾瑞克依然根据自己对四川人的理解，理所当然地认为客户会喜欢吃辣。其实只要艾瑞克再用心一点儿，对客户平时的生活习惯深入了解一下，就不会犯这种低级错误。但是艾瑞克太过自信，对自己内心的刻板印象深信不疑，即“四川人喜欢吃辣”的固定看法，根深蒂固，很难改变。

心理学家包达列夫曾做过这样一个实验:将同一个人的照片分别给不同的两组测试者看,并且告诉其中的一组人,照片上的男子是一名罪犯,再告诉另一组测试者,照片上的男子是一位教授。

当两组测试者仔细看过照片之后,心理学家要求两组测试者分别对照片上的男子的特征进行描述。

实验结果表明:被告知是罪犯的第一组测试者在描述特征时,普遍认为此人眼窝深陷,表情阴郁,浑身透露出一种凶狠、狡猾的气息,并且下巴外翘,一看就是穷凶极恶之徒。而被告知是教授的第二组测试者在对照片进行描述时,认为此人眼窝深陷,表明他思想深邃,眼神犀利,而外翘的下巴则表明此人具有坚定不移、顽强坚韧的性格。

同一张照片,同一个人,却有截然不同的性格特征,为什么会出现这种情况呢?因为在人们的印象里,罪犯必定是凶狠、狡猾的,一旦得知照片上的人是一名罪犯,人们就会自然而然地往品质恶劣的方向去描述。而在人们的印象中,教授一般都是儒雅、智慧、受人尊敬的学者,所以在描述其特征之时,自然就会往品行良好的方向去描述。

这种社会心理效应被称为刻板效应,即当人们对某一群体产生固定的看法和评价之后,对这类群体或者与之相似的群体也会给予相同的看法和评价。刻板效应虽然能够帮助我们在一定范围内快速对某个群体进行判断,不再浪费时间搜索其信息,但是刻板效应的劣势也很明显,往往会因为对某个群体的刻板印象,从而对同一群体或者个体产生偏见,忽略个体之间的差异性而影响自身正确的判断。

在生活中,我们几乎每个人都存在这种刻板认识。比如在人们心中,年纪比较大的人一般比较古板守旧,年龄小的人一般比较冲动易怒;比如说到法国,人们就会想到浪漫,说到英国人们就会想到绅士，再比如说到东北，人们下意识地就会认为东北女孩豪放直爽，想到江南，人们就会觉得江南女孩温柔如水。其实东北也有温柔如水的女孩，江南也有开朗直爽的女孩，只是人们在内心已经对这两个地方形成了刻板效应，一旦想到，就会下意识地用自己固定的看法去进行评价。

曾经有这样一个笑话：如果你的前面是万丈深渊，后面是一位发怒的重庆女孩，那么你是选择往下跳，还是往后退呢？这个笑话其实就是典型的刻板效应，因为人们对重庆女孩的泼辣印象是根深蒂固的，只要一想到重庆女孩，人们就会下意识地想到泼辣。这种刻板印象将人们的思维禁锢住了，甚至形成下意识的“对号入座”，绝不会多想其他可能和例外。

人们经常会把某一个体或者某一事件看成是某个群体的典型代表，把某一个体的评价看成是某个群体的评价，因此影响到自己的判断，如不及时对这种刻板印象进行纠正，说不定会闹出笑话。

刻板效应一般是由两种途径引起的，一种是直接与某一群体或者某一件事接触，将其特点或者特征固定化；另一种是听了他人的描述，或者是间接信息的影响，形成了刻板印象。

很多时候，我们对自己内心已经固定成型的看法很难轻易去改变，这是因为在我们的日常交往中，不愿意花费太多的时间和精力去重新了解已经熟知的群体或者事件。当我们只与某一群体中的部分成员或者某一个体进行交往了解之后，我们就会以偏概全，“由部分知全部”，但其实这种刻板印象是非常片面的，它会影响到我们对群体或者事件做出正确的判断。

虽然我们常说“物以类聚，人以群分”，但是这毕竟是一种概括而笼统的看法，并不能真正代表某一群体或事件，如果我们总是以这种刻板印象来看待身边的人或者事，那么难免会产生一些错误。

因此无论是面对新鲜的事物还是已知的事物，为了保险起见，一定要尽量克服刻板印象对我们的影响，不要拘泥于固定的看法和偏见，而是要学会全面地了解和认识，做出正确的判断。

## 8. 锚定效应：抛锚之后最好的办法就是立马停下

**微行为关键词：锚定效应**

当我们面临选择时，总会以最先看到的信息或者已经牢记的信息为选择标准，并在此范围内进行调整。在对某种事物或者某件事进行评判时，也会将某种特定的数值或者标准作为评判标准，并以此进行评价。而这个用来进行评判的标准就像锚一样，始终制约着我们的评判标准。

有这样一个有趣的问题："请问甘地是在 9 岁之前还是 9 岁之后死的？""请问甘地是在 140 岁之前还是 140 岁之后死的？"这两个问题看似非常幼稚、愚蠢，但是却对人们产生了非常重要的作用。

心理学家斯特拉克和穆斯韦勒曾做过这样一个测试：他们分别向两组志愿者提问这两个问题，再让他们具体猜出甘地到底活了多少岁。测试结果表明，当志愿者被问到第一个问题时，大部分人回答是在 9 岁之后死的，而紧接着人们给出的具体答案平均为 50 岁；当志愿者被问到第二个问题时，他们普遍回答是在 140 岁之前死的，而测试者给出的具体答案平均为 70 岁。为什么同一个人，被不同的选择影响之后，会有这么大的差距呢？

这是因为，两个问题的锚定值不一样，第一个问题的锚定值为 9 岁，所以志愿者在估计具体年龄时，会受到数字 9 的锚定效应，不会估算太高的年龄；而第二个问题的锚定值为 140，是一个非常高的数值，所以志愿者在对具体年龄进行估算时，会受到锚定效应的影响，从而估算相对高的数值。

由此可见，志愿者的最终估算值显然都被之前接触过的数字所影响，这就是典型的“锚定效应”。

在做决策时，人们倾向于把对将来的估计和已经被认定的估计联系起来，从而做出最终的决策，这是因为人们的思维和行为非常容易受到固定的标准或者他人建议的影响。当人们在评价某一件事时，其实并不存在绝对意义上的对与错，只是人们对某件事的评判标准不一样，而充当人们评判标准的基点定位就像那个锚，锚的位置被固定了，说明人们的评价标准就被固定了。

心理学家将这种有趣的现象称为“锚定效应”，顾名思义，锚定效应指的是现实生活中某些现象的发生就像被定位的锚一样。当轮船在行驶的过程中，锚抛在哪里，轮船就会停在哪里，一旦锚的位置固定了，轮船的位置也就被固定了。

因此在我们的日常生活中，人的思维和行为会受固定信息或者已知信息的影响，当人们在对某件事或某个人进行选择或评价时，人的思维和行为就会像被抛出的锚一样被固定住。换一种说法，人们通常把对某个个体的判断用一个标准值，也就是“锚”作为评价依据，然后在此基础上进行调整。

1973 年，卡纳曼和特沃斯基针对这种现象指出，人们在进行决策时，通常会过分关注那些已知的、固定的证据，从其中找出符合自己决策的依据，做出最终的选择。

比如，当某位病人因为极度失望而有可能自杀时，医生在估计这种可能性时会首先想起病人自杀事件的偶然性概率，在这种情况下，如果进行自杀事件代表性的判断，医生则可能夸大极度失望病人可能自杀的概率，这就是人们在对某件事进行判断时存在的锚定效应。

为了进一步验证这种效应，1974 年，卡纳曼和特沃斯基通过更加深入的实验来证明锚定效应。

他们寻找到一些志愿者参与此项实验，在实验开始之后，卡纳曼和特沃斯基要求志愿者对非洲国家在联合国所占席位的百分比进行估计。首先，卡纳曼和特沃斯基设置了一个大轮盘，在这个大轮盘上有数字和指针，数字是从 0 到 100，然后他们要求志愿者旋转摆放在前面的大轮盘，看看最后指针会指在哪一个数字上。比如指针指在 20，就代表非洲国家在联合国所占席位的百分比为 20%。

当志愿者随机转动轮盘，指针指定一个数字之后，实验组会问，此数值比实际值是大还是小，接着，志愿者要对随机选择的数字进行向下或向上调整来估计最终的分子值。通过对这个实验结果的研究，卡纳曼和特沃斯基发现，当不同的志愿者随机指定的数字不同时，这些随机指定的数字对后面志愿者的估计数值有显著的影响。比如，当志愿者转到的数字是 65 时，他们普遍认为非洲在联合国所占席位的百分比小于 65%，如果要求志愿者对具体数值进行估计时，志愿者估计的数值大概是 45% 或者 55%，当志愿者转到的数字为 10 时，志愿者普遍认为实际值要高于 10%，接着在对具体数值进行估计时，志愿者普遍估计数值为 25%。由此可见，尽管志愿者对轮盘随机指定的数字进行了调整，但最终他们的估计值还是会在锚定的这一数字的范围内。

其实在这个实验中，10% 和 65% 就是问题的“锚”，志愿者在对百分比进行估计时，明显受到了锚定效应的影响。

锚定效应不仅发生在我们的日常生活中，在各种商业活动中也经常出现，比如商家在对产品进行定价时，在没有其他更多信息的情况下，会通过锚定之前的价格来确定最终的定价。这种把过去的价格作为新价格定价参考的行为就是一种商业上的锚定效应。

产品的锚定值越高，产品的定价就会越高，商家赚的效益也会越高，这就是为什么有的品牌会有意推出一些高价的产品，其目的不仅是为了提高高价产品的利润，而且是商家想要利用锚定效应，提高消费者心中的锚定值，给消费者造成占便宜的假象，从而赚取更多的利润。

很多谈判专家在谈判过程中经常会运用锚定效应，比如在对产品进行报价时，一方首先报价的话会更加占有优势，因为往往他们的报价会被当成之后定价的锚定值。

锚定效应无论是在人们的生活中还是在工作中，如果运用得当的话，也会给我们带来很多助益。因为大部分人其实是在无意识当中，被锚定效应所影响，如果当我们想要说服别人，来达到自己的目的或者目标时，不妨运用锚定效应。

锚定效应其实有利有弊，一方面锚定值会限定我们的思维，固定我们的思考方式，使我们的选择和决策被局限在一定的范围内。但是换一种角度来看，锚定效应又能够帮助我们减少对事物判定的过度偏差，使我们能够更快地达成目的。所以我们既要学会运用锚定效应来完成自己的目标，也要预防自己的思维和行为陷入锚定效应的怪圈。

# 第五章　群体行为——群体更容易疯狂

## 1. 从众效应:公众面前没有自我

**微行为关键词:从众效应**

人是群居动物,因此人们对于集体公众的归属感、认同感是非常高的。在生活中,当周围的人都在做同样一件事时,人们就会跟着去做,当周围的人都在说同样的话时,人们就会跟着附和,这种现象源自人们的从众心理。

美国作家艾伦·芬特在《小照相机》一书讲述了一个十分很有意思的故事。

一家医院的候诊室走进来一个人,这个人穿着打扮非常正式,但是当他走进候诊室,往四周一看,他惊讶地发现,候诊室里所有人都穿着内衣内裤,他们有的三三两两地坐在一起聊天,有的喝着咖啡,安静地翻阅报纸,还有的人在孤独地抽着香烟,也就是说,不管这些人在做什么,他们都只穿着内衣内裤。刚走进来的这个人愣了一会儿,他感觉这些人穿着内衣内裤坐在这里,一定知道什么内情,否则为什么在医院的候诊室里会出现这样奇怪的画面呢?为了能够知道这个秘密或者真相,这个人也把自己的外套脱掉,只穿着内衣内裤,坐在候诊室里静静地等着医生。

从艾伦·芬特讲述的这个故事中看,似乎有些荒诞又好笑。本身穿着内衣内裤在医院的候诊室里就已经不可思议了,结果有一个穿着打扮很正常的人在看到这种现象之后,也跟着模仿大家的行为,这难道不更加不可思议吗?

可是,再转念一想,这种看似荒诞可笑的事情其实就发生在我们的身边。某个电视台曾经做过这样一个测试:

他们找来一位志愿者，让他站在街道上，高高地举起双手，时不时地扯动两只手，同时抬头向上看，装作自己正在放风筝的样子，但其实他只是在做动作，并没有真的在放风筝。过了一会儿，路过他身边的人看到这个人奇怪的动作，忍不住顺着他手的方向往上看，想知道他在干什么；接着，陆续出现了更多的路人，都不由自主地抬头看向天空，想要看一看那个风筝飞得有多高。

于是一个路人停下来了，两个路人停下来……越来越多的路人停下来，站在他的身边，和他一样抬头望向天空。旁边经过的人看见这一情形之后，也跟着停下来，一起望向天空，寻找风筝，不一会儿街道上就被人围得水泄不通。其实很多人根本不知道发生了什么事，只是看到大家都在往天上看，就认为天上肯定有什么特殊的景象，所以自己也不由得停下脚步，跟着众人往天上看。

后来得知真相，大家不禁哑然失笑。可见在生活中，大多数人都有这样一种心理倾向，当身边的人都在做同样一件事情时，自己即使不知道原因，也会跟着周围的人做出相同的行为。在心理学上，这种心理就被称为“从众心理”，而这种受到大众行为影响的现象被称为从众效应。

从众心理是一种为了适应集体或者大众的要求从而改变自己行为和思维的一种心理，自古以来，从众心理几乎人人都有，比如人们常说的“人云亦云”“随波逐流”“众口铄金”等成语都表现了这种心理。

当我们在商场购物时，即使我们原本想买的是另一种产品，但是有很多人都在购买同一件产品时，我们也会不由自主地对那件产品产生兴趣，会去围观，甚至会去购买。

日本有一位非常著名的企业家，名叫多川博，由于他高超的销售技巧，成功地经营了婴儿专用尿布，每年的销售额高达70亿美元，成为世界首屈一指的“尿片大王”。

在创业之初，多川博的公司还是一家综合性销售企业，主要销售的产品有雨具、泳装、泳具等日用品。由于公司经营的产品种类繁多,又没有具体的经营策略,所以公司的发展不是很理想,甚至曾经面临倒闭的危险。

后来一个偶然的机会,多川博发现婴儿产品有很大的销售空间,日本每年出生的婴儿约250万,如果把经营重心放在婴儿身上的话,那么每年的销售额是非常可观的。于是多川博开始放弃经营其他产品,主要经营婴儿尿片,并且实行尿片专业化生产。

多川博在尿片的生产上采用的是最先进的制作工艺,所有原材料都是质量上乘的天然环保的新材料,并且在生产之后,公司也在产品宣传方面花费了很大的精力和财力,希望能够一举拿下市场,引起轰动,带动公司的发展。但是在试卖一段时间之后,真正来购买产品的客户却很少,生意甚至还不如以前,这让多川博有些失望,但是他并没有立刻放弃,而是每天冥思苦想,想要找出解决的办法。

经过多番调查,多川博终于有了办法。多川博让自己的员工假扮成客户的样子,在售卖点排起长长的队伍,装作购买产品的样子,制造出销售火爆的假象。路过的人,看到店铺门口排起了这么长的队伍,不禁好奇地想:"这里在卖什么呢?为什么这么多人排队?"然后,便停下来围观,向排队的人打听,甚至也跟着排起了队。

多川博营造的产品销售火爆的假象充分引起了人们的好奇心,大家纷纷停下脚步开始在后面排队,不知不觉地吸引了很多有"从众心理"的客户。随着排队的人越来越多,买尿片的客户也越来越多,而更多的人使用了尿片之后,对这种尿片产生了很高的认同感,过了一段时间,多川博公司的名号也越来越响,销售额不断上升。

从案例中我们可以看出,多川博的公司在销售措施上,就是利用了人们的"从众心理"来占领市场。事实上,人们在消费过程中的从众心理是一种非常典型的购买心理,这也是很多商家会利用这种心理来促进销售的原因之一。

如果作为商家,我们要懂得善于把握这种心理来提高我们的效益;如果作为消费者,我们要懂得辨别产品自身的好坏,不要被从众心理影响了自身的判断。

为什么人们会出现“从众心理”呢？当我们进行是非判断或者面临选择时，我们通常会踌躇不前，不知道该怎样做，所以会先看看别人是怎么想，或者怎么做的。如果一个人的行为或思维我们不能判断时，那么一群人或者更多人都一样的话，我们就会认为他们是正确的，大众的行为或思维总是会影响我们。

我们不能说这种“从众心理”一定是对的或者一定是错的，但是希望我们在面临选择或者是非判断时能够坚持自己的想法或行为方式，不要让自己的想法或行为方式受到别人的影响，而是要懂得遵从自己内心的选择，很多时候，大众的想法不一定是对的，而自己的选择也不一定是错的。

## 2. 乌合之众：群体比个体更容易操控

### 微行为关键词：乌合之众

一个人的想法或者立场一旦确立就很难被改变，当一群人聚在一起，就会出现无组织无纪律的情况；即便最初他们是为了共同的理想或共同的目标聚集在一起的，时间一久，群体的立场和想法就会慢慢产生裂变，摇摇欲坠，相互之间会产生消极负面的影响，最后一哄而散。

西汉末年，天下纷争不断，刘玄凭借超人的智谋打败了当时的王莽，从群雄之中脱颖而出，被绿林军在淯水（今南阳白河）之滨拥立为皇帝，年号更始。

当时有一个名叫耿弇的人，认为刘玄将来一定能够成就一番大事业，便和他的父亲带领一众人等前去投奔刘玄。

在路上，耿弇一行人与冒充西汉皇室汉成帝后代的刘子与等人偶遇。刘子与当时在西汉宗室刘休等人的支持下，自立为帝，建都邯郸，准备联合西汉旧部起义。

与耿弇同行的人中有人听说刘子与是西汉皇族的后代，就想投靠他，还劝耿弇和他们一起投靠刘子与。耿弇听后同意了。可是当耿弇带众人一起来到刘子与的军营，想要见识一下刘子与的军队时，他们发现刘子与所带领的都是一些年老体弱、毫无战斗力的士兵，甚至这些人在听到将领下达命令之后，反应也异常迟钝，毫无气势可言。耿弇怀疑这些人根本不是正儿八经的战士，也不是他们自称的皇室子孙后代。

耿弇据此认为这个刘子与的身份很可能是假冒的，于是就对那些想要跟随刘子与的人说："这些像乌鸦一样临时聚集在一起的兵马，就像地上的枯叶一样不堪一击。"耿弇踩着地下的落叶，劝道，"刘子与根本不是皇室后代，而是反贼，如果你们一定要跟随他的话，恐怕会引来杀身之祸。"但是有的人铁了心要去投奔刘子与，不愿意听从耿弇的劝诫。没办法，耿弇只好任由那些人去了。后来，耿弇投奔了刘玄，率兵从太原出击，势如破竹，将刘子与带领的那群乌合之众一举歼灭，而那些投奔刘子与的人也都没有好下场。

这里所说的就是"乌合之众"的故事。所谓乌合之众就是一群临时拼凑聚集的人群，他们最明显的特征就是无组织、无纪律，当然他们的理想和目标也难以统一，一旦出现问题或者遭到袭击，很快就会丢盔弃甲，狼狈而逃。而在心理学上，乌合之众也被形容为没有办法区别现实与幻想，没有能力区别主观与客观，甚至会在群体之中丧失自己的判断力和观察力，从而降低群体的智商和能力。

法国著名心理学家古斯塔夫·勒庞认为，乌合之众是一种非常神奇的心理效应，它能轻易引发人们的幻觉，改变人们的意志，即使是一件非常小的事情，经过乌合之众的口口相传也会产生巨大的影响，哪怕是非常明显的对与错也会在乌合之众的效应下变得面目全非。

一天，在法国巴黎的一个公园的角落里，人们发现了一具男孩的尸体，在警察赶到现场之前，谁都不知道死者究竟是谁，大家都在议论纷纷。这时，一个名叫约翰的男孩经过这里，看到地上的死者，凭借自己的记忆认出了这个人可能是自己的同学弗兰克，于是他在没有任何证据的情况下，根据自己的猜测指认这名死者名叫弗兰克。

第二天，一位中年妇女听到这个消息之后，匆忙赶到警察局，说自己就是死者的母亲。警察对她进行了询问，由于中年妇女的情绪非常激动，而且她一路狂奔而来，来到警察局之后一直大口大口地喘着气，就连回话都是断断续续的。过了好久，她终于平静下来了。警察听她自称是弗兰克的母亲，便请她过去确认死者的身份。

这位中年妇女跟着警察来到陈尸间，怀着悲痛的心情仔细查看面前的死者，她先是看了看死者穿的衣服，又看了看死者头上的疤痕，然后认定这就是她的儿子弗兰克。她跌坐在地上号啕大哭，并且坚定地告诉警察，她的儿子早在去年就失踪了，肯定是被别人拐卖了，后来那些人又残忍地将他杀害了。

不久之后，弗兰克的亲戚都闻讯赶来，就连邻居也纷纷前来警察局辨认，他们一个一个上前查看，又说出一些看似非常明显的特征，最后他们一口认定，这名死者就是可怜的弗兰克。这些人的证词看起来言之凿凿，而且人证物证都齐全，这个案子可以就此了结了。但是事实的真相，真的如此吗？

当案件真正破获之后，事情的真相让所有人都感到意外，这名死者并不是弗兰克，而是一个外国人，凶手把他杀掉之后将尸体运到了巴黎抛尸。

如果每个人再细心一点，或许他们会发现这名死者和弗兰克有很多不一样的地方。当第一个人凭借自己模糊的记忆来辨认死者信息时，受到幻觉的影响，认为这名死者是弗兰克，于是从第一个人指认他是弗兰克之后，其他人受到这个信息的心理暗示影响，会下意识地在这名死者身上寻找和弗兰克相同的地方，而不是真正在辨认这名死者是不是弗兰克。一旦在这名死者身上果真找到和弗兰克有一点儿相似之处，人们就会坚定地认为这名死者就是弗兰克。这种具有暗示传染的心理效应显然也影响了其他的辨认者，从而降低了他们的判断力和观察力，使他们无法冷静客观地做出判断，于是形成更大范围的传播，最终出现大量的说谎者。

从这个案例中，我们可以看出，乌合之众的任何判断和观察都毫无意义，他们众口一词，看似非常有条理，却往往是自己幻想出来的结论，参与到这个群体中的人越多，他们错得也就越离谱。因为在很多情况下，乌合之众所看到的现象往往是他们内心想要看到的现象，或者希望看到的现象，他们已经把现实情况扭曲成了自己的想象，将现实和想象混为一谈，在这种情况下，他们自己也无法分辨到底是真实的还是虚幻的，因为他们在群体中早已失去了判断力。

当然，我们不能否认，群体中也的确存在有智者，他们或许自身保持着冷静的思考能力和判断能力，但是在群体其他人的影响下，在长期的洗脑下，群体的智商已经下降，他们即使再有智慧，再聪明也不能幸免。

乌合之众凭借自己的想象来看待事实的真相，他们没有明确的判断力，也不能正确地分辨是非。要知道，眼见不一定为实，很多时候，我们听到的不一定是真的，看到的也不一定是真的。所以，不管怎样，我们不能仅凭他人的言论或者看法来判断任何一件事情的是与非、对与错。

## 3. 黑羊效应：特立独行者的代价

**微行为关键词：黑羊效应**

《左传·成公四年》中有“非我族类，其心必异”一句，意思是说：不是我们同族的人，他们必定不同我们一条心。当群体中出现一个特别的个体之后，自然会被其他人以异样的目光看待，甚至怀疑他目的不纯，所以大家就会不由自主地排挤他、冷落他。

有这样一个故事，一群羊被圈养在农场里，每天过着混吃等死的日子，虽然每只羊都非常害怕被杀掉，但是它们无能为力，无法改变现状，只能乖乖地待在农场里。然而，在这群羊中有一只羊与众不同——黑羊，而其他羊却是清一色的白羊。

黑羊发现自己与别的羊不一样之后，内心也很害怕，所以它每天都在想法讨好这些白羊，不跟它们争抢食物，永远都等白羊吃饱之后，才最后去吃东西，目的就是要跟这些白羊搞好关系，能够顺利地在农场生活下去。可是，白羊可不这么想，它们觉得黑羊和它们不一样，就算黑羊每天都在讨好它们，但仍然无法得到白羊的信任与认可，没有羊给它好脸。

屠夫也不喜欢黑羊，他觉得黑羊代表着不吉利，所以他最近的生意都非常惨淡，于是他每天都会呵斥黑羊，看见黑羊就会莫名其妙地发火，不知为什么，他看到黑羊的眼神总觉得它在嘲弄自己，这使得屠夫一天比一天更加讨厌黑羊。

这天，屠夫决定宰杀一只羊去卖肉，他走进羊圈，一眼就看到了平日里令他生厌的黑羊，于是便上前抓住了它，不顾黑羊的哀嚎，将它拽出了羊圈，准备将它宰杀掉。黑羊悲伤地向白羊们求救，但是于事无补，白羊害怕自己成为屠夫下手的对象，没有一只白羊过去帮助黑羊，反而是冷眼旁观黑羊被抓走。最终，黑羊被屠夫杀掉了，羊群又恢复了平静，甚至在没有了黑羊之后，剩下的白羊生活得更加和谐。

从这个故事中，我们可以看到，黑羊并没有做错什么，屠夫虽然杀掉了黑羊，但也没有做错什么，白羊虽然没有帮助黑羊逃脱，也是可以理解的。那么到底是谁做错了呢？谁都没有做错，只是黑羊成了那个可悲的受害者。这就是黑羊、白羊、屠夫所构成的群体献祭仪式。心理学上，这种现象被称为“黑羊效应”。

黑羊效应指的是在群体相处中，如果有一个个体特立独行，异于他人，无论是优秀还是差劲，总会引起群体里其他的人排斥和孤立，甚至还会遭到他人的攻击和伤害。在这种心理效应中，“黑羊”是最无辜的受害者，“黑羊”并没有做错什么，相反他们可能非常善良，甚至对其他人低声下气，努力讨好，但是却仍然会被伤害，他们感到痛苦、愤怒，却只能无奈地承受。“屠夫”是凶残的加害者，他们也许并不是因为利益才主动伤害“黑羊”，也不认为自己的行为有错，有时还觉得都是“黑羊”的错，他们必须制裁“黑羊”，谁叫他那么与众不同。“白羊”是冷漠的旁观者，他们不知道谁对谁错，所以他们无法做出判断，但是他们不敢和“屠夫”作对，害怕遭到报复，所以他们只能选择冷眼旁观。

著名心理学家卡尔维诺曾经在《黑羊》一书中写过这样一个故事。

从前有个人人都是贼的国家，每天傍晚，所有人都会拿着万能钥匙，挑着灯笼去偷别人家的东西，直到黎明时分，一个个才带着昨晚的战利品回到自己的家，但是每个人回到家，都发现自己家的东西也在前一天晚上被别人偷窃了。这个国家里的生存模式一直是这个样子，邻里之间在夜里相互偷窃，白天正常生活，他们没有觉得这样的生活方式有什么不对，甚至每个人都觉得这样的生活很幸福。

每个人都会到别人家去偷窃，然后别人也会到自己家去偷窃，没有人是不幸的，于是，他们按照这样的方式依次偷窃下去，直到最后一个人去第一个行窃的人家里行窃。该国的政府也没有对此做出惩罚，甚至他们也一直沿袭这种偷窃的交易和生活。所以这个国家里的每个人都过着安稳的日子，人与人之间也没有富人和穷人之分。

但是这种情况却被打破了。一天,一个诚实的人来到该国定居,他从不偷窃,但是他也改变不了其他人的偷窃行为。于是,到了晚上,他没有拿着万能钥匙去偷窃邻居家的东西,而是待在家里。

那天晚上,有人来他家偷窃,意外地看到他家竟然一直亮着灯,所以只好放弃了偷窃。就这样,这个老实的居民每天晚上待在自己家中不愿意出门偷窃,导致其他人也无法来他家里偷窃。

没办法,他身边的人开始向他挑明了这种"习俗",如果老实人一直待在家里不出去的话,那么偷窃他家的人就没有收获,而自己家又被别人偷了,就会损失巨大。老实人无奈之下,只能入乡随俗。傍晚,老实人也像其他人一样外出,次日清晨回家。但他并没有行窃,只是出去找了个角落躲了一晚,因为他是诚实的。但是,并没有因为老实人不去别人家行窃,就会逃脱被偷窃的命运,每天清晨老实人回到家都会发现自己家被别人偷窃了。

就这样不到一个星期的时间,老实人就发现自己已家徒四壁,一无所有,无法支撑接下来的生活了。他没有任何东西可以吃,没有了换洗的衣服,没有了被褥,每天忍饥挨饿受冻,但他依然不觉得自己做错了。

然而他的行为却给其他人带来了困扰。因为他从不偷别人家的东西,而他家再也没有什么东西可给别人偷的,所以时间长了,那些应该被老实人偷窃的人家越来越富裕,偷窃老实人家的那些人却越来越穷。

而那些变富裕的人家越来越有钱,慢慢地他们不愿意再偷窃,这就导致会有更多的人家变得越来越穷,这个国家之前的穷富平衡终于被打破了。但是富人担心自己不偷窃的话,很快就会变穷,所以他们就雇佣那些穷人来帮助他们偷窃。后来这个国家有了富人和穷人,但是他们依然改变不了自己是贼的事实。

那个特立独行的"黑羊"后来怎么样了呢?他在一群窃贼之中

是唯一一个诚实的人,他不愿意偷窃,但是那个国家的人也不愿意帮助他、认同他,他们甚至排斥他、孤立他,还有的人会怨恨他,所以没过多久,他就死了,饿死了。

总有一些特立独行的人会受到黑羊效应的影响,他们或许没有做错任何事,就是因为他们和其他人不一样,自然就变成了别人排挤、攻击的对象。在我们的生活中,有时会看到一群人欺负一个人,其他人或冷漠,或无视,事实上,只要有群体存在的地方,黑羊效应就不可避免,特立独行的人无论做什么都会遭到别人的挑剔和排斥,如果我们遇到这样的情况,不要急于否定自己,因为我们并没有做错什么。

## 4. 旁观者效应:围观的人与帮忙的人成反比例关系

**微行为关键词:旁观者效应**

当有人出现危机需要帮助时,现场围观的人越多,参与救助的可能性就越小,大多数人都更愿意当一个旁观者,谁也不想第一个施以援手。之所以出现这种情况,是因为大家都觉得现场这么多人呢,总会有其他人去帮忙的,不需要自己主动。

当你身处危险境地,急需救助时,你会选择向周围所有的人求救,还是向某个具体的对象求救呢?显然多数人会选择向众人求救,认为这样获救的可能性更大,如果是这样的话,那恐怕要大失所望了。事实上,旁观的人数越多,获救的可能性反而越小。

心理学家研究表明,在需要紧急救助事件中,如果一个人在现场,那么这个人主动施救的可能性非常大,如果有其他人在现场,那么参与救助的人数会大大减少，求助人获救的可能性也会被大大地抑制。换句话来说，当现场的旁观人数越多，抑制程度就越大，甚至会出现没有一个人主动上前施救的情形，这就是“旁观者效应”。

在很多影视剧中，如果受害者向周围大声呼唤，寻求帮助的话，众人大都冷眼旁观，没有人会第一个主动上前施救。这种情况其实早有心理依据，因为旁观者效应的影响，大家主动施救的能力被抑制了，才会出现这种冷眼旁观的效应。因此，当我们遇到危险，需要被救助时，千万不要大范围地求救，而是应该有目标地，向某个具体的对象求救，这样被救助的可能性反而更大。

有这样一条新闻：两个人在黄河边上的一个沙坑里游泳时发生了溺水，他们急忙向岸上大声呼救，游客被呼救声吓一跳，赶忙聚拢了过来。不一会儿，就聚集了上千名游客和行人。可是，所有人都站在岸上观看，却没有一个人下河施救。最后，其中一名溺水者凭借自己的奋力挣扎，好不容易爬上了岸，保住了性命，而另一个人却因为无人救援，只能永远地沉入了河底。

据相关媒体报道，他们两人在溺水的过程中，虽然有人想要跳下去施救，但是看到其他人都一动不动，便也不好做第一人。最终没有任何一个人跳下水去进行营救，所有人全程冷漠以对，站在岸上观看了全过程，一副事不关己的神情，保持沉默。等到专业的营救人员来到现场时，惨剧已经发生。

这个新闻一经报道，引起了众人一片哗然，每个人都不禁愤怒地质问：“为什么现场上千人，竟没有一个人主动下河施救呢？难道这么多人当中都没有一个人会游泳吗？如果其中一个人愿意施救，结果会不会不一样？”人们在谴责目击者的同时，也在反思这些问题。

心理学家表示，在这种情况下我们不能单纯地依靠现场来评价目击者的道德问题，而是要从心理学的角度来判断目击者的心理。事实上，在这个新闻中，旁观者的反应和“旁观者效应”有着密不可分的联系。从心理学上来看，目击者越多的情况下，人们的施救能力反而会被抑制，面对当时的情况，大部分人会想：这么多人在现场，即使我不去施救也会有别人去施救。而正是因为人人都有这样的想法，所以在这么多目击者的情况下，人们的施救能力反而被抑制，导致最终谁也没有主动施救，而悲剧却已经发生。

为什么旁观者多会产生这样的效应呢？这是因为，现场的人数越多，人们的社会责任感越容易被分散，每个人都觉得自己身上的责任小，从而不能说服自己主动施救，而是首先观察别人的反应，等待着别人前去施救。这就是为什么当现场只有一个人时，求助者获救的概率反而更大，因为所有的责任都被一个人承担，他的社会责任感越大，他主动施救的概率也越大。

现实生活中，这种旁观者效应的出现概率越来越高，当人们都在谴责目击者的冷漠时，有两位年轻的心理学家则开始寻找这种现象产生的心理因素。于是他们决定用实验来证明“旁观者效应”的假设。

首先，他们找到了一些志愿者，事先并没有告诉他们要干什么。然后，将这些志愿者分成两组，一组是以一对一的形式，跟一名假扮成癫痫病患者的助手用对讲机通话，另一组是以一对四的方式，和这名假扮癫痫病患者的助手用对讲机通话。

在测试开始的前半部分，这名假扮癫痫病患者的助手表现得很正常，在心理学家的指示下，这位助手开始装病，并且发出了痛苦的嘶吼声。助手在假扮发病的过程中，持续向众人求助，整个过程持续了五分钟，接着助手开始装作病发死亡的样子，发出了咽气的声音。

事后心理学家在进行结果统计时发现，当助手与测试者一对一进行通话时，助手发出求助之后，超过 85% 以上的测试者会冲出房间施救，而当助手与测试者进行一对四的通话时，助手大声求救之后，只有 32% 的测试者采取施救行动，而其他的人则若无其事地待在房间里。

这个实验验证了“旁观者效应”的存在，也为很多令人痛惜的案件提供了有理有据的社会心理学依据，使人们能够相对理性地看待旁观者的冷漠对待。“旁观者效应”并不是寻常的道德观问题，而是一种“旁观者介入紧急事件的社会抑制”现象，人们的冷漠旁观和群体性格缺陷混杂在一起，导致这么多的悲剧产生。

那么这种心理效应为什么会产生呢？心理学家给出了这样的解释。

第一个解释是责任分散。当只有一个人看到危机状况发生时，为了能够给处于危险之中的人提供帮助，个体就会感觉到自己的社会责任，从而主动采取行动。当更多人在现场时，社会责任开始分散，群体中的个体会感到茫然无措，不知道该承担怎样的责任，认为帮助危险者的责任被分散给所有人，会有其他人主动来施以援助，个体之间互相产生责任推脱，从而造成悲剧。

第二个解释是对自身行为的担心。在面对危机状况时，如果想要帮助处于危险之中的人，就必须停下自己手中的事情，甚至要准备放弃自己的生命安全。如果只有一个人在现场，那么他会不计后果，主动施救，如果现场人数众多，个体就会思量别人的行为，考虑别人的看法，担心其他个体会对他的行为产生误解或者嘲笑。

第三个解释是负罪感分散。这种负罪感分散和社会责任分散非常相似，当只有一个人看见危机状况时，他会奋不顾身，主动施救，因为如果他没有主动施救，一旦造成不好的后果，他内心就会产生巨大的负罪感。如果现场有很多人，负罪感就会被分散，即使悲剧发生，他们也会自我安慰:其他人也没有施救，这不是我一个人的过错。

可见，“旁观者效应”其实是一种负面的社会心理效应，它的出现让人们的责任心、公德心、同情心开始逐渐减弱，增加了人们内心的懦弱、胆小、自私等不良心理，使社会风气不断地恶化。因此我们必须遏制这种不良的社会效应，认识到它的危害，克服这种效应带来的不良心理，不要对处于危险境地的人冷眼旁观。

## 5. 斯德哥尔摩效应：她为什么会爱上绑匪

**微行为关键词：斯德哥尔摩效应**

很不可思议，人质在被绑架过程中，除了对劫持者产生痛恨、恐惧的心理，竟然还有可能产生同情、依赖，甚至是感恩之情。这是真的吗？当然是真的。为什么人质会产生这样的情感呢？因为他们认为劫持者并没有伤害他们，并且给了他们生存的希望，所以才对劫持者产生了其他的情感。

斯德哥尔摩效应，又称为斯德哥尔摩综合征，在心理学上还被称为“人质情结”，是指当被害者在受到犯罪者的伤害之后，反而对伤害者产生感情，甚至会帮助犯罪者逃脱罪名。受害者在和犯罪者相处的过程中，情不自禁地对犯罪者产生好感，依赖，或者喜欢。

斯德哥尔摩效应之所以会产生，是因为受害者认为自己的生死全部操控在犯罪者的手里，犯罪者如果让他们活下来，他们就会不胜感激，甚至在一定心理暗示下，与犯罪者共命运，把犯罪者的前途和安危当成自己的前途和安危，从而反对别人的解救，把解救者当成是敌人。

据美国联邦调查局的人质数据库显示，对犯罪者表现出斯德哥尔摩症状的受害者的比例约有27%。这一比例表明，有超过四分之一的人对犯罪者产生了“人质情结”，认同犯罪者的行为。

为什么会有这么多人对犯罪者产生同情呢？除了心理上的恐

惧以外，它与人们脆弱的情感缺陷也有一定的关系。有的人在情感上或者内心里非常容易依赖他人，并且很容易被别人感动，若是遇到犯罪事件，轻易就会产生斯德哥尔摩效应。

根据心理学的研究来看，斯德哥尔摩效应是角色认同防卫机制的重要范例，比如新生婴儿在与最亲近的成人相处时会产生一种情感和心理上的依附，以保证身边的成人能够让他健康成长。这种角色认同防卫机制很有可能就是斯德哥尔摩效应的起因。

1973 年 8 月 23 日，瑞典的首都斯德哥尔摩市发生了一件令人震惊的抢劫案件，两名曾有犯罪前科的罪犯意图抢劫市内最大的一家银行，结果抢劫失败，两名罪犯挟持了四名银行职员，并且将他们囚禁起来。在与警方僵持了 130 小时之后，歹徒放弃抵抗，四名银行职员终于被解救出来。

然而令人意想不到的是，在这起抢劫事件发生后的几个月，原本受到歹徒劫持囚禁的这四名银行职员，并没有对歹徒产生愤恨或者埋怨，甚至对绑架他们的歹徒流露出怜悯和同情，他们拒绝在法庭指控两名绑匪，不希望他们承担刑罚，甚至还为歹徒筹措法律辩护的资金。在审判时，他们表明自己并不痛恨歹徒，因为歹徒从未对他们做出伤害的举动，还对他们非常照顾，所以他们心怀感激。

在此之后，他们对警察的解救行动一直采取抵触态度，极不配合。甚至在这起案件结束之后，被劫持的四名银行职员中，有一名女职员竟然对其中一名歹徒产生了感情，爱上了他。令人难以接受的是，在这名歹徒服刑期间，这名女职员还与其订了婚。

据了解，这两名劫匪挟持四名人质达六天之久，在此期间他们也曾经威胁受害者的性命，但有时也会表现出仁慈的一面，对受害者极其照顾。因此在出人意料、错综复杂的心理情感转变之下，这四名人质对歹徒产生了同情、依赖等情感，甚至抗拒警察对他们的营救行动。被解救后，警察对歹徒犯罪事件进行取证时也遭到受害者的阻拦，导致整个调查工作困难重重。

此案件发生后，整个瑞典都震惊了，为了解答众人心中的疑惑，了解受害者与歹徒之间的情感纠葛，瑞典国会拨出巨款，成立了专门的机构对事件当事人的心理过程进行研究。

这一研究过程十分漫长，直到十年后，受害者表现出如此怪诞的行为和思想的原因，才真正被披露出来，被大众所知。原来他们患上了一种心理疾病：斯德哥尔摩综合征。此后，这种病症发生的概率越来越高，集中营的囚犯、战争中的俘虏、受虐的妇女等都是高发人群。

历史上，还有一个非常经典的案例：1974 年，发生了一起绑架案——著名的美国报业大王赫斯的女儿被当时的美国恐怖分子"新人民军"绑架，幸运的是，没多久，人质就被救出来了。在被解救之后，这位千金小姐不仅没有怪罪这些恐怖分子，将他们告上法庭，甚至还和他们建立了深厚的感情，也加入了犯罪团伙，和这些恐怖分子一起参与抢劫等犯罪事件，成了恐怖分子团伙中的重要一员。

心理学专家在对斯德哥尔摩综合征进行深入研究后发现：人们内心真正能够承受的底线是非常脆弱的，当一个人面对杀人成狂的凶手时，他们会感到极度的恐惧，因为他们认识到，凶手是毫无理智可言的，他们会随心所欲地杀人，随时都可能夺走自己的性命。在这种情景下，人们内心的恐惧就会突破底线，认为自己性命不保，很快就会死亡。如果此时，凶手没有动手，反而将他们囚禁或者困住，时间久了之后，人质就会觉得凶手对自己很宽容很心软，看到凶手每天提供给他们的食物和水，会更加感激涕零。当受害者的内心产生这样的心理变化之后，他们对囚禁自己的凶手反而会产生一种感恩之情，不再恐惧凶手，甚至到最后会产生一种崇拜感，将凶手的安危当成是自己的安危，从而帮助凶手逃脱罪名。这种在恐惧的心理作用下，屈服于凶手的症状，就是"斯德哥尔摩效应"。

根据上述研究结果来看，受害人在对犯罪者产生"斯德哥尔摩效应"时要具备以下几点特征：一是受害者在被劫持后必须真正感受到自己的生命受到了严重威胁。二是在被劫持的过程中,受害者必须受到犯罪者的照顾或优待。三是受害者在被劫持后,必须被犯罪者单独看守或监视,没有与其他人接触或者和外界联系。四是受害者在被劫持后,必须坚信绝对没有机会逃脱魔爪。

受害者在这四种心理情绪的暗示下,才可能产生斯德哥尔摩综合征,否则,受害者是不会轻易对犯罪者产生好感的。

受害者在被劫持之初会因为突如其来的事件产生害怕恐惧的心理,觉得自己身处在危险的环境之中,就连生命安全都会受到威胁。然而在和犯罪者的相处过程中,发现对方或许有不得已的苦衷,而且有的时候犯罪者对自己还很照顾很体贴,于是就会产生同情的心理。随着相处的时间越来越久,受害者甚至会帮助犯罪者,或者向法官说情,免其罪责等。这其实是一种心理扭曲的表现,患上斯德哥尔摩征的人群缺乏正确认知的能力,因此在对斯德哥尔摩征候群进行治疗时,心理专家首先要做的是帮助受害者正确地认识自己,建立积极向上的心态,鼓励受害者不要屈服于暴力,而是要懂得在自我保护的情况下发起反击,遏制扭曲心理的产生。

## 6. 鲇鱼效应:有竞争,群体才有活力

### 微行为关键词:鲇鱼效应

没有竞争就没有压力,没有压力就没有动力。如果人一直处于舒适无争的环境,慢慢地,他的激情和斗志就会被时间磨平。如果想要随时保持饱满的精神活力,充满无限的奋斗激情,就要在适当的时候予以他们刺激。

相传挪威人非常喜欢吃沙丁鱼,尤其是活的沙丁鱼,更是深受

人们的喜爱。所以,在市面上,活鱼要比死鱼的价格高得多,但活鱼的数量也比死鱼的数量少很多。为了能够吃到新鲜的鱼,赚取更多的钱,渔民便想尽办法来捕捉活鱼。可是,当渔民带着活鱼回到渔港时,还是有很多沙丁鱼在中途因窒息等原因死亡。然而,有一条渔船却总能让大部分沙丁鱼活着载回渔港。

众人感到非常疑惑,纷纷要求船长说出捕鱼的经验,但船长守口如瓶,不透露一个字。直到这位船长去世,大家才知道真相。原来船长在捕到沙丁鱼之后,将它们存放在船舱的鱼槽内,然后在其中放入一条以吃沙丁鱼为生的鲇鱼。当鲇鱼一进入鱼槽,便四处游动捕食,鱼槽内的沙丁鱼感到自己的生命遭到威胁,害怕被鲇鱼吃掉,就只能保持快速游动,想尽一切办法躲避鲇鱼。这样,当船只靠岸的时候,沙丁鱼由于一直在鱼槽内游动,所以会活蹦乱跳地生存下来。

案例中的沙丁鱼代表群体中性格喜欢安静,追求享受,安于现状的人,而鲇鱼代表外界的刺激或者威胁。鲇鱼遇到沙丁鱼,使沙丁鱼感到生命安全受到威胁,所以沙丁鱼必须不断地游动,才能躲避鲇鱼的追捕。因此当某个群体的生命或者地位受到了严重的威胁,就会激发群体的竞争意识,维持群体活力,这种现象就是著名的"鲇鱼效应"。鲇鱼效应是一种激励手段,刺激人们内心的激情和活力,使人们能够活跃起来,积极地投身到生活中去。

在秘鲁的国家级森林公园,生活着一只年轻的美洲虎。美洲虎是一种濒临灭绝的珍稀动物,当时,全世界仅存有 17 只。为了能够更好地保护美洲虎,秘鲁政府专门建造了一座供美洲虎活动的虎园。这个虎园非常壮观漂亮,并为美洲虎精心布置了豪华卧房,每天给它最好的食物,给它提供优越舒适的生活环境。

不仅如此,在虎园中还有很多美丽的景色,有百花芳草,有流水沟壑,还有成群的牛、羊、兔等人工养殖的动物供美洲虎享用,凡是来到虎园参观的游客都对此赞叹不绝,这么美丽的园景才配得上美洲虎的身份。

然而，随着生活越来越安逸，美洲虎也越来越懒怠，它每天都等着饲养员来喂食，或者躺在四季如春的豪华房里打着盹儿，就算看见陌生游客也不会虎视眈眈地盯着，更不会专门去捕捉活的动物，以前它还会站在草地上发出震耳欲聋的吼叫声，现在它每天都无精打采地吃了睡，睡了吃，没有一点儿活力。

看到它这样的状态，人们都觉得太过反常了，美洲虎不应该是这样的，它应该是霸气的、活力十足的。人们纷纷猜测，美洲虎是不是生病了，是不是太孤独了，所以才变得这么颓废。接到消息的秘鲁政府迅速派专人来为美洲虎检查，还通过外交途径从哥伦比亚找来一只母虎陪伴。可过了几天，情况还是这样，美洲虎仍然没有任何改变。

有一天，一位动物学家来到森林公园参观，他看到美洲虎懒洋洋的状态之后，便对公园的管理员说："老虎是丛林之王，但是他现在已经被优渥的生活磨去了棱角，变成了一只就知道坐吃等死的老虎，忘记了猎杀的本能。这么大的公园，不如放上两只豺狼，或者几只豹子，否则美洲虎永远也提不起精神。"

管理员听从了动物学家的意见，急忙从别的动物园找来了几只美洲豹。果然，这一招的效果非常明显，自从美洲豹进入公园的那一刻，美洲虎就开始行动了。

从此，来公园参观的人们总能听到那震耳欲聋的咆哮，看到美洲虎矫健的身姿，以及虎视眈眈的巡视。老虎身为丛林之王的威猛和气势又重新被唤醒，它不再是只知道享受，仿佛被圈养的老虎，而是重新恢复了精力，变成了一只真正的老虎，成了当之无愧的森林之王。

《孟子·告子下》中说："生于忧患，死于安乐。"有竞争才有动力，就像案例中的美洲虎一样，因为它享受现在的舒适安逸，感受不到外界的刺激和威胁，所以它变得安于享乐，而一旦公园引进其他有竞争性的动物，它就会立刻感受到来自外界的刺激，感受到地位受到威胁，所以它会拿出自己原有的气势，来震慑这些竞争者。

人也是一样，如果一个人没有了对手，或者没有了威胁，他就会变得死气沉沉，安于现状，甚至逐渐变得平庸，最后一无所有。如果一个群体没有了竞争对手，失去了活力，那么群体就会丧失斗志，养成惰性。如果一个行业没有竞争对手，那么这个行业就会慢慢失去其生存的价值，逐步走向灭亡。可见，竞争对于人和社会的发展是多么重要。

鲇鱼效应就是这样一种来自外界刺激的竞争手段，很多企业家都懂得运用这样的原理来保持团队的活力。现在社会的竞争尤其激烈，如果管理者不懂得激发团队的活力，刺激团队的积极性，那么团队就会丧失活力，走向衰败。

为什么现在很多群体都会被社会无情地淘汰掉，就是因为他们安于现状，不思进取的态度。他们缺少“鲇鱼”的刺激，自认为非常安全，想要在这种舒适的环境中一直混到老。他们被淘汰掉不是社会的错，不是竞争的错，而是自己的错，他们是被自己的惰性连累的。

无论是一个人、一个群体，还是一个行业，安稳得太久就会滋生懒惰心理，丧失自己的激情与活力。因此，企业管理者必须给员工强烈的外界威胁和刺激，这样才能激发他们的斗志，使员工随时保持高度的警惕性和危机意识。

## 7. 比林定律：为什么我们总是很难说“不”

### 微行为关键词：比林定律

每个人身边都有一些“老好人”，他们对谁都笑脸相迎，事事都说“好”，从不发脾气，有求必应，好像他们的人生字典里就没有“拒绝”这两个字。但事实上，“老好人”不是不想拒绝，是不懂得拒绝，不敢拒绝。

拒绝别人是一件看似很简单的事情，但真正做起来就会发现，我们总是很难说“不”。

吴勇从小就是一个性子比较和软的人，总是一副笑呵呵的模样，说好听的是憨厚老实，说得不好听就是懦弱无能。

吴勇刚刚毕业，在一家规模很大的公司实习，有过职场经验的人都知道，实习时期的新人大多都是被欺负的对象。吴勇也正面临着这样的处境。

一天，吴勇刚走到公司楼下，就接到了一个同事的电话，在电话里颐指气使地要他帮忙从楼下的早点铺里带几个包子上来。吴勇还没来得及说话，旁边又传来其他同事的声音，他们在电话里七嘴八舌，这个要××记的奶茶，那个要街拐角的鸡蛋饼，每个人都理所当然地支使着吴勇。

吴勇想到自己来这家公司上班一个月了，每天早上都是这样，不由得心烦气躁，刚想拒绝他们，但是他酝酿了半天，拒绝的话还是没说出口，电话就“啪叽”一下挂断了。

没办法，吴勇不情不愿地去给大家买早餐，然后，拎回来，一份一份地送到大家的座位上，可是，没有一个人对他说一声谢谢。吴勇暗自生气，却不知如何发泄，他默默地下定决心，明天绝不再答应给同事买早餐了，一定要说“不”。

上班了，吴勇正在整理经理需要的资料，旁边一个同事靠过来，小声跟他说：“小吴啊，经理着急要工作报告，可是我刚刚接到家里的电话，有些事情要回去处理一下，你能不能帮我把这份报告交给经理？”

吴勇下意识地想要拒绝他，因为这个同事找这样那样的理由让吴勇去送文件的次数太多了,每次都是做得不够好或者拖得太晚怕领导骂,就让自己去帮他送文件。吴勇一开始还傻乎乎地相信他说的话,后来他才发现,什么家里有事都是找的借口,他把文件交给吴勇,就跑到楼下的咖啡厅优哉游哉地坐上半小时,估摸着时间差不多了,就溜溜达达地回到座位上。

吴勇鼓励自己,你要学会说"不",不能再这么懦弱下去了。可是一想到说"不",他就从心里头打怵,怎么都开不了口。

同事看他不说话,便当他答应了,把报告朝他桌子上一搁,就拍拍屁股走人了。吴勇一边埋怨自己没用,一边去送文件。

这天晚上,有位同事过生日,跟他关系比较好的几位同事攒了一个局,邀请吴勇所在部门的全体同事去聚餐、唱歌。吴勇本来不想去,他一整天都在帮别人跑腿,自己的工作还没有完成,正准备晚上加会儿班。但是,当同事兴致勃勃地拉着他一块去的时候,他把已经在嘴边的"不去"两个字硬生生地咽了回去。

吴勇感到很苦恼,他一边想要拒绝别人,一边却又做不到拒绝别人,每天都活得又累又焦虑。

生活中像吴勇这样的人很多,他们也许并不像表现出来的那般热心肠、没主见,不是什么事情都愿意帮助别人,听从别人的,但是他们却总是很难控制自己的嘴巴说出"不"这个词来,从而给自己增添了很多麻烦。

这种行为在心理学上叫作"比林定律",是由美国幽默大师比林提出的,他说:"人在一生中所遇到的麻烦,有一半是由于太快说'是',太慢说'不',造成的。"

看似平常,但说实在的,想要拒绝别人,对别人说"不"其实不是一件容易的事情。就算是处世圆滑的人,也不可能随心所欲,想说什么就说什么,想拒绝就拒绝。我们每个人都一样,我们常常会因为碍于情面或者怕得罪人的心理,不敢或不好意思拒绝别人提出的要求或者请求,哪怕自己很忙没有时间,哪怕自己力不能及,也拉不下脸来拒绝，使自己陷入一种“不得不答应”的尴尬境地当中。

严重的是，我们被逼无奈，应承下别人的要求后，往往会给自己带来不可预计的后果。

乔方的父亲曾经问过他一个问题：“世界上最难说出口的词是哪一个？”

乔方回答了很多晦涩、生僻的词语，但是父亲都摇头说不对。最后，父亲告诉他：“世界上最难说的词是‘不’。”

当时的乔方并不以为然，觉得父亲是在开玩笑，他每天可以说无数个“不”。但是父亲告诉他：“也许你现在觉得很容易，长大以后你就会明白这个词为什么最难说出口了。”

如今，乔方相信了父亲的话，也明白了为什么最难说出口的词是“不”。前几天，乔方和几个好朋友一起出去游玩。他们到了当地一个非常有名的野生动物园，那里有很多平时见不到的猛兽。

一同前去的几个朋友跃跃欲试报名参加了志愿者，留在动物园帮助照顾动物们一整天。工作内容包括喂食、处理伤口、带动物们散步等等。

乔方从小被大型犬咬过，心里一直对高大威猛的动物心存阴影，本来是不打算跟他们一起去的。但是几个朋友看他一言不发，好像有些退缩，纷纷嘲笑他：“不是吧，你这点儿胆量都没有？不就是跟狮子、老虎近距离接触吗，多酷啊！”

乔方忍受不了朋友们讥讽的眼光，硬着头皮说道：“谁害怕了，我只是激动地说不出话来而已，反应慢不行吗？”他说完，抢先跑到他们前面，大笔一挥签下了自己的名字。

经过短暂的培训后，工作人员带领他们去给豹子喂食，虽然隔着笼子，但是乔方依然害怕得双腿发抖。他努力维持自己的表情，不让自己表现出害怕的样子，但是内心早就想说“不”了。

给豹子们喂完食物以后，饲养员又带领他们去给大象喂食，还要帮助大象测量身高。饲养员特意交代他们，大象并没有被笼子关起来，他们需要近距离地接触大象，所以千万不能发出太大的声音，不然，大象听见了可能会发脾气。

乔方一听要近距离接触大象，整个人都慌了，一直跟在队伍的后面，想找借口离开。这时，他的损友发现他磨磨蹭蹭走在最后，又打趣他，说他是胆小鬼。乔方最受不了激将法，大声说道："谁是胆小鬼，这么酷的事情我怎么会落后呢?"然后就雄赳赳气昂昂地拎着测量身高的工具冲到了大象跟前。

结果就在此时，不知道从哪儿传来了一阵高声尖叫，还是连续不断的大叫。原来是旁边一个小男孩害怕，才大声叫起来。可大象听了孩子的尖叫声一下子变得烦躁起来，不停地原地乱转，继而突然朝乔方的方向疯跑起来，眼看就要撞倒乔方。幸亏乔方眼疾手快，赶紧侧身闪了过去，但还是摔倒在了地上，胳膊和大腿都摔破了皮。

乔方本来可以平安无事地度过一天，却因为好面子、不好意思拒绝，最后让自己变得伤痕累累。这就是不懂得拒绝带来的后果。

喜剧大师卓别林曾说过这样一句话："学会说'不'吧！那样，你的生活将会美好得多。"我们在面对他人的请求时，要有自知之明，看清楚自己的实力，是否可以答应对方，是否有时间去帮助对方，答应后自己能不能做到，千万不能一味地答应，做个"老好人"。要知道，当你不假思索地答应了别人，最后却做不到，或者最后没有做好，就会被人埋怨，落得费力不讨好，成了一个"滥好人"。

# 第六章　偏好行为——过分迷恋自己的经验让我们变得疯狂

## 1. 确定性偏见:个人往往非常偏执

**微行为关键词:确定性偏见**

为了保护自身的利益,人类从一降生开始就懂得趋利避害,为自己赢得安全感。而只有确定的事物才会让我们获得安全感,凡是不确定的事物都会让我们觉得不安。因此,有些时候人会固执地坚持自己所认为的"正确"的做法,即使所有人包括事实都证明那是错的。

罗萌毕业后就进入某学校成了一名人民教师,她刚刚离开学校步入社会,无论是人际交往还是处理事情的能力都不太得心应手,即使她刻苦、努力,但是班里的成绩总是上不来,而且班级秩序混乱,上课的时候纪律差得一塌糊涂。

年级主任是一位非常负责任的老前辈,知道罗萌的情况后多次找她谈话,想要了解问题出在哪儿,以帮助她带好班级。

多次接触后,年级主任了解到罗萌的问题不在于能力和态度,而在于没有找对教学方法。于是,年级主任便把自己多年的教学经验传授给罗萌,希望她能够熟悉并掌握一些技巧,改进工作效率。同时,还建议她多去观看其他老师的公开课,从中学习、思考,找到恰当的教学方法。

罗萌觉得自己的方法并没有什么不对的地方,而且主任说的方法也并不一定适合自己。但是碍于主任是领导,而自己又是新人,便敷衍地点点头应付过去了。

一段时间后,年级主任满怀欣喜地准备去验收一下罗萌的讲课效果,看看她是不是有所进步了。但是结果没想到,罗萌所带的学科成绩还是没有什么起色,班级秩序一如既往的混乱。

年级主任感到很惊讶,难道自己多年的教学经验有问题?还是现在的学生都这么难管教?于是他再次找到罗萌谈话,问她是不是教学中遇到了什么问题。这一问才知道罗萌并没有按照他的方法去教学和管理班级,依旧还是像原来那样工作。主任有些不明白,问她为什么不那样做。罗萌回答:“我并不觉得自己的方法有问题,况且我也不认为您的方法就好,我觉得那并不适合我。”

我们在生活中常常能遇到这样一些人,甚至有时候自己就是这样的人:对他人的建议排斥、怀疑,不相信对方的想法,坚定地认为自己的想法才是正确的,不论别人怎么劝解都不会改变决定。

比如你的朋友非要做一件毫无意义,并且有可能会给自己造成损失的事情。你想尽各种办法去开解她、劝告她,想让她从固执己见中走出来,但是无论你说了多少好话,做了多少分析,跟她摆事实讲道理分析利弊,但是她就是吃了秤砣铁了心,还是认为自己的决定是对的,这件事情一定会给她带来好处,不撞南墙不肯回头地走下去。

为什么人会如此固执呢?因为我们在做了某个决定之后,更希望看到那些能够支撑我们的决定,证明我们的决定是对的信息,这样可以让我们觉得自己更明智,更有成就感。而且,我们往往会忽略那些与我们的决定冲突,或者否定我们决定的信息。比如一个人买了一只股票后,更希望听到别人赞同的声音,不希望听到别人不赞同的声音,并且他会下意识地把赞同的声音放大,一个人的赞同他会想象成一群人的赞同,并且忽略掉别人的不赞同。

这不仅仅跟一个人的性格有关,更与心理学上的“确定性偏见”有关。

“确定性偏见”是由神经学家罗伯特·伯顿提出的一个概念。他认为:因为人们总是需要安全感,需要“自己是正确的”这种感觉,就会在客观上产生了对其他人或事的偏见。总认为自己一定是对的,事情一定是自己想的那样。

米路所在的公司有一次举行户外活动,组织公司全体同事去临市的一处著名景点游玩。早上出发的时候还风和日丽,艳阳高照,到了下午竟然下起雨来。

本来准备好的运动项目只能取消,由于是在郊外,也没什么别的娱乐项目,一行人只得窝在酒店中,无所事事,于是米路便提议下围棋,这一提议得到了一位同事的热烈响应。

由于实在无聊,很多同事都围在一旁看米路他们下围棋。那些同事不光看,还指手画脚,吵吵嚷嚷地胡乱出主意,一会儿说应该这样走,一会儿说应该那样走。轮到米路的时候,一位比较擅长下围棋的同事建议他下在其中一个位置。但是米路觉得不应该那样下,应该下在另一个位置才更有利,于是就没有听那位同事的。结果跟他下棋的同事立马就把刚刚提醒他的位置给堵住了,米路这才发现刚才那步棋应该听同事的那样走才对。

又过了一会儿,那位擅长下围棋的同事再次提醒他应该怎么下,米路知道了那位同事的实力,但是他不确定那样走到底对不对,而且听到同事不停地指点时心里颇有点儿不舒服,不想听从他的建议。所以米路还是觉得自己的想法是对的,照着自己的思路准能赢。结果他依然没有听从那位同事的建议,最终输掉了这局棋。

当你坚定地支持某种认知,并且从不去怀疑这种认知的正确性时,有一个人告诉你,你所坚持的认知是错的,你多半不会听从,还是会坚持先前的认识。这并不是因为你愚笨,而是你的大脑不愿意去怀疑,它抗拒去接受和处理这样一种“不确定性”的情况。因为凡是不确定的事物都会让我们觉得不安,只有确定的事物才会让我们获得安全感。神经科学的研究表明,人在怀疑的时候,大脑处于一种极度不适的状态中,怀疑的强度越大,不适的感觉也就越大。所以,我们会固执地去坚持自己原有的想法,忽略别人的建议。

为什么人在不确定的时候会出现不适感呢？这与大脑中的一个重要器官——杏仁核有关。杏仁核，又叫杏仁体，位于前颞叶背内侧部，海马体和侧脑室下角顶端稍前处，附着在海马体的末端，呈杏仁状，是边缘系统的一部分。杏仁核是产生情绪、识别情绪和调节情绪，控制学习和记忆的脑部组织。

简单来说，杏仁核能够影响到人们对威胁做出的反应。当大脑接收到某个信息之后，杏仁核会对信息进行过滤，并为其划分危险等级，然后控制大脑做出回应。2005 年，神经科学家发现，即使是一个非常微小的不确定因素，也会引起杏仁核的大幅度活动。

面对一个不确定因素时，因为这个信息看上去无法进行分类，会让杏仁核变得紧张，发生剧烈活动，就和危险出现时大脑做出的反应一样，因此杏仁核会直接把这个不确定因素划分到最高的危险等级里。

所以，一旦接收到不确定的信息后，杏仁核就会把它作为最高的威胁等级处理，而接收到这一指令的人体各个机能就会进入一种高度紧绷状态，会让人脉搏加快，呼吸加速，血压升高，处于一种高防卫性的紧张当中，完全感受不到快乐。

简单来说就是面临不确定的信息时，大脑就会感觉到很“不爽”，这种“不爽”就会让我们感觉到不舒服、不高兴。

但是由于我们每天都在处理各种信息，如果把任何一个微小的不确定因素都当作威胁来应对，人早就累死了。所以，大脑就不容许杏仁核有太多不确定性的信息。于是当某种不确定性不是太强烈时，大脑的认知结构就自动屏蔽这种不确定性，把其主动作为一种确定因素。这就是确定性偏见的形成原因。

## 2. 框架偏见:我们的思维会受外界的影响

**微行为关键词:框架偏见**

我们总喜欢用已有的知识和经验去看待或者处理眼前的事情,如果有人告诉我们一个新的方式,我们第一个反应就是排斥这种陌生的信息。这其实是因为我们的思维具有局限性,它存在着一个固定的框架,让我们总是受到外界信息和过去想法的影响。

有人提了这样一个问题:

某国家的国王正在接待一位别国来的使者,两人在花园里亲切地交谈。这时,突然跑过来一个孩子,非常着急地对国王说:"不好了,你爸爸和我爸爸在那边吵起来了!"使者问国王:"这孩子和你是什么关系?"国王答:"这是我的女儿。"

请问:小女孩口中的两个吵架的人和国王是什么关系?

调查者随机询问了一百个人,其中只有两个人答对了这个问题,而这两个人都是孩子。在这一百位回答者中,有一个三口之家,调查者向一家三口都提问了这同一个问题,而这个家庭中的爸爸和妈妈都没有答对,孩子却答了出来:"一个是她丈夫,一个是她爸爸。"孩子的父母听了,认为孩子的说法不对,还试图想要阻止他。

调查者微笑着继续问道:"为什么呢?"

孩子很快地回答道:"很简单啊,因为那个国王是小女孩的妈妈啊!"

直到孩子说出这句话,父母才恍然大悟的样子:对啊,国王可以是女的呀!

这其实只是一个非常简单的问题,连脑筋急转弯都算不上,为什么那么多成年人都答不对,孩子却能够答对呢? 这是因为成年人的思维被“国王是男性”这个框架给框住了,按照这种固有的思路去想,当然就会觉得这个问题好复杂,根本解释不通,怎么能找得到答案呢? 小孩子还没有形成思维定式,不会刻板地认为国王就应该是男性,所以就能答对问题。

以上案例,说明了一个心理学概念:认知偏见,专业地说,它被称为“框架偏见”或者“框架效应”,是由2002年诺贝尔经济学奖得主丹尼尔·卡内曼与他的学生阿莫斯·特沃斯基于1981年提出的。

如果你面前放着一个画框,那么当你在观赏画框中画的内容时,你就会把视线和注意力放到这幅画中,很难再有心思去关注画框以外的景色。其实人的思维也是这样,大脑的思维就像是一个画框,使我们很难去接受新的概念和信息,限制我们拥有新的想法和创造,让我们总是会以框架中已有的知识和经验去处理问题。这就是框架偏见。

在生活中,很多人都带有这种框架偏见。比如,同样一个职位,更多的公司选择聘用男性职员而不是女性职员,这是因为在领导者的思想中,有着一个“女性不如男性”的框架束缚了他。社会学家早就证明,女性和男性的智慧是差不多的,甚至女性要比男性更有耐心、更安定,因此对公司更忠心。

与此类似的还有很多公司公开声明,不愿聘用未婚女性,也有很多公司声明只聘用未婚的女性。因为他们认为结过婚的女性重心就会放在家庭上,会更多地关注她的丈夫和孩子,而不是工作,甚至经常会因为孩子的事情而影响工作。但是又有一些人认为,未婚女性更麻烦,因为没有成家,所以她们不够安定,每天都花大把的时间去打扮、化妆、约会、恋爱,心思根本不在工作上。我们很难说谁是谁非,但这些都告诉我们,框架偏见多么普遍,又多么令人无奈,它带给人的不仅是偏见,还有伤害。

框架偏见会给人带来怎样的影响呢?面对一件同样的事情,每个人都会根据自己的能力和理解,结合新的知识和技巧,选择适合自己的快速的解决办法,但是有框架偏见的人就会受到思维方式的影响,仍然会选择他们固有的老办法去解决问题,浪费时间又没有进展。

比如某工厂的一位老员工,在工厂刚刚成立,生产水平还很落后的时候就在工厂里工作了,一干就是三十年。在这三十年里,生产水平、技术理论和机器性能都在不断地更新换代,那些后来的年轻工人可以快速地接受新知识,熟练操作新机器。而这位老员工却始终不肯去接触新的机器,不愿意学习新的操作技巧以提高生产水平,仍旧守着老机器使用老方法。所以,一个月下来,其他员工的业绩都要比这位老员工高出一大截。

在框架偏见的影响下,人的大脑总是倾向于选择自己已知的经验、确定的信息,而总是怀疑新接触到的、不确定的信息,并且会对这种怀疑产生不适感,潜意识地去排斥新信息,从而导致人变得固执、刻板。但是,心理学家证明,人的框架思维并不是一成不变的,在受到外界的持续影响之后,在一定情况下会发生改变的。对此,心理学家做了大量研究证明了人们的框架思维比较容易受到外界的媒介信息的影响,其中最为知名、最有代表性的一个实验就是"框架偏见"的提出者丹尼尔·卡内曼与他的学生阿莫斯·特沃斯基做过的"亚洲疾病"实验。

卡内曼和特沃斯基假设了这样一种情景:亚洲爆发了一种罕见的传染疾病,这种疾病足以致命,已经蔓延到了美国,如果美国政府不作为的话,疾病一旦发作就会导致六百人死亡。现在,有两种不同的与疾病做斗争的方案可供选择:第一种方案可以使二百人获救,第二种方案六百人全部获救的可能性为三分之一,而无人生还的可能性为三分之二。

两种方案一经提出后，百分之七十的人都选择了第一种方案。

紧接着，他们又提出了两种方案：第三个方案将会导致四百人死去，第四个方案将有三分之一的可能性是没有任何死亡，而三分之二的可能性是六百人全部死亡。这两种方案中，将近百分之八十的人选择了方案四。

但其实只要是细心的人就能发现，方案一和方案三是一样的结果，方案二和方案四是一样的结果，只不过它们的表述方式不同而已。

由此证明，同样一个问题，如果使用两种逻辑意义上相似，表述却不相同的说法就会导致不同的决策。也就是说，我们的思维会受到外界信息的影响，不同的表达方式能够使我们做出不同的选择。

比如销售员在推销牛肉的时候，如果他这样描述牛肉："百分之八十是瘦肉"，那么购买牛肉的人就会很多，并且都表示牛肉很好吃，自己很喜欢。如果销售员以"百分之二十是肥肉"的说法去描述牛肉，那么购买牛肉的顾客就会减少，并且对牛肉的喜爱程度也会降低。这也就是为什么同样一个产品，有的销售员业绩优秀，而有的销售员业绩惨淡。那是因为优秀的销售员牢牢抓住了顾客的心理，同时，他们还清楚地知道框架偏见会让人受到外界信息的影响。

## 3. 探索性偏见：有时我们喜欢"自找麻烦"

**微行为关键词：探索性偏见**

我们总能遇到一些不懂变通的人，他们固执己见，不愿接受别人的意见和帮助。但其实他们也并非不想改变，他们也希望快速、轻松地解决问题，也想尝试新的方法。

可是他们浅尝辄止，最终还是被固有的思维和对别人的不信任拉回原点，选择自己去摸索。

小朋友在搭积木的时候，都很不喜欢大人指手画脚，即使大人告诉他的都是最快捷、最正确的办法，他们还是希望自己去摸索，依靠自己的努力把积木搭建完成。即使到了最后，他们会发现，自己经过多次实验后用的方法与大人告诉他的一样。

人在小的时候就有这样固执的一面，长大之后这种特性同样存在。当我们遇到一些新鲜事物，或者遇到从来没有经历过的事情，没有相关经验的时候，一般来说，我们都不愿意接受有经验的人的说教，就喜欢亲自去尝试、去摸索、去研究，总觉得自己会有更好的办法。也许我们会把事情做得很好，但更多情况下，我们花费了很多时间和精力后发现，自己并没有把事情做好，或者自己的方法其实和前辈们说的一样，完全在白费精力。

如果当时，我们选择向别人请教，接受别人的建议，我们完全可以避免走弯路，很轻松地把事情做好。可惜这种事情总是说起来容易做起来难，更多的人总是喜欢自找麻烦，很难做到接受别人的帮助。

徐伟大学毕业后来到一所小学当语文老师。上班的前一天，徐伟先到学校熟悉环境，校长和主任都对他表达了殷切的希望，希望他能够把班级的成绩和纪律给搞好，不懂的地方可以随时去请教他们或者任意一位老教师，并表示他们会去观摩徐伟的第一堂课，帮助他改进。

正式开学后，徐伟一心想着要讲好第一节课，为自己的第一份也是第一天的工作开一个好头，当然，也为了能给领导们留下一个好印象。要知道，在职场中，给领导的第一印象是好是坏，关系到你未来的职场发展，第一天做好了，对未来的事业有百利而无一害。

虽然满怀壮志想要把第一堂课给上好，但是徐伟是真的不知道该怎么上。他不是师范院校毕业的,是自己考进来的,在教学方面没有一点经验。而他又非常想上好这第一堂课,做到一鸣惊人。虽然校长让他不要紧张,保持平常心,但是第一节课就上公开课谁能不紧张呢?尤其是自己还是不懂门道的毛头小子,来听课的都是资历丰富、经验老到的老教师们,这就更不能丢面子了。

徐伟唯一称得上的经验就是自己是从学生时代走过来的,非常熟悉老师的上课方式,在他看来无非就是几个重点:复习上节课的知识,学习本节课的知识,写写生字、读读课文,然后再预习下节课的知识。方法嘛,也就那老几样:朗读,反复朗读,有感情地朗读,分角色朗读。总之就是一个字:读。

要说让徐伟按照这个模式上课,绝对能够保证不出问题,完完整整、顺顺利利地把一堂课讲完,只是他觉得实在没有新意。而且自从新课程改革实施以来,现在的老师上课都讲究互动多一些,以学生为主,要多一些引导少一些传教,而且还鼓励老师结合科技,使用投影仪上课,制作出符合课文情境的出色的 PPT,让学生更加深刻地理解课文。

徐伟便绞尽脑汁去思考能够做得更好的方法,尽管各位老师都很友好、热情,也表示愿意给他提一些建议,但是徐伟却不愿意接受他们的帮助,总觉得由别人传授一些自己不懂的东西,心里没底。

于是徐伟便自己一个人摸索,上网查阅了很多资料,提出了很多想法,却又被一一否决。因为他总觉得那些想法要么不切合实际,太过大胆,要么难度比较高,自己掌握不了,恐怕学生也听不懂。他思来想去都觉得不靠谱,有可能适得其反,不仅没有一鸣惊人,反而搞得一团糟。

他越想得多,就越觉得烦躁不安,这也不行,那也不行,不知该如何是好。但是时间不等人,徐伟熬了一整夜,第二天还是如期而来,第一节课眼看就要开始了,徐伟只能按照他所谓的“老办法”,按照记忆中原来老师的上课方法去上课。而他之前所做的那些努力,查资料、做模拟、熬了一整夜都是在白白浪费自己的时间和精力，自找麻烦。

为什么徐伟不愿意接受别人的帮助呢？其根本原因是他存在着“探索性偏见”。心理学上说，无论我们的大脑中是否有相应的知识储备，当遇到问题，尤其是不熟悉的问题时，虽然内心深处渴望得到可靠的外在帮助，但还是喜欢自行探索，这就是“探索性偏见”。

为什么一个人明明想要得到帮助，却仍旧选择自己摸索呢？原因就在于帮助的前提条件——可靠的帮助。每个人都希望得到帮助，但是都希望得到可靠的帮助。什么样的帮助才属于可靠的帮助呢？它必须是源自于人自身的经历，是要建立在原有经验上的。

我们在面对未知事物的时候，总是会用原有的经验去衡量自己该如何做，因为原来的经验都是使用过并且被证实有效的，会让人有安全感。而对于别人提出的建议，一些新的方法，我们总是感受不到安全感，觉得不安，总是会拿过去和原来的方法进行比较，质疑新的方法，以至于自己变得越来越焦躁不安，最后为了让自己感到踏实仍然选择原来的办法。

《植物大战僵尸》是一款风靡世界的塔防游戏，一经问世便俘获了众多粉丝。经过几年的热潮后，《植物大战僵尸》的热度已慢慢冷却，但还是有少数人没能赶上当初的大潮，后知后觉地接触到这款游戏然后喜欢上。

周昊就是其中一个。他最近疯狂迷恋这款游戏，电脑上玩还不够，整天捧着手机玩。周昊刚接触这款游戏不久，玩的还是早就出来的第一部。《植物大战僵尸 1》比较简单，很容易就能过关。周昊最喜欢用的植物就是豌豆射手和卷心菜投手，几乎每一关都是这几个固定搭配。他连续玩了几十关后就觉得难度太小，没有挑战性，改玩《植物大战僵尸 2》。

但是《植物大战僵尸 2》里出了很多新的僵尸和植物，僵尸的战斗力大幅度提升，而周昊还是选择原有的固定搭配，结果就卡在了前几关上,怎么也过不去。

周昊旁边的同事早就通关了,发现他在玩这款游戏,就好心提醒他,应该换几个杀伤力更大的植物,不应该每次都用那几个植物,要根据僵尸的特性选择能够克制它们的植物才行。

但是周昊不听,他觉得自己打过了那么多关全都胜利了,说明自己的设置还是很有水平的,很保险的,自己应该还算有玩这个游戏的天赋的,只要自己好好摸索几次,一定能够过关。周昊一次次更换搭配,但其实只是换汤不换药,固定搭配还是那几个,不过把种植的位置换了一下而已。经过多次实验,多次失败后,周昊终于不得不承认,同事的说法是正确的。

心理学家斯坦诺维奇和韦斯特曾经把探索性偏见比作是一本写满了守则的手册,我们一旦遇到不确定的事情就会变得惶恐不安,为了消除内心的不安而选择一切都遵从守则行事。受到探索性偏见的影响,我们在探索新事物,进行创新研究的时候会受到原有经验的影响,自己给自己找麻烦,把事情弄得一团糟。

## 4. 选择性偏见:另类的人更加容易让我们关注

### 微行为关键词:选择性偏见

如果一群可爱的狗狗里混进了一只漂亮、高贵的猫,那么这只猫就会吸引所有人的视线,让人不由自主地关注它,大家眼里只有这只猫,而忽略掉了其他东西。如果一个人身上的某个缺点太过显眼,就会让我们忽略掉他的优点,总觉得他浑身下上都是毛病。这就是选择性偏见。

生活中经常有这样的情况：

一张干净的白纸上，如果有一个黑点或者一朵鲜艳的梅花，那么我们的目光就会聚集于这个黑点或者梅花上，而忽略除了剩余部分的白纸；如果一个文科班上几乎都是女生，那么班上一两个男生就会显得格外引人注目，也会成为老师经常提问的对象，进行班级集体活动的时候也显得很扎眼，反之，理科班里的女生也是一样的；吃东西的时候，如果菜色大部分都是荤菜，那么量本身就比较少的素菜会更快被吃完；早上起来选衣服穿的时候，如果衣柜里挂着的大都是黑色或者说都是暗色系的，那么一眼看过去最先注意到的就是夹杂在其中的一两件白色的亮色系衣服；逛街的时候，一趟下来，你并不会记得与多少人擦肩而过，也不会记得跟自己讨价还价的销售员长什么样子，但是你却清楚地记得一路上在哪里遇到了几个乞讨的人，又在哪里看见了一个街头艺人；看古装剧的时候，穿帮之处总是逃不过观众的眼睛，因为在布景精致，古韵十足，人人宽袍大袖的古装戏里，背景中一旦出现电线杆、空调室外机、高楼大厦、自行车、游玩的行人等现代化的人或物总会显得格外突兀，让人一眼就能看出来。

这些现象都表明人总是关注另类的、突兀的东西。

张深宇的公司在五一假期组织了一次外出旅游，部门的所有同事一起去了一个非常有名气的旅游小镇。张深宇在电脑上查阅资料后得知，那个小镇靠山，有全国闻名的土特产，都是正宗的山货，什么山核桃之类的，所以便一心想着带一些回来。

小镇的景色非常优美，建筑也很有特色，游客络绎不绝，大街上人山人海的，非常热闹。张深宇他们来得十分凑巧，正赶上小镇的旅游节，有很多人在表演节目，甚至还请了一些小有名气的明星登台表演。

张深宇对表演不感兴趣，跟同事打了个招呼便独自离开了。这年头旅行的人逐年增多，本来就不算宽阔的街道现在更加拥挤。张深宇漫无目的地走着,想找一些网上说的土特产,他东瞧瞧西看看,忽然,他在挤满打扮新潮时尚的现代人群中,一眼就发现了一位穿着古装的女孩,因为她的装扮跟周围的环境是那么格格不入。

他的目光下意识地落在了女孩身上,一路追寻着女孩的身影,等到对方因为对面的一次大人潮被冲散再也找不到后,张深宇这才意识到自己一直在跟着对方走。等醒过神来,张深宇急忙往回走,这时他才发现一路上有好几家卖土特产的店,全都被自己忽略了。

像张深宇这样的事情,我们每个人都有类似的经历,为什么我们总是会关注另类的人或物呢?心理学家告诉我们,这就是因为人都有选择性偏见。

心理学家发现,当一个人的思绪集中在一个目标上时,就很容易忽略那些近在眼前的人或物。最常见的情况就是,你想要找某一个东西,在家里翻箱倒柜,找了个遍也没找到,直到别人提醒你才发现,原来这个东西就一直在你衣服的口袋里。你一直想着一个目标,却忽略了这一目标就在自己身上。这就是心理学上所说的选择性关注,或者叫选择性偏见。

心理学家丹尼尔·西蒙斯和克里斯托弗·查布里斯,曾经做过一个非常有趣也非常著名的实验,以此来解释何谓“选择性关注”,这个实验叫作:篮球场上“消失”的大猩猩。

他们拍摄了一段视频,视频中是一群人打篮球比赛的情景,然后他们的一位助手穿上了大猩猩的服装,假扮成大猩猩出现在篮球场上。这个“大猩猩”缓慢地走进镜头中,并且停留了数秒,期间更是不停地做出大猩猩的经典动作——捶胸顿足,然后又缓缓走出画面。

接着,丹尼尔·西蒙斯请来一百位篮球爱好者,让他们观看这场篮球比赛的录像,并要求这些人计算出比赛中一共有几次传球。

视频结束后,绝大多数人都回答出了正确答案,然后他们询问了观看者第二个问题:“你们在视频中看见什么奇怪的东西吗?”按照常理来说,人群中突然出现一个大猩猩是非常不寻常的事情,大猩猩的形态也极为打眼,人们应该一眼就能看见它。但出人意料的是,篮球场上的大猩猩被“消失”了。

观看完比赛的一百人纷纷表示自己并没有发现什么不寻常的人或物,尤其是那些回答出传球数量的人,更明确地表示根本没有看到什么奇怪的东西。只有极少数人不太确定地说,隐约看见了一个奇怪的东西,但不知道是什么,看起来有点像大猩猩。

为什么在人群中如此突兀的大猩猩,却都被大家忽略了呢?其实原因非常简单,因为大家都选择了去关注传球的数量,视线都集中在了一点上,完全忽略了大猩猩。

为什么会形成选择性的关注呢?这其实是人的一种生理机制。我们的大脑每天都要进行精密的运作,接收信息,传递指令。而大脑每天的工作量实在太过巨大,它也知道要节省自己的精力和容量,让自己得到休息,否则就会减损寿命,所以我们的大脑并不是时时刻刻都马力全开。

事实上,大脑非常吝啬,它想尽办法给自己节能,来提高自己的生存效率。因此,它控制着人的注意力,把注意力局限在一个很小的范围里。所以,我们很少能够做到三心二意,我们的注意力总是具有选择性,既然选择专注于某一个目标,就会忽略掉其他的东西。

就好像生活中常常发生的,当你专心开车或者在路边思考一个什么问题时,如果一个熟人忽然出现在你面前,你完全不会注意到他,即使他早就已经出现在你的视野中了,但是你的大脑并没有选择关注他。

选择性偏见也会给我们的生活带来一些不良影响,比如人际交往中,如果你只关注某个人身上明显的缺点,就会忽略掉他身上的优点,影响你与对方的正常交往。而且,当一件事情存在一些不利因素的时候,我们往往都一直想着这件事会有哪些不好,会给我们带来什么损失，而忽略了那些有利因素，从而变得不安、畏缩，不敢尝试。

## 5. 认可性偏见：我们只相信自己看到的，而对事实避而不见

**微行为关键词：认可性偏见**

有些东西分明不存在，有些事情分明是虚假的，可很多人在心知肚明的情况下，依然选择相信。比如，人们明知道减肥药没有真正的效果，甚至还可能伤害身体，但还是情愿花高价购买。这是因为人们的内心都愿意相信这些事情是真的，有一种对美好事情的渴望，所以选择自欺欺人。

人们明知不存在神明、鬼魂，却始终心存敬畏，逢年过节就会祭祀，遇到灾难时也会祈求上苍保佑；观众明知魔术都是设计好的，有各种机关，却还是一次又一次地赞叹魔术的神奇，愿意相信世界上真有这样神奇的现象存在；女孩明知男孩的甜言蜜语都是假象，不过是随便说说，并不是出自真心，却还是愿意相信他，认为他会对自己好；员工明知老板所说的升职加薪都是糖衣炮弹，很难实现，不过是一个诱饵，诱使他们努力工作，却还是一天天、一年年地做下去，相信总有一天能够实现。

虽然很不愿意承认，但人们总有这样一些令人不解的行为，他们一面不相信某件事，一面却又坚定不移地继续执行这件事情。

李丹有一个交往了半年的男朋友，两个人是大学最后一学期认

识的,快要毕业的时候男生向她告白,他们就自然地走到了一起。

可说起她这个男朋友,李丹的朋友们都纷纷摇头,不看好这段恋情。因为她这个男朋友根本没有定性,是个花心大萝卜,经常跟别的女孩玩暧昧。按说李丹和他是一个系的,两人早就有过接触,只不过真正熟悉是在最后一学期,如果男生真的喜欢李丹的话,早就应该有所行动,怎么会等到快毕业时才说破呢?谁不知道毕业就等于分手啊,因为大多数校园恋情,一旦毕业,双方就得各奔东西了。从这一点就可以看出男生对这段感情根本就不是认真的。

后来朋友们才知道了原因,原来李丹的家是本市的,而且家庭条件还不错,男生毕业后也没有回老家的城市,而是留下来找了一个公司实习,实习期间,因为薪水比较微薄,男生直接就住进了李丹家,衣食住行全由李丹负责,他一分钱都不用花。

朋友不止一次劝说李丹离开那个男生,李丹自己也能感觉得到男朋友并不是真心爱自己,她经常在男友的手机里发现他和别的女孩的暧昧短信,而男友平时对自己也都很冷淡,只有需要用钱的时候才会玩一些浪漫手段讨她欢心,显得很热情。但是李丹每次一提及要跟对方分手,听到男友一个劲儿地跟她保证"永远只爱你一个,我的心里只有你",一听这些甜言蜜语,李丹又会忍不住心软,侥幸地认为男友会改的,他一定可以做到,便再次相信他说的话。

李丹跟朋友说:"谁不希望自己找到一个专一、痴情的好男人呢?可我就是喜欢他,放不下他,我又能怎么办呢?我知道他的性子,但我相信他会改正的,不是有很多负心汉回头的故事吗?他连负心汉都算不上吧,只是有些花心而已,男人不都这样吗?我相信他一定会有变好的那一天。"

像上面案例中的情况和李丹的想法,在心理学上叫作"认可性偏见",简单来说就是自我辩解,属于认知失调的一种。心理学家认为,每个人都存在着一种自我辩护的心理机制,当事实和我们的想法或坚持的信念不一致的时候,我们即使知道自己的选择是不正确的，还是仍然会选择自欺欺人地坚持自己的信念。因为这样会感受到美好事物带来的美好感受。

之所以会形成这种“认可性偏见”，是因为人天生就会规避自己的损失，在人们做了某个选择之后，为了不使自己受到损害，不让自己后悔，就会下意识地寻找各种理由来认可自己的选择，说服自己这样做是正确的。就像你买了一件没有什么用处的物品之后，总是会用“总有一天会用到的”“至少它很便宜不是吗”的话来安慰自己，让自己认可这个行为。

不知道你是否看过电影《卡萨布兰卡》，这部电影讲述了“二战”时期，维克多和妻子伊尔莎来到小城卡萨布兰卡，准备从这里到美国去。他们每天混迹于酒吧，目的是要得到商人里克手中可以通往美国的通行证。而伊尔莎发现，里克正是自己当年失散的情人，她陷入了艰难的抉择。在电影的结尾，伊尔莎选择与丈夫在一起，并且离开了卡萨布兰卡。里克悲伤地对她说：“这种遗憾或许不在今天，不在明天，但你会在余生中感受到它。”

但是事实真的会这样吗？伊尔莎会感到遗憾吗？不会的。因为伊尔莎会在余生的时间里找各种理由为自己做出的选择进行辩护，同时为自己没有做出另一种选择感到庆幸。

这其实是一种正常的自我防卫，为了避免自己一辈子都活在纠结、痛苦和后悔中，我们总是会去选择自己内心想要的部分并将好处放大，给自己带来一种美好的憧憬，而忽略自己不关心的那一部分。

陈爽从小身体就不好，不是这个地方疼，就是那个地方疼，经常打针吃药，也没有力量去运动，长大之后，就变成了一个体质虚弱的大胖妞。肥胖的身体导致她二十八岁了还没有找到男朋友，工作也不是很顺利，经常受人白眼，被人嘲笑、欺负，所以陈爽一直想要减肥，早日拥有苗条的身材。

但是因为身体原因，节食和运动的减肥方式都不适合她，于是她把全部希望都寄托于减肥产品上，什么减肥药、减肥茶、减肥贴，包括按摩针灸各种方法都尝试了一遍，花了很多冤枉钱，却不见效果。

家人和朋友都劝她不要轻易尝试这些减肥产品，对身体不好，陈爽自己也明白这些减肥产品用了以后并没有什么真正的效果，但是她还是不想放弃，只要看见自己没试过的和新上市的减肥产品，不管价格多贵，都要买来试试。

为此，爸妈与她发生过多次争吵，跟她说那些产品都是骗人的，但是陈爽却说："你们看那些电视广告上的减肥产品，如果都是假的的话，那些广告里瘦下来的人又是怎么回事呢？为什么她们都瘦了呢？"

父母无奈地说，那有可能是人家运动瘦下来的，有可能人家就是个模特，本身就不胖，只是在做广告宣传，跟这个减肥产品一点儿关系都没有。但是陈爽却始终坚持认为："你又不是当事人，你怎么知道，说不定人家就是吃了这个产品才瘦下来的呢？反正我认为这些减肥产品当中总会有一个是有效的。下一次说不一定我就能瘦下来了，难道你们不想看到自己的女儿变瘦变美吗？"

父母被气得无言以对。

陈爽就是明显受到了认可性偏见的影响，她明知道那些减肥产品是假的，效果微乎其微或者说根本没有效果，却仍然希望它们能够帮助自己减肥成功，希望自己能因此变成一个苗条的美女。所以她选择只看见那些有利于她想法的信息，而忽略掉那些不利于她的信息。

案例中的陈爽只是无数人当中的一个罢了，我们都一样，只相信自己看到的，而对事实避而不见。所以说，我们眼中看到的世界其实不过都是假象，都是我们想要看到的东西，是主观意识的产物。

## 6. 后视偏见:事情发生以后,每个人都是诸葛亮

**微行为关键词:后视偏见**

中国有句俗语“事后诸葛亮,事前猪一样”,人们总是在事情发生之后发表高见,“我早就预料到事情会是这样的”,却从来没有在事前听到他这样说过。他们总认为自己具有先见之明,但事实上他们未必可以如自己想象的那样准确地做出预测,这就是后视偏见,也就是人们常说的“马后炮”。

生活中常有些人在事情发生之前一言不发,不做任何表态,等到事情发生以后,就突然跳出来侃侃而谈:“我早就跟你说能成功的!”“就知道会变成这样!”“我早就说这件事不靠谱!”“当初就觉得那家伙不怎么样!”等等“马后炮”的话,总觉得自己英明神武,能够在事前预测到结果。

小米的家庭条件不是很好,从小就养成了勤俭节约的好习惯,她很多的生活用品、衣服、鞋子都是从网上买的,图的就是一个便宜。就连租房子也是为了节省房租和别的女孩一起合租的。

这一天,小米和室友又一起在网上选衣服,因为小米所在的公司下个月要举办一场晚会,小米一咬牙、一跺脚准备“斥巨资”买一件礼服。

网上的衣服花样繁多,让人看得眼花缭乱,都不知道该选哪个好了。小米和室友看了很长时间都没有决定买哪一件。室友帮她选了一件大红色的长裙,穿在模特身上显得优雅、迷人,正好小米个

子比较高挑，室友觉得一定很衬她的身材。但是小米却犹豫不决，因为在网上购物有一个最大的问题，没有实物可以比照，买家秀和卖家秀往往差异巨大。

小米又朝下翻了几页，看中了一件浅蓝色的拼接短裙，看起来俏皮却又不失风度，室友也觉得这件很漂亮，两个人就在那儿纠结起来了，到底买哪一件好呢？

室友说："这件蓝色裙子的料子是亚麻的，你知道亚麻的衣服太容易皱了，看上去很没档次。而且你看这件衣服的设计，那两根飘带根本就是多此一举，太影响美感了，是不是？而且这件衣服两百，这个价位的礼服我觉得质量一定不怎么样。"

小米却说："你说的也没错，可是在网上买东西不就是图便宜吗？要买质量好的、贵的我去品牌实体店就好了，还能当场试穿，在淘宝上谁买贵的啊？"小米又看了看两件衣服的买家秀，只能说参差不齐，主要还是看穿的人。不过蓝色那件的买家秀比较少，相比较而言看起来要比红色的好一些，而且也没有很暴露的样子。

小米对比了一番说："我觉得还是蓝色比较好一些吧，你看红色这件，没有气质的人穿起来简直没法看，而且要有胸才撑得起来啊，我的皮肤不是很白，穿红色的就显得更土气了。"室友一番犹豫过后，觉得小米说得好像很有道理，便也支持她买蓝色那件了。

几天之后收到裙子，小米打开一看，简直大失所望。衣服看上去皱巴巴的，好像被揉搓无数遍过后又被压在箱底很长时间才拿出来的样子，而且由于裙子是拼接设计，以腰部为界限是两种布料，但这件裙子上身太短，两边的飘带几乎都到了胸部，穿在身上怎么看怎么别扭。

室友回来后看见小米在试穿裙子，摇摇头："我就说了吧，肯定是这样，这两根带子简直就是累赘，你看这皱的，跟腌过的咸菜似的，我早说了不该买这件。"

小米听了，无奈地白了室友一眼："那你当初怎么不坚持自己的看法呢？现在放什么‘马后炮’。”

室友在事情发生以后认为自己在事情发生以前就预测到了结果，但事实上，她并不像自己认为的那样判断正确，这种行为在心理学上就叫作后视偏见，又叫事后通偏差，也就是所谓的后见之明。指的是人们在得知事件结果后，一旦结果出乎自己预料，便会下意识地修改自己的记忆，忘记自己失误的部分，只记得自己预测正确的部分，并把这部分内容无限放大，产生一种“我一直知道会这样”的感觉，觉得自己料事如神，一切都在自己的掌握之中。

陈宁前几天和几个朋友出国旅行，几个人都不懂外语又都是路痴，别说一个陌生的国家，就是到了隔壁的临市都找不到东西南北。但是旅游的兴奋让他们完全忘了这件事情。

下了飞机之后已经是大中午了，太阳很毒，晒得人睁不开眼，一会儿就汗流浃背。他们打算乘坐出租车去预定的酒店，但是语言不通，手忙脚乱地比画了半天，司机还是一头雾水，没办法，他们只能指着地图让司机自己看。好不容易到了目的地以后，他们才发现，司机只是把他们带到了离酒店比较近的一个有名的广场上，于是几个人只好走到酒店去。

陈宁在地图上看出，酒店在这个广场的南面，过两个红绿灯就是。但是完全没有方向感的他们，谁也不知道哪里是南，几个人各说各的，不停地纠结哪面是东，哪面是西，哪边是南，哪头是北的问题，地图干看着用不上。中午的太阳晒得他们头昏脑胀，体力在迅速流失。

站在原地干等不是办法，经过一番激烈的争论，陈宁决定先随便选一边走走看，万一瞎猫碰上死耗子了呢。走了差不多二十分钟后，他们发现自己走错了，然后又原路返回，朝相反的方向走。这次又走了快一个小时之后，一行人终于找到了酒店，这时其中一个朋友甩出一句：“其实我就觉得应该走这个方向的。”然后罗列出诸多理由，比如说，影子的方向啦、窗户和门的朝向啦、太阳的方位啦等，那叫一个知识渊博啊，天文地理简直无所不知，但是现在说有用吗？根本没用啊！他们不还是白白走了许多弯路才找到酒店吗？陈宁不由得崩溃：“既然您早知道怎么不早说，事后诸葛亮谁不会当啊！”

后视偏见的现象在生活中屡见不鲜，人们总是喜欢从结果看当初，去后悔或庆幸自己当时做出的选择，并且为了证明自己是明智的，往往会觉得自己当时已经想到了现在的结果。

出现这种偏差的原因与自我服务有关，自我服务指的是人们希望接受有利于结果的荣耀或者避免不利于结果的咎责，从而导致人们产生“结果果然如我所料，我真是太明智了”和“我就知道会是这种结果，可是说了也没人听”的想法。

后视偏见的存在对我们到底有什么影响呢？有后视偏见的人很难从经验中学习，因为他们总在事情发生后觉得自己当时的预测是对的，不会从中汲取教训。

有后视偏见的人不会用公平的眼光去评价他人。一个具有后视偏见的人，如果别人事情做得好，他就会觉得他早就知道这件事会成功，跟谁办的无关；如果别人事情做得不好，他又会觉得他早就说过这件事情不能做，做这件事情的人太愚蠢。

有后视偏见的人更注重结果而不是过程，如果一个老师拥有后视偏见，他不会去管学生的成绩好坏是如何导致的，不去看学生是否努力，只会根据成绩来决定他对学生的喜爱程度。

那么，应该如何改变这种偏见呢？有一个简单易行的办法：当你还不知道事情结果的时候，把你对事情结果的预测写下来，并且写出你预测的理由。这是因为事情一旦发生了，你的记忆就会欺骗你，让你只想到那些与事情的结果相符合的证据，而把不符的证据都忘记了。所以，把你在知道结果之前的预测写下来，就可以在事后看看自己预测得到底准不准，从而慢慢改掉后视偏见的习惯。

## 7. 邻近性原则:邻居是最好的推销员

### 微行为关键词:邻近性原则

人们在做出某个决定,或者想要购买某种产品时,总希望能有人给他提供建议。而此时,大多数人会征询身边亲近的人,或者向熟悉的人看齐,对方使用什么样的产品自己也就买什么样的产品。

在经济界中盛行着这样一句话:“邻居是最好的推销员”,当然“邻居”并不单单指住在你隔壁的人,它泛指一切与你有来往的,经常可以见到的,关系亲近的人。这句话并非毫无根据,比如我们在生活中就经常遇到下面这些情况。

妻子跟丈夫说:“昨天是同事的乔迁之喜,人家请我去喝喜酒,嚯!到了他们家之后我才知道什么叫装修!人家那大房子,高端大气上档次,谁去看了都赞不绝口。我们这买房计划看来必须得提前了,下个月工资一到,我就去他们小区看房子,借钱也得把首付给付了,而且装修比他们家还要高级。”

儿子跟爸爸说:“爸,我昨天去参加大学的同学聚会,我一个室友居然又换了一台新车,顶配版的卡宴,靓蓝色的超酷,要知道他去年才买的大奔呢。哎哟喂您是没看到那车简直太帅了!老爸,我觉得您是不是也该给我买辆车了,咱家也不缺钱,车的标准一定要高,怎么也不能比我那室友差,对吧!”

奶奶跟爸爸说:“昨天呀,我跟几个老姐妹聊天,她们说家里面都把小孙子送去省城读书了,念的是高级私立贵族学校,那里的老师教学水平高,教学环境好,升学率也高,而且还是封闭式的管理,能锻炼孩子的独立能力、动手能力。我觉得我们也应该把孩子送去,不就是钱贵了点吗?这都是教育投资,既然人家能供得起,我们肯定也供得起!”

这样的对话是不是很熟悉?是啊,这就是平时发生在我们身边的百姓故事。之所以会发生这样的对话,就是因为每个人都习惯于向身边的人看齐,想要和他们拥有共同语言,拥有平等的地位,身边的人拥有的东西他们也会喜欢,总觉得他们的都是好的,也想要拥有同样的东西。也就是说人们的某种行为和决策其实遵循着邻近性原则。

曾经有一个顾客非常固执,很难说动他。为了公司业绩,某产品的推销员轮番上门,用尽浑身解数向这位顾客推销产品,但是每一位都空手而归。

其中有一名推销员曾多次上门真诚地推荐,甚至还免费赠送产品让顾客试用,但是不管用什么方法,顾客就是无动于衷。同事都劝他放弃这个顾客,不要在一棵树上吊死。

这名推销员并未放弃,始终坚持不懈地上门介绍,可是顾客仍然是不屑一顾。渐渐地,推销员上门的次数就变少了,顾客和同事都以为他放弃了。

过了一段时间之后,这位被拉进了黑名单,被所有人都认为不可能购买产品的顾客居然出人意料地购买了那名推销员的产品。

同事都感到非常好奇,便问这名推销员是怎么做到的。推销员笑了笑,说:“其实我没做什么,我只不过在前几天成功地向这位先生的邻居推销了我们的产品。”

是的,这位推销员的做法非常简单,他选择从侧面入手,向顾客的邻居销售了公司的产品,然后不用他再去多做介绍,只需要这位顾客经常看到邻居在使用这项产品后,他就会主动购买了。因为在这位顾客看来,邻居是他非常熟悉的人,邻居使用的产品不说有多么好,至少不会差。而邻居多次在他面前使用这个产品后,就会给他留下深刻的印象,无意识地就会想要去购买这个产品。

人们在决定购买某一样商品的时候,一般最先考虑的不是价格而是熟悉度。某种商品对他们产生的信息刺激越多、越强烈,人们潜意识里就会对该商品的印象越深刻,等需要这一类型的商品时,下意识地就会去购买这一商品。也就是说,人们总是习惯于购买自己熟悉的产品。

比如电视、网络上每天播放某某品牌的手机广告,如果你每天一打开网页和电视就会看到这个品牌的手机广告的话,那么当你需要购买手机的时候,你脑海中第一个蹦出来的肯定是这个品牌的手机。

这种邻近性原则不仅仅体现在经济生活中,在与人交往中更是能够深刻体现出来,细心的人都会发现,人们倾向于喜欢邻近的人。同学中,你一定与同桌的关系最为亲近,同事中,你也会与邻桌玩得最好,邻居中,你最常交往的也多半是左右的两家。

20 世纪 50 年代,美国心理学家费斯汀格曾做过一个简单而又有趣的实验:费斯汀格对麻省理工学院共 170 户已婚学生的住宅楼进行了调查,这些学生在住进来之前完全不知道自己会住进哪个单元,完全是随机安排的,因此他们与邻居的交往不带有任何感情基础。

费斯汀格向所有的住户提问了一个问题:在这个居住区中,跟你关系最好,经常有来往的邻居是谁?

最终的调查结果表明,住得距离越近的人,关系越亲近,交往的次数越多。在整个小区中,紧邻的两栋楼的居民关系稍微密切一些,隔得远的则几乎没有联系。而在同一楼层中,紧邻的两户人家的交往概率将近 50%,隔一户的邻居之间交往的概率就只有 22%,缩小了一半多。而隔着两户人家以上的邻居们交往的概率则只有 10%。

同样都是邻居，一户人家的距离不过几米，多隔几户，实际距离并没有增加多少，但是亲密度却降低了很多。

这就是心理学上“邻近性原则”的体现，邻近性原则告诉我们，在人际交往中，亲密度或者交往的频率与双方的距离远近有着直接的关系。距离越近，交往就越频繁，关系就越好；相反，距离越远，交往的频率也较低，关系也一般。也就是说较小的空间距离有利于建立密切的人际关系。

美国另一位心理学家康恩也曾做过一项实验来验证空间距离对人际交往的影响。

在康恩的实验中，一位志愿者需要同时与两位异性进行谈话，其中一位坐在距离实验者半米远的沙发上，而另一位则坐在距离实验者两米远的椅子上，两个人的谈话态度完全一样。

康恩想要验证的问题是，志愿者会对哪一个异性产生好感？答案显示，志愿者会对坐得离自己近的异性产生好感。康恩曾多次反复进行实验，无论是男性还是女性作为志愿者，他们都会对坐在自己身旁的异性较有好感。

这是因为，随着空间距离的缩短，双方的心理距离也在缩短，一旦拉近心理距离，就会让人消除戒备心，自然而然地就会对对方产生比较亲密的感情。

## 8. 名称效应：好名字带来的好处

**微行为关键词：名称效应**

名字不论是对于一个人，还是一个企业、品牌来说都是至关重要的，它将跟随人的一生，也将永远伴随着产品。

而一个好的名字则能给人或品牌带来莫大的好处，让人更加受欢迎，人际关系更加顺畅，让品牌更容易被人记住，获得更高的收益。

五一放假的时候，我们一家人开车出去游玩，当车在开到半道等红绿灯的时候，闲来无事，我便四处随意浏览，眼睛一瞥就看到旁边一座高楼上的有个大广告牌，这个广告牌的设计并没有什么吸引人的地方，让我感兴趣的是上面的品牌名字——“三个阿姨”家政服务。

我觉得这个家政公司的名字起得实在很有特色，坐在副驾驶的老爸也看到这个广告牌，调侃道：“现在的商家，起名真是太有创意了。”

后来有一天，跟朋友逛街，在步行街买奶茶的时候，无意间在路边的墙上又看到了带有“三个阿姨”标识的广告，顿时就感觉十分熟悉。我慢慢回忆起第一次看到这个名字时的经历，不知道出于什么心理，就很想去了解一下这家公司。于是我详细地看了看关于这家公司的介绍和服务。

过了些天，有个朋友喜得一子，想要找一个保姆和月嫂，但是没有什么头绪，不知道该去哪里找，就问我有没有什么认识的人或者门路帮忙介绍一下。我脑子里立马就蹦出了“三个阿姨”的广告标识，便把这家公司介绍给了朋友。

事后我常常想，为什么当时下意识地就把这个家政公司介绍给朋友了？为什么会对这个名字印象如此深刻？我想，是因为它有个既特殊又好记的名字。四个字虽然不够简洁，却够简单，而且充分体现了该机构的性质，让人们一下子就明白了它所属的行业，并且能够让人在潜意识里积累对它的印象。

这其实就是一种名称效应。就拿广告行业来说，他们的目的是打开品牌知名度，让更多人选择这个牌子，提高销量，以更多地获取利润。所以广告行业的本质规律就是尽一切可能让广告中的品牌在更多人的脑海里留下印象，并且让人对其产生兴趣，成为客户或者潜在的客户。所以，他们都会尽量给自己的品牌起一个特别、简单、好记，又符合行业特质的名字，比如一想到找工作的平台，大家就会想到“猪八戒”；一想到去哪儿旅游，就会下意识地上“去哪儿”网查看信息；一想到网上支付，大家都会不约而同地想到“支付宝”。大家之所以会对这些网站或平台耳熟能详，就是因为他们的名字简单、明了，所以每当有需要时，人们脑子里首先出现的也是这些给人留下深刻印象的机构、企业。可见，一个好的名字已成为广告效应中不可或缺的因素。

那么，什么样的名称才算得上一个好的名称呢？心理学家亚当·奥特尔和丹尼尔·奥本海默认为，与生僻、复杂的名字相比，人们更容易喜欢和记住发音简单、流畅，比较常见的名字。他们认为，人们会对那些带有好的寓意，发音简单的股票表现出好感，更容易选择这类股票。也就是说，股票的名字越简单、好记，买这只股票的人就越多，而股票的价格也就越高，走势也就越好。

为了验证他们这一想法，研究人员做了一个测试：

他们请来一些志愿者，并向志愿者虚构出一些股票名称，告诉他们这些公司都是真实存在的，并且前景都很好，还给这些所谓的公司做了业绩预测。他们把股票分成两组，一组是名字简单、好记的，一组是名字复杂，还特别拗口。

最后的测试结果证明，参加测试的大部分志愿者更愿意购买名字好记、发音简单的股票，他们认为发音简单的股票比不好发音的股票要好，并且发音简单的股票有上涨的趋势，而不好发音的股票则有下跌的趋势。

测试结束后，亚当·奥特尔和丹尼尔·奥本海默想要进一步验证这种心理在现实生活中是否同样存在，可信度到底有多高，于是，他们随机抽取了纽约股票交易所的 89 只股票，对这些股票从上市到现在的每一天、每一周、每一月、每一年的业绩做了分析,找出了名称与业绩的关系。

他们发现,收益较高的前十名股票都拥有一个很好记的名字。为了更具说服力,他们还调取了纽约证券交易所和美国证券交易所的七百多只股票,结果是一致的:名字好记、简单的股票总是要比不容易记住的股票收益高。

事实证明,亚当·奥特尔和丹尼尔·奥本海默的猜想是完全正确的。在中国,这一点也同样适用,而且由于文化的不同,在中国不仅是名字简洁的股票更被看好,那些拥有好的寓意的股票更是势头凶猛,比如带有“好”“佳”“美”“富”等字眼的股票。在 2015 年第一季度的股市中,好莱客的涨幅为 138.8219%,美好集团的涨幅为 50.7886%,康美药业的涨幅为 97.2646%,佳都科技的涨幅为 104.2320%,佳创视讯的涨幅为 87.4855%,富春通信的涨幅为 102.5142%,富煌钢构的涨幅为 152.7885%。而这些只是其中很小的一部分,只要带有这些字眼的股票几乎在当年的第一季度没有一只是走低的,最少的涨幅也都在 15% 以上。

形成这种现象的原因在于先入为主的观念。我们无论是接触一个陌生人还是一个新产品的时候,首先接触到的信息就是这个人或产品的名称,在其他条件都不了解的情况下,如果名称能合你的心意,受到你的喜爱,那么这个人或这件产品就会受到你的喜爱。

那么,一个名字的好坏究竟能带来什么样的影响呢?在 20 世纪 50 年代左右,哈佛大学的两位教授曾做了一个有趣的研究实验,他们针对学校里的三千多名毕业生做了一项调查研究,探索学生的姓名对其学业成绩的影响。结果显示,学生的姓名越是晦涩、生僻,就越有可能存在学习成绩差,甚至出现心理问题的可能。而一个学生的姓名如果很简单、好记,都是常用的字眼,就越可能成绩优秀,品德良好。因此两位教授认为,一个罕见的名字会给它的主人带来负面的心理影响。

将近半个世纪以后,1994 年,经济学家大卫·菲格里奥在佛罗里达州一个学区进行了一项为期七年的类似研究。他发现教师会因为学生的姓名而对他们进行有区别的对待。名字好听、好记的学生会是老师课堂上经常提问的对象,并且老师一旦有什么任务或者活动都会下意识地喊他们来做,这无形中提高了这部分学生的各方面的能力。而对于那些名字比较复杂、叫起来不太顺口的学生,老师几乎不会在课堂上让他们起来回答问题,也不会交给他们学校安排的任务。这并非老师的职业素养不够,也不是老师对他们有偏见,而是他们罕见的、难记的名字会让老师很少想起他们,以至于长期忽略他们,影响了这部分学生的学习成绩。

由此看来,只是一个小小的名字就能给人带来意想不到的帮助和好运。

## 9. 依赖定律:我们的现在都是由过去决定的

**微行为关键词:依赖定律**

人们过去做出的选择决定了我们现在的选择,比如过去仓颉创造出汉字,我们现在就用汉字沟通,而不是用肢体来比画。人们一旦做了某种选择,习惯之后就会不断地自我强化这一选择,并且轻易走不出去。这就是路径依赖。

我们常常会不由自主地疑惑,为什么这件事情必须要这样做。比如为什么某个汉字是这个意思,“我”指的是“我”而不是“他”?为什么黑色叫黑色而不叫绿色、白色?为什么人一天要吃三顿饭而不是两顿或四顿？

我们现在的生活都是由什么来决定的呢？都是由过去决定的。比如你为什么每天都跑步？那是因为你在过去做了一个跑步的决定，在很长一段时间内不断地催促自己去实行这个决定，从而形成了现在每天跑步的习惯，并且很难改掉。

如果你观看过美国航天飞机立在发射台上的雄姿，就会发现，航天飞机燃料箱的两旁有两个火箭助推器，而它们的宽度始终都是四英尺又八点五英寸，任何一架都是。要知道，没有任何一条明文规定要使用这一数字，而且建造这些助推器的工厂的工程师们一直都希望能把这些助推器造得再胖一些，这样容量就会更大一些，飞机航行的时间就可以更久一些。但是他们却不可以这样做。因为这些助推器造好之后要用火车从工厂运到发射点，而路上它们要通过一些隧道，而这些隧道的宽度只比火车轨道的宽度宽了一点点儿。所以，助推器就只能保持这个宽度，否则就无法运送。

那么问题又来了，为什么隧道要凿成这样一个宽度呢？这是为了节省人力和资金，所有隧道的宽度就只比火车轨道的宽度宽那么一点儿，能够让火车顺利通过即可。

也就是说其实火箭助推器的宽度与铁轨的宽度一致。

那么，为什么铁轨的距离也都是四英尺又八点五英寸呢？这是因为最早设计铁轨的人，早期是设计电车的，而电车车轮之间的距离就是四英尺又八点五英寸，设计者直接沿用这一标准距离设计成的铁轨。

那么，为什么电车车轮之间的距离是四英尺又八点五英寸呢？这个标准又是从何而来？是从造马车的人那里延续下来的，最先设计电车的人，再早之前是建造马车的，马车的车轮距离是四英尺又八点五英寸，所以电车的车轮距离就和马车的车轮距离一致。

马车的车轮距离又是怎么得来的呢？最先建造马车的人发现，英国马路上的车轮印子之间的宽度是四英尺又八点五英寸，如果马车的车轮不按照这个标准建造，由于路上的车辙痕迹太深，马车行驶就会出现困难，它的轮子很容易就会在路上被撞坏。

那么这些车辙的距离又为什么是四英尺又八点五英寸呢？这是因为欧洲的道路几乎全部都是由古罗马铺设的，他们之所以会选择这个距离是为了方便军队的行军，因为古罗马人的战车宽度是四英尺又八点五英寸。

那么古罗马人的战车宽度为什么会是四英尺又八点五英寸呢？这是因为那时候的战车需要由战马作牵引，每一辆战车都需要两匹战马，而牵引战车的两匹马屁股之间的距离就是四英尺又八点五英寸。

所以，最后的结论是：美国航天飞机火箭助推器的宽度，竟然是取决于两千多年前的两匹马屁股的宽度。

虽然这个结论有些荒谬，但是却体现了一个道理：我们的现在是由过去决定的，我们依赖于前人留下的标准和习惯，这会让我们做事情变得更加便利，节省时间。

这种行为叫作路径依赖定律，指的是在人类历史的变迁中，一旦人们做了某种选择，进入某一路径后，就会在惯性的力量下不断地自我强化这一选择，在头脑中形成一个根深蒂固的惯性思维，且不管此路径是好是坏。长此以往就会对这种路径产生依赖。

而第一个将路径依赖理论发扬光大的，是1993年获得诺贝尔经济学奖的道格拉斯·诺斯。诺斯认为，“路径依赖”就好像是物理学中的惯性，这种惯性使得人或事一旦进入了某一路径后，就会在以后的发展中不断地自我强化，对这种路径产生依赖。他将自己这一想法写进了《经济史中的结构与变迁》一文中，并用“路径依赖”理论成功地阐释了经济制度的演进，由此获得了诺贝尔经济学奖。

虽然路径依赖是经济学上的一个概念，但是这个定律也充分体现在我们的日常生活行为中，比如下面这个例子：

有一天，一位从小就生活在城市里的小伙子跟随父母到乡下的亲戚家做客。他不喜欢交际，闲来无聊便一个人到田间漫步。走着走着，他看到一位老人家在田间放牛，他很少有机会接近自然，就觉得放牛是一件很有趣的事情，便停下来观看。

过了一会儿，也许是牛儿吃饱了，老人家便打算去做别的农活，就把牛拴在一个小木桩上。小伙子不解，那牛看起来非常高大、雄壮，充满力量，老人家却只把它拴在一个小木桩上，难道不怕它跑掉吗？

于是他走上前去，跟老人家攀谈。老人家爽朗地笑了笑，十分肯定地告诉他："小伙子放心，它不会跑掉的。"小伙子还是有些迷惑："为什么不会跑掉？这么一个小小的木桩，牛只要稍微用点儿力，不就挣脱了吗？"

老人家呵呵一笑，靠近他说："因为啊，在这头牛还是小牛犊，没有力量的时候，我就这样把它拴在这个小小的木桩上。刚开始，它确实像你说的那样不老实，不愿意被绑着，总是挣扎想要从木桩上挣脱。但是，那个时候它太小了，没有力气，无论怎么折腾都挣脱不开，只能在原地不停地打转，反而越缠越紧。时间一长，它就知道凭自己的力量无法挣脱，慢慢就放弃了。它长大后，拥有了足够挣脱的力量，但是它却因为小时候的经历而始终认为自己挣脱不了这个木桩，不会'白费力气'地去挣扎了。"

老人看小伙子还是不相信的样子，便给他做了一个实验。老人家故意拿了一大把新鲜多汁的草料来喂这头牛，却并不直接放在它身边，而是把草料放在它够不到的地方。小伙子心想，牛肯定会为了吃到鲜草料而挣脱木桩的。可是，事实上，这一情况并没有发生，牛只是一直对着鲜草料叫唤，丝毫没有冲过去的意思，它叫了一阵，也没有得到任何回应，就站在原地望着草料不动了。

由此看来，路径依赖不仅影响我们的生活，还会僵化我们的思维方式，束缚我们的创造力，影响我们前行的脚步，对我们的生存和发展造成阻碍。我们应当知道，没有什么事物是会一成不变的，如果一味还用过去的思维应对现在的世界,就像刻舟求剑一样,是不可能取得成功的。所以,我们在做出任何一个决定时,都要跳出既定的思维,不要受到过去的影响,也要仔细考虑决策的长久影响性,不要成为"蝴蝶的翅膀",影响了以后的生活。

# 第七章　怪诞行为——荒诞背后隐藏的真相

## 1. 观众效应:观众越多,演员越兴奋

**微行为关键词:观众效应**

为什么宅在家里,就可以不施粉黛,不在意自己的衣着和形象。而一旦出门了,去公众场合,面对众人,我们就格外注意形象,要表现自己好的一面?这其实是一种观众效应。在一些场合中,是否有"观众"的存在,会影响一个人的行为和效率。

在生活中你是否有过这样的经历?

当你骑着自行车在大街上悠闲地游逛时,如果你忽然发现身后有另一辆自行车即将要追上你,你就会不由自主地加快速度,不让他超越你;

当你一个人在卧室里用很小的声音默默背书时,如果你的家人忽然闯进来,你就会情不自禁地提高声音,把文章声情并茂地朗诵出来,而不像原来那样干巴巴地默读;

当你一个人跑步的时候最多只能跑两圈就累得不行,如果有同伴和你一起跑,你就可以坚持三圈、四圈,甚至更多圈。

这些行为为什么会发生呢?有一种叫作"观众效应"的心理学概念或许能带给我们答案。

心理学上,观众效应指的是在某些场合下,是否有其他人在场,会对一个人的工作效率产生明显的影响。

周离围是音乐表演系的一名学生,他当初以第一名的成绩考进这所大学,成绩非常优异,而且他家庭条件比较优越,从小就学习钢琴,比班级里的同学基础都要好,水平远远超出他们一大截,就连书

本上的知识都是他已经学过了的。

在班上,周离围的成绩一直名列前茅。大二时要选修一门除了钢琴以外的乐器笛子。因为他钢琴弹得好,没有什么压力,于是就把大把时间花在了学吹笛子上,每天笛不离手。

因为学音乐表演的,如果今后要从事这一行就需要经常登台演出,非常考验学生的心理素质,所以周离围他们每次考乐器都会在学校的大礼堂进行,邀请其他系的老师和同学来进行观摩,让他们增加一些舞台表演经验,每一次考试就相当于一次演出。

当别的同学还不够熟练,为了期末考试起早贪黑地练习时,周离围早就能把曲子吹得非常顺畅了。

到了考试这天,周离围一上台,看到观众席上有很多别的系的老师和同学,就想着一定要好好表现,发挥出最好的水平,为系里争光。

果然,周离围如愿以偿,他超常发挥,把曲子吹得如行云流水一般,没有丝毫瑕疵,曼妙无比,比他自己练习的时候还要优美,赢得了大家阵阵热烈的掌声。

这就是观众效应带来的影响,观众越多,周离围就越兴奋,表现得就越好。

这种现象并不是特例。1925 年一个名叫特拉维斯的人做了一项完成追踪视盘任务的实验,他要求参与测试的志愿者手中拿着一支铁笔,去跟踪一个在圆盘上不断旋转的目标,一旦在圆盘旋转中铁笔离开了目标,就算一个失误。

连续练习了几天,志愿者的反应动作达到比较稳定的水平之后,特拉维斯开始让志愿者单独进行实验。他把志愿者单独带进实验室,让他们分别独自一人进行测试。

然后,再把志愿者带进一个大厅进行测试,现场有很多观众观摩。观众都是特拉维斯提前请来的在校大学生,并嘱咐他们在测试过程中不要发出声音,默默观看。

最后测试结果发现,志愿者的两次测试成绩相差巨大:当他们独自一人测试时的成绩远远低于有观众在场时的成绩。现场有观众观摩时，他出错的概率会大大减少。甚至有一些志愿者，在独自一人测试时的最高成绩也远低于有观众在场时的成绩。

而早在他之前的1904年，社会心理学家茅曼就曾对哈佛大学生进行了一项追踪研究，实验证明，在现场有观众的情况下，学生的思维和反应要比现场没有观众时更快、更好。

为什么现场有没有观众会对我们的行为表现产生这么大的影响呢？这是因为当我们在做事情的时候，如果有旁观者的存在，我们就会在意别人对我们的评价。每个人都希望得到别人好的评价，希望自己能够被人欣赏，而当有人在场时，这种动机就会更为强烈，能够唤起个人的内驱力，促使我们表现得更好。

观众效应带来的都是正面影响吗？并不是。

1933年，培森做了一个相反的测试，证实了相反的结果。培森选取若干名大学生作为志愿者进行测试，让他们分别在单独与有观众在场的情况下学习单词。测试结果表明，当志愿者单独一人进行单词练习时，效率很高，同样的时间内，平均每个人能够记住10个单词。当有观众在场的情况下，志愿者在同样的时间内平均只能记住7个单词，而且错误率也远远高于单独学习。

这个实验表明，观众效应对人产生了抑制作用，降低了个体行为绩效。

林立宵也是一名音乐表演系的学生，她的家庭情况一般，因为上艺术类院校的学费要比普通大学高很多，所以家里面供她上学很是吃力。因此，林立宵自一入学就开始外出做兼职，每天忙得脚不沾地。

大二时林立宵选修了钢琴和古筝两种乐器，这两种乐器都是需要花时间去苦练的，尽管林立宵一有空就去练习，但是她能用在练习上的时间比其他同学还是少了很多，她大部分时间都花在了兼职上面。眼看着就要到期末考试了，林立宵才终于下定决心把精力放在了学习上。

她每天都到琴房去，把自己一个人关在里面练琴，希望能在期末考试的时候有个好成绩。但是临时抱佛脚到底用处不大，她的曲子始终弹得不是很顺畅，慢一些还好，能够不出什么错，一旦加快速度就会出错。归根结底还是她练习的时间太少，不够熟练。

乐器考试那天，林立宵直到考试之前都还在琴房里练习。她一个人弹的时候觉得自己弹得还可以，当室友路过通知她考试时间到了的时候，也告诉她弹得已经不错了，应该会有一个好成绩。

然而，到现场考试的时候，林立宵看到台下坐着那么多观众，还都是自己不认识的其他系的同学和老师，顿时就紧张了。一到台上就把谱子忘到千里之外去了，整首曲子弹下来磕磕绊绊的，急得都冒汗了，比她之前练习的时候差了不知道多少，最后只勉强得了个及格。

由此可见，这种影响有的是正面的，能够促进个体行为绩效；有的是负面的，会干扰个体活动绩效。

那么，在什么情况下会产生正面的作用，什么情况下产生负面的作用呢？专业人员告诉我们，这与事情的性质和人们对事情的熟练程度有关。如果这件事情比较简单，人们能熟练地掌握，那么当有观众在场观察时就会产生好的促进作用；如果这件事比较复杂，人们不够熟练，不能完全掌握技巧，那么就会产生不好的抑制作用。

## 2. 巧合现象："说曹操，曹操就到"是有科学道理的

### 微行为关键词：巧合现象

有些巧合真的很神奇，比如做过的梦在现实中重演了，想念的人忽然出现在眼前，跟好友穿了相同衣的服……

这些巧合我们无法解释原因，便会认为那是缘分，是上天的安排。其实这些巧合不过是因为我们不够了解其原理和背景，把它过于神化罢了，巧合都是能够找到解释的。

东汉末年，天下大乱，汉献帝刘协命运多舛，一直处于被人胁迫的尴尬境地，常常危在旦夕。董卓死后，其手下将领李傕带兵打回长安，与郭汜相遇，两军展开了一场惨烈的厮杀。二人鹬蚌相争，汉献帝得利，一度脱离险境。

后来，李傕、郭汜联起手来一同追捕汉献帝，汉献帝无路可逃，眼看就要被捉住，这时有人向他献计说不如向曹操求救。当时，曹操还没有成为一代枭雄，暴露他的狼子野心，更重要的是，曹操刚刚剿灭青州黄巾军，有足够的能力前来救驾。

但是，求救的书信还没有来得及发出，李傕和郭汜的联军就打到了跟前。汉献帝本以为走投无路，必死无疑，结果曹操的手下夏侯惇奉曹操之命率兵前来救驾，一举打败了李傕、郭汜的联军。

刚刚有人向汉献帝举荐曹操，曹操的军队就到了，故后人有“说曹操，曹操就到”之说，来比喻一种非常巧合的现象。

在生活中，我们经常会遇到类似“说曹操，曹操就到”的事情，前一秒还在谈论某人，下一秒那人就出现了；逛街时刚说完想吃什么，一转弯就看见了那家店；老师或者老板提问的时候，心里想着“不要提到自己，不要提到自己”，结果偏偏就被老师或老板点名，要你来回答。

平平淡淡的生活中，总会遇到一些出乎意料的事情，不少人会将这些意外归结为天意、命运、缘等说不清道不明的东西。其实，我们想象中的巧合，有的时候并不真是突然冒出来的，只是我们没有留意而已。

就像人们都有一种“受伤的手指经常被人碰”的体验，为什么受伤的手指总是被人碰？道理其实很简单，并不是因为受伤了才经常被人碰,手指没受伤时也经常会被碰到,只是它不会产生疼痛的刺激感,我们不在意罢了。手指受伤以后,就会产生疼痛感,一旦被碰到了,就会刺激到我们的神经,强迫我们注意到它的存在,从而忽然变得十分在意这件事。

鹿鸣是一个比较粗心大意的人,对于跟自己没有关系的事情从不关心。最近,他的妻子怀孕了,他走在路上,忽然就发现大街上怎么那么多孕妇啊?以前,这条街上走半天也不见得遇见一个孕妇,现在,走几步就能碰见一个。他奇怪地想:真是太巧了,难不成这几天是什么好日子?大家都赶在这几天怀孕了?

鹿鸣把这个发现告诉了他的朋友和同事,可是大家都觉得没他说的那么夸张,还是和原来一样。

为什么鹿鸣会忽然遇见那么多孕妇呢,这不是太巧合了吗?

这只是因为他的妻子怀孕了,鹿鸣的注意力就会全部放到妻子身上去,有意无意地就留意起孕妇来。其实大街上怀孕的人并没有增多,而且没有怀孕的人更多,但是在鹿鸣看来,就会觉得孕妇变多了。因为他每看到一位孕妇就会记住一位,自然就会感觉有很多孕妇了,但在其他人看来还是一样的。

类似的事儿可以说出很多。比如有些人到了一个陌生的地方总觉得在梦里去过,发生的一些事、说过的一些话总觉得曾经在梦里发生过似的,便相信自己的梦有预言的作用。这样的事情确实发生过,不过只有一两次罢了,更多的是没有实现的梦。只是我们常常会忘记或者说主观性忽略那些更多的没有实现的梦,而坚定地抓住那一两个貌似实现了的梦不放而已。

所以,所谓的巧合,只是因为人们对外界的感知是有选择的,他们往往会轻易地忘掉一百次不巧合的事情,却对偶然的一次巧合记忆犹新、津津乐道。相当数量的巧合事件都可由此得到解释。

除此以外,还有很多的巧合现象并不是因为人们对外界的感知,但是它们同样可以找到科学的解释。比如,在我们从小到大上学的过程中，总能在班级里找到两个同一天生日的人，或者总是发现现在班级里的某个同学和原来班级里的某个同学长得很像。

这其实就是统计学理论中的概率学，当随机现象大量重复后，随机事件出现的概率也就会越来越大。

我们都知道，投一枚硬币，正反的概率各是50%。但是实际上，如果你只掷两次的话，很难得到一正一反的结果。但是当你掷了几百次、几千次甚至几万次后，出现正反的概率就会越来越接近50%。这是因为掷两次硬币的样本太小。

一个班级里有六七十个孩子，生日在同一天的概率非常大，并不值得大惊小怪。同样，人都是两只眼睛两个耳朵，一个鼻子一张嘴巴，正所谓万变不离其宗，长得完全一样的人尚且存在，两个人相像的概率自然也很大。也就是说，当数量累积到一定程度后，发生巧合的概率就大。

当然，世界上肯定存在着许多我们无法解释的神奇之事，但这并不是所谓的什么天意、命运和缘分的安排，而是因为我们对事情发生的背景和原理了解得不够，只要你了解了来龙去脉，就会觉得"不过如此""原来是这样"了。

比如你旁边的同事突然哼起一首歌，而巧合的是你刚刚也在心里想着这首歌。你一定会想，你们俩太有默契了，简直就是心有灵犀。其实只不过是对面的商店里刚刚播放了这首歌，你们都在认真地工作，虽然脑海中听见了这首歌，但是太过专心的你们却不"记得"自己听见了，你的大脑已经做出了反应，一个想到了这首歌，一个下意识地唱出来罢了。

这其实就是著名心理学家弗洛伊德提出的潜意识观念，用它可以很好地解释很多的巧合现象。弗洛伊德用一个简单的故事来解释这个原理：

有一次，弗洛伊德的朋友布列尔与他的太太共进晚餐。两人本来相谈甚欢，但是布列尔突然停住了刚才的话题，很突兀地问了一句毫不相干的话:“不知道劳医生在匹兹堡怎么样了?”他的太太听了之后,惊讶地说:“天哪,我们是有心电感应吗?我刚刚也在想这件事情呢?”

单看这件事,好像是一件不可能发生的十分玄妙的事情,但是当你知道原因之后,就会觉得顺理成章了。

其实就在几秒钟之前,有一个体型、外表都很像劳医生的人从他们的餐桌面前经过,激发了他们潜意识里对劳医生的想念,才出现了这样一幕。

由此我们可以得知,许多看似不能用常规解释的神奇的事情,不过是因为我们对事情的脉络不够了解,无法知道在事情发生之前有怎样的背景和导火索,所以都用巧合或天意来解释。

弗洛伊德认为:“人类一般具有轻信倾向以及对于奇迹的崇信。”对很多巧合事件,其实只要人们客观地去推理,总能找到合理的解释。但是人们往往并不擅长对自己经历的一些事情保持一种客观态度,他们具有猎奇、反叛的心理,不愿意遵循规律,宁愿去相信存在着超出于因果关系之外的奇特事物。

所以,在许多人眼中的巧合,并不是真正的巧合,只要用心总能找到合理的解释。

## 3. 蔡戈尼效应:我们总是强迫自己完成并不着急的事情

### 微行为关键词:蔡戈尼效应

我们专心做一件事的时候,如果忽然被打断,心里总会耿耿于怀,挂念不已,一有时间就想着继续把事情完成。比如你无意看到一本推理小说,原本想着打发时间随意翻翻,可一读起来,就想着赶快把它看完,知道结局如何。一件无关痛痒的小事变成了牵肠挂肚的大事。这是因为，人们天生有一种办事有始有终的驱动力。

圣诞节马上就要到了，这个从外国传入中国的节日如今已经变成了年轻情侣们的另一个"情人节"，给彼此充当圣诞老人，赠送礼物。

兰兰早早地就在想着，应该送一件什么礼物给自己的男朋友。想来想去，兰兰决定亲手织一条围巾送给男朋友。

兰兰买毛线的时候距离圣诞节还有一个月，她有足够的时间去织这条围巾。她一开始还不是很有干劲，只是把它当作一件有趣的事边玩边做，好几天都以不知道该织什么样式的理由没有动工。

可一旦开了头，兰兰就上瘾了，再也停不下来。她早上醒来第一件事不是吃早饭，而是织围巾，回到家第一件事还是织围巾；在家里一刻不停地织，跟朋友出去玩也要带着毛线去织。如果因为一些事情没空织围巾的话，整个人就会茶饭不思，做什么都没有精神。

有一天，兰兰直接把毛线带到了公司去织，结果织得正起劲的时候，领导通知开会了。会议期间，兰兰坐立不安，满脑子想的都是围巾还没织完这件事，领导说的话一个字也没听进去。好不容易开完会，立马飞奔回座位上继续她的织围巾"大业"。

兰兰整整奋斗了一星期，终于紧赶慢赶地把围巾给织成了。可是这时候距离圣诞节还有二十多天呢，这时候，她才忽然觉得很诧异：自己为什么要这么赶？自己原来也没有很喜欢编织啊？到底是怎么了呢？

我想，生活中很多人都有兰兰这样的经历：

当我们被一本精彩的推理小说迷住以后，哪怕熬夜到凌晨四点，第二天还有繁重的工作等着我们去做也要把它看完；

当我们在家里玩游戏或者看一部电影的时候，如果父母来叫你出去吃饭，你一定会一拖再拖，等到一局结束了或者插播广告了才去吃饭；

一次很重要的考试之后，那些已经答出来的题目你很快就会忘掉，而那些你没有答上来的题目则会清晰地记在心里，很久也不会忘记；

一件衣服的线头散开了，你明明还有很多其他的衣服可以穿，不缺这一件也不急着穿它，而且你也不是很喜欢这件衣服，不常穿它，但就是心里一直想着要去把它缝好，时不时地想起它，不缝好心里总觉得悬着什么事儿，即使缝好以后还是把它放在衣橱里落灰。

为什么会出现这种现象呢？心理学家蔡戈尼告诉我们，这是因为人们天生有一种办事有始有终的驱动力，没有完成的事情总会深刻地留在我们的记忆中。

1927 年，蔡戈尼做了这样一个测试：他找来两组志愿者，共同演算同样的几道数学题，这些题目的难度并不是很大，只要时间充足，多数人都能写出正确答案。在测试的过程中，蔡戈尼让第一组志愿者顺利完成了题目的演算，当第二组志愿者答题时，蔡戈尼在中途下令让他们停止了演算。过了一段时间，蔡戈尼再次找到两组志愿者，要求他们回忆出当时演算的数学题目。

很多人都觉得这两组志愿者的记忆不会有太大的差别，但是，测试的结果却表明：只完成一半就被中止的第二组志愿者明显要比顺利完成的第一组志愿者记得更多、更清楚。

对此，蔡戈尼表示，这是因为那种没能完成任务的不甘心、不舒服深刻地留在了第二组志愿者的记忆里，让他们对这件任务久久难以释怀；而第一组志愿者已经完成了任务，没有遗憾，所以轻易地就忘记了任务的内容。

蔡戈尼进一步解释道，之所以会出现这种情况，是因为人们在解决问题或者工作的时候，总是全神贯注的，但是一旦问题得到解决，或者工作顺利完成，他们的“完成欲”就会得到满足，变得松懈而不再在意，所以很快就会忘记这件事情。但是，对于那些解决不了的问题或者是没有完成的工作，人们总是会耿耿于怀，时刻想着去解决它、完成它，所以这些问题或者工作就会始终深藏在记忆中，让人们对此留下十分深刻的印象。

我们把这种没有完成的事情会深刻地存留在人们记忆里的状态，叫作蔡戈尼效应。蔡戈尼效应又名蔡戈尼记忆效应，说的就是人们常常会因为欲完成的动机已经得到满足而忘记已经完成的工作，因为欲完成的动机没有得到满足而深刻记住没有完成的工作。

简单来说，可以用一句歌词来概括："得不到的永远在骚动。"

为什么人会产生蔡戈尼效应呢？经过专家研究，一般认为有以下几个原因：

一是与中止的事情难度有关。一般来说，人喜欢挑战高难度的事情，事情的难度越大，人的思维就越活跃，短时间内的记忆就越强。所以，被中止的事情难度越大就越容易被记起。此外，工作难度大时，人们的情绪变化也大，心理学研究表明，情绪记忆的效果往往是比较好的。

二是前摄抑制的影响。前摄抑制指的是先做的事对后做的事情的干扰影响。事情被中止的情况并不多，因此在很长一段时间内，这件事都只有前摄抑制的影响，记得更为清楚一些。如果完成的事情有很多，完成事情的人不仅会受到前摄抑制的影响，还会受到倒摄抑制的影响，也就是后做的事情对先做的事情的干扰影响，记忆效果就会差一些。

三是对中止事情的期待。完成一件事情后，结果就已经定了型，人们就不会再去想这件事会怎么样，认为事情已经告一段落，因此，就不再有强烈的记忆动机。而那些没有成功完成的事情，总会回想着，如果当时让他完成了会变得怎么样怎么样，他们会把结果想象得很美好，总是幻想着事情被圆满完成。所以，他们会时常回忆起这件事，让这件事时常活跃在脑海中。

蔡戈尼效应有始有终的驱动力是催促我们尽快完成工作的重

要动力，但是这种内驱力也会给我们带来很大的困扰，因人而异，可能会走上两个极端：一个是过分强迫，面对一件事情就想着一定要一口气快速解决掉它，不完成便死抓着不放手，甚至偏执地将其他任何人和事都置身事外；另一个是过分拖拉，做任何事都拖沓啰唆，永远无法彻底地完成一件事情，而导致每次都半途而废。

一个人若是走到了蔡戈尼效应极强的一端，那么他就有可能会成为一个工作狂，变得偏执、死脑筋。这样的人应该试着缓和一下自己紧绷的神经，学会享受和放松，可以在周末休息的时候与朋友一起喝喝茶、爬爬山，看几部让人哈哈大笑的电影。

而一个人若是走到蔡戈尼效应极弱的一端，他就会变得畏畏缩缩，半途而废。心理医生泰克对此给出了一个简单的建议："假设你能够在10分钟之内集中你的精力，而完成工作要1个小时的时间。那么当你开始注意力涣散时，就该停下来，用2到3分钟的时间去活动活动，调整你的精力，之后再将另外一个10分钟用在工作上。"

## 4. 思维定式：郁金香的"成名之路"

**微行为关键词：思维定式**

某一个动作做的时间长了，就会逐渐变成下意识行为，不知不觉地成为一种习惯。所以，有人说，培养一种习惯，只需要二十一天。同样的，如果我们经常按某种固定的行为模式思考问题，就会逐渐形成牢固的思维定式，让我们陷入自己编织的束缚之中。

郁金香是荷兰的国花，但是在16世纪50年代以前，荷兰甚至整个欧洲都还没有郁金香的栽培技术，甚至没有一个人知道郁金香的存在。

1554 年，长驻君士坦丁堡的奥地利大使在奥斯曼帝国的宫廷花园里第一次见到了郁金香，当时，在君士坦丁堡郁金香随处可见，没人认为它是什么珍奇花草。但就是这样当地人看作平常的花却一下子拨动了这位奥地利大使的心弦。只需一眼，他就被郁金香的高贵和艳丽惊艳到了，于是多年后他归国之时，将一些郁金香的种子带回了维也纳，送给他的好友——在维也纳皇家花园当园丁的克卢修斯。正是这一举动，改变了郁金香的命运，使它从一种名不见经传的花卉成了在众多国家备受推崇的国花和世界花后。

克卢修斯是维也纳最为知名的植物学家，经过他长时间的悉心栽培，越过大洋登陆欧洲的郁金香在海岸的另一边生根、发芽，然后开花了。

1593 年，克卢修斯受到荷兰的邀请，担任荷兰莱顿大学植物园的主管，并将郁金香的种子带到了荷兰。克卢修斯在荷兰一待就是好几年，第二年春天，荷兰的第一株郁金香盛开了。一时间，高雅脱俗的郁金香成了荷兰人言论的焦点，他们都希望自己能够一睹郁金香的姿容。尤其是上层社会的精英们更是亲自登门拜访，希望得到一些郁金香。但是克卢修斯拒绝了他们的请求，即使他们用钱买也不行。

这件事传出去之后，大家都认为郁金香是无价之宝，一般人根本买不起。于是就有人打起了歪主意，上门去偷盗。一个盗贼趁克卢修斯不在家的时候偷偷挖走了好几株郁金香，克卢修斯一气之下，把郁金香的种子都送给了朋友们，并决定再也不培育郁金香了。

而就在这个时候，一个关于郁金香的浪漫故事在荷兰流传开来：

相传，古时候有一位美丽的少女住在一座雄伟的城堡里，有三位勇士同时爱上了她。他们疯狂地追求少女，为了表达各自的爱意，他们其中一位勇士送给少女一顶皇冠，一位勇士送给少女一把宝剑，还有一位勇士送给少女一块金块。

但是少女谁都不喜欢，又不想伤害他们，便对花神祈祷，希望花神能够教给她一个两全其美的办法。花神被少女的诚意感动，深知爱情不能勉强，就把三位勇士送给少女的礼物变成了一朵花，皇冠是花朵，宝剑是绿叶，金块是球茎，并把这朵花取名为郁金香。

而实际上，这个故事是虚构出来的，郁金香的种子被克卢修斯送人后，便在荷兰大量培植和售卖，荷兰的花商为了推销郁金香，赚取更大的利润，编造了这样一个美好的故事。果不其然，故事一经传开，更加深了人们对郁金香的钟爱，还抬高了郁金香的身价，可谓是一株难求。

后来，郁金香不仅吸引了荷兰人的目光，还流传到了德国、法国等其他欧洲国家。

为什么郁金香一下子变得如此昂贵，名声大噪了呢？这是因为大家都受到了思维定式的影响，他们本身不了解郁金香的价值，但是经过郁金香被盗和花商编造的故事后，潜意识里认为郁金香就等于无价之宝。因为一般来说，人们普遍认为，越多人争抢的就越是好的，郁金香能够引得无数上流社会的精英重金抢购，自然就是价值高昂的宝贝。

思维定式，也称“惯性思维”，是心理学上的一种概念，它指的是人们以前积累的思维活动、经验、教训和已有的思维规律，会在反复的使用过程中形成一种比较稳定的思维模式。简单来说，就是我们常常会因为过去的经验而形成固定的想法与认知，并用其来衡量新事物，应用到以后的生活中。

比如，受到影视资料的影响，在人们的印象中罪犯都是穷凶其恶、五大三粗的形象。如果有人给你看两张照片，一张是英俊、文雅的绅士，一张是丑陋、粗俗的乞丐。问你，你觉得哪一个是被通缉的罪犯，我想绝大多数人会毫不犹豫地选择乞丐。

再比如，你看到一个身材高挑，留着一头利落短发，穿着牛仔裤、白衬衫的背影，你下意识就会觉得这是男孩还是女孩？我想

90%以上的人不会往“这是一个女孩”方面去想，因为在大家既定的思维模式中，女孩都是身材娇小，长发飘飘，穿着裙子的美好形象。这些就是典型的思维定式。

一位在美国开珠宝店的华人女老板从国内订购了一批玉石珠宝，玉在中国是非常受欢迎的一种宝石，文化源远流长，但是这种高贵、典雅的宝石在国外的销售量并不怎么样，即使处于旅游旺季，她的玉石物美价廉，也卖不出去几件。

女老板想了很多办法来推销这些玉石，但都收效甚微。最后，在她去外地进货的前一天晚上，终于下定决心要把这批货处理掉，即使她将面临亏本的局面。女老板走之前给店员留了一张纸条，让店员将那批玉石以1/2的价格销售完。

几天之后，她从外地回来，发现那批玉石真的卖光了，但是却不是以一半的价格卖掉的，而是以两倍的价格卖光了！原来，因为女老板当时心情烦躁，纸条上的字迹太过潦草，店员没有看清她写的字，看成了是要以两倍的价钱出售，于是便把价钱提高了。结果，提价后的玉石很快就被抢购一空。

其实这些顾客就是受到了思维定式的影响，他们没有接触过中国的玉石，不了解它们的真正价值，但是他们习惯性地认为价值与质量成正比，越昂贵的就越是好的。于是当他们看到价格高昂的玉石后，就下意识认为这些玉石珍贵，值得拥有。

现在，有很多商家都像上面这位商人无意中所做的那样，故意利用人们的这种思维定式，抬高销售价，并且屡试不爽，总能如愿以偿地提升销售量，获得巨额利润。

思维定式有时候会给我们带来很多好处，在环境不变的条件下，能够让人使用已掌握的方法迅速解决问题，省去许多摸索、试探的步骤，为我们节省时间。但是它有时候也会给我们带来不利的影响，会让人不懂变通，禁锢我们的思想，给创造力戴上了隐形的枷锁。

美国心理学家迈克曾经做过一个测试：他邀请了若干志愿者，

把他们带到一间屋子里，屋子中间从天花板上悬下了两根绳子，迈克要求志愿者独自把两根绳子系在一起。这是一个看上去很简单的事情，实则不然，从天花板悬下的两根绳子之间的距离很长，已经超过一般人两臂的长度，根本无法用两只手同时抓住绳子，如果你用一只手抓住了其中一根，那么另一只手无论如何也抓不到另外一根。

但是，迈克在离绳子不远的地方放置了一个滑轮，可是直到全部志愿者测试完毕后，没有一个人使用滑轮，也没有一个人成功地将两根绳子系在一起。

迈克准备滑轮的目的是希望能给志愿者提供一些帮助，但是没有一个志愿者意识到可以借助滑轮，因为在他们的经验和记忆中，始终觉得系绳子这件事应该或者说只能用双手去完成，没有人会想到要使用滑轮。

这就是思维定式带来的不利的影响，它容易使人产生思想上的惰性，养成处理问题时呆板、机械、千篇一律的习惯。

## 5. 赢家诅咒：赢家有时比输家更不高兴

**微行为关键词：赢家诅咒**

在我们的印象中，赢家从来都应该是志得意满、兴高采烈的样子，但其实有时候赢家也并不高兴。当你以高价和别人竞争下来一件并不具有这么高价值的东西时，你看上去是赢家，事实上，你才是真正的输家。

茅思成是一家点心店的老板，因为他为人比较实诚和善良，做出来的点心和蛋糕不仅用料足，还经济实惠，所以生意一直都非常红火。生意做大了之后，原先的小店面就有些不够用了，他想重新租一家大一点的店面。

一天，茅思成在市中心发现了一家正在出租的店面，地方很大，窗明几净，看起来非常干净、卫生，而且地段也不错，位于市区客流量最多的位置。这家店之前是卖快餐的，所以还专门隔出来一间厨房，正好方便茅思成做点心。

茅思成只看了一眼，就决定租下这家店了。可是，他跟房东谈了好几次也没能把租赁事宜定下来。因为在他之前还有一个人也想要租下这家店面，给的价格差不多，老板一直犹豫不决，不知道该租给谁。

茅思成见状，便在下一次跟房东谈的时候说可以适当提高一些租金，因为这间门面房的位置实在太好了，对面就是好几座相邻的写字楼，里面有很多上班族。而且旁边不远还有两所学校，周围都是学区房，生活设施很齐全，电影院、公园、超市等都有，客流量极大。茅思成觉得即使稍微提高一些租金自己也不会亏本。

房东听了他的话，就松口说可以，但是要先跟另一个人说一声。结果等到下一次房东又告诉他，决定租给那个人了。茅思成一打听才知道，对方也提高了租金，而且比自己给的价钱还要高。

茅思成此时有些犹豫了，如果他想要拿下这间门面房，势必要出更高的价钱，但是如果当时入不敷出了怎么办？于是他向一位生意上的朋友请教，朋友对这个店面进行评估后，告诉茅思成，这家店地理位置够好，茅思成做的生意肯定也不会缺前来购买的人，只要能够租下来，肯定还是有利可赚的。

于是，茅思成一狠心，又把租金提高了一些，最后成功打倒了竞争者，租到了房子。茅思成忍痛交了一大笔租金以后，正式开业了。可是，销售业绩却并没有像他预估的那样，因为租金太高，每个月的营业额交完房租后几乎就不剩什么了，还不如原来的小店面呢。

他这个赢家最终并没有想象中的那样高兴，比那个被他比下去的输家还要气急败坏。

其实像茅思成这样的情况在今天的市场经济环境中是非常常见的，尤其是在投标、拍卖等市场中更是常有发生。

比如19世纪50年代，美国曾公开拍卖海底油田，当时夺得胜利一举中标的厂商开出了2000万美元的高价，但是事后经专业人员评估得知，这个海底油田的市场价值不过1000万美元，夺标者不仅没有得到预期的收益，甚至还遭受了巨大的损失。

比如20世纪80年代末，日本三菱下属的一家房地产公司以14亿美元收购了美国的洛克菲勒中心，让无数失败的竞争者扼腕叹息，但到了最后，这些失败者却纷纷感到庆幸，因为，这家房地产公司最终亏损高达8亿多美元。

比如，1990年，松下公司以66亿美元的天价收购了环球电影公司，却最终没坚持到5年就贱卖给了西格拉姆公司。同样不够幸运的索尼，斥巨资收购了哥伦比亚电影公司，最终虽然没到贱卖的地步，但是资产却整整减值了34亿美元。

这些本该是笑着数钱的赢家，最终却都变成了输家，面临巨大的亏损，好像被“诅咒”了一样。

对于这种荒诞、有趣的现象，心理学家和行为经济学家们联合起来，试图搞清这些赢家“被诅咒”的原因，并把这种现象命名为“赢家诅咒”。他们进行多次实验，并收集大量真实的数据，验证了赢家诅咒现象普遍存在。尤其是在拍卖等经济行为中，当拍卖的买家越多时，发生赢家诅咒的机会也就越大。往往最后获得拍卖品的赢家都没能笑到最后，不仅无法获得预期的利润，甚至连成本都收不回来，最终亏损累累，大赢家变成了最大的输家。

专家认为，这些赢家之所以被“诅咒”，是来源于一种认知错觉，也就是一种精神作用，就如同泡沫产生的原因一样。

以拍卖会为例，为了在拍卖会上赢得心仪的商品，你就必须要积极地出价，但是越是积极地出价，竞争就越激烈，风险也就越大。

因为其他的竞争对手会促使你不断地提高价格，让你在心跳加快中变得不理智、不冷静，无法正确评估商品的真正价值。

当你以最高价成功获得拍卖品的时候，有一件事情是肯定的：商品的价格已经在争抢中变得水涨船高，你给出的价格已经远远超过这件商品的真实价值了，拍卖场上的其他人，包括你自己都不觉得这件商品物有所值，在赢得拍卖的同时，你必将输掉利润。

之所以会出现赢家的诅咒，原因来自于两个不确定性：一个是对商品的价值不确定，另一个是对手的出价不确定。

一个从事地产开发的自主创业的年轻人，他非常优秀，并且有远见。有一次，他看中了一块非常有利润的地皮，经他的专业智囊团判断，要想拿下那块土地，最低也要 200 万美元。而年轻人的公司，流动资金并没有那么多，最多只能拿出 150 万美元。

竞标那天，竞争者不算很多。当喊到 150 万美元的时候，就只剩下年轻人和另一家公司还在竞争。年轻人知道自己该放弃了，但是他突然想到一个好主意，他并没有放弃喊价，和对方你来我往把这块地的价格越炒越高。

对方看到年轻人势在必得的样子，为了保证自己能赢，一下子把价格喊到了 300 万美元。而当对方喊出 300 万美元的那一刻，年轻人就放弃了竞争。最终，竞争对手以多出了这块地皮实际价值 100 万美元的价格赢得了开发权，但当大家走出招标现场的时候，那位赢家的脸色显然并不怎么好看。

对方被一时的胜利欲望冲昏了头脑，当他们知道本来只需要 200 万美元就能够赢得这块地的时候，后悔万分。

“赢家诅咒”说明，在经济行为中，人们并不会总是理性地判断风险，有时候为了保证自己能赢，人们可能会进行一些接近疯狂的赌博，自以为理性地给出一个完全超出了商品实际价值的价格，自己还蒙在鼓里。

## 6. 损失厌恶:出租车司机提前收工的原因

### 微行为关键词:损失厌恶

同样可以得到一个苹果,你是会选择直接得到一个,还是得到两个后再被收回一个?从理论上来说,这两种选择的结果是一样的,拿到手的都是一个苹果。但是大多数人都会觉得第二个选择更糟糕。因为你损失掉一个苹果的坏心情已经严重削弱了你得到一个苹果的好心情。

刮风下雨的天气总是过于阴暗潮湿,让人不愿意在外面多待一分钟,因此,下雨天,即使带了伞、穿了雨衣,更多的人也会选择乘坐出租车出行。由此我们可以想象一下,阴雨天气的司机应该能够赚到很多钱,势必也会忙到很晚。

但事实却是,因为天气不好不想骑自行车的你本想打辆出租车上班,但是站在路边伸手拦了一辆又一辆,从你身边呼啸而过的一辆辆出租车就是不搭理你,即使车上打着空车的字样。

下雨天打车难的现象已经引起了很多人的注意,在全国或者说全球任何一座城市对此都屡见不鲜,尤其是纽约这样的国际大都市,住在纽约的人都知道下雨天打出租要比平时难很多倍。美国商业内幕网站报道称,自从出租车在纽约曼哈顿出现的那天起,人们就开始抱怨下雨天打不到车。

那么,下雨天为什么打不到出租车?

这是因为下雨天,出租车司机都会提前收工。那问题又来了,为什么下雨天出租车司机就会提前收工呢?被这个问题困扰的人不止你一个,一些研究经济行为的心理学家一直对此现象进行调查研究，想知道他们的行为模式是否符合经济学理论。

加州理工学院的行为经济学家科林·卡默勒，通过分析3000辆纽约出租车的公里计数器后得出了结论，并在1997年把他的想法汇总成为文章，刊登在了《大西洋月刊》上，他解释道：

出租车司机之所以会在下雨天提前收工，是因为出租车司机是一个不定时的工作，每天工作多长时间由他们自己来决定，那么如何决定，便是根据他们每天给自己定下的目标收入。只要当天达到了固定的收入目标，他们就会立刻收工。而这一目标在用车需求量猛增的下雨天能够得到快速实现，他们可以在短时间内就完成自己的目标收入，所以出租车司机在下雨天就会提前收工。

卡默勒还进一步举例解释道：

假设一个出租车司机每天计划赚得150美元，天气好的时候乘坐出租车的人并不多，大约每小时能挣15美元，那么他就需要干满10个小时。而下雨天乘坐出租车的人很多，每小时能挣25美元，所以他6小时后就可以收工回家了。

即使我们得到了答案，但还是弄不清楚为什么。根据正常人的思维，难道不应该在生意多的时候多辛苦一些，多赚一些钱，而在生意冷清的时候早早回家休息放松吗？要知道，在下雨天，即使平时不舍得打车的人也会愿意奢侈一回叫上一辆出租车，这一天的生意绝对会让他们获得更多的收入，为什么这些司机放着钱不赚呢？

答案其实很简单，这是因为出租车司机衡量利益得失的天平跟我们想的不一样。如果出租车司机完不成当天的目标收入，就说明这一天的忙碌是亏损的，所以他们愿意为了不亏损而花更长的时间工作。但是如果这一天的目标收入已经达到了，他们就会感到满足了，不愿意再继续辛苦地工作。

对他们来说，面对同样数量的收益和损失时，损失更加令他们难以忍受，损失带来的影响几乎是利益的2.5倍。这在心理学上叫作“损失厌恶”，指的是同等数量的损失带来的负效应要远比同等数量的效益带来的正效应高。简单举个例子，一个人捡到1000块钱的兴奋比不过他丢失了100块钱的伤心，人们都会对损失更为敏感。

美国加州大学的研究人员为了验证这一现象曾做过一项测试：

研究人员以电力公司员工的名义给两组用户打电话。他们告诉其中一组用户，如果你节约能源，每天可以节省50美分。然后告诉另一组，如果你们不节约能源，每天就会损失50美分。一个月后，研究人员发现这两组用户相比，很显然后一组更加节约用电，节约用电的人数是前一组的3倍。

这个案例很好地说明了人们对损失的敏感。用户的损失和收益都是一样的，但他们更加不愿意损失。

行为经济学先驱理查德·泰勒教授——行为经济学真正意义上的创建者，也曾做过一个测试，来揭示人类的损失厌恶倾向。

理查德·泰勒教授找来一些加拿大的学生参与实验，并把他们分为两组：泰勒教授给第一组大学生每人准备了一个印有校名和校徽的马克杯，但是并不打算免费送给他们。这种马克杯的市场价是5元一个，泰勒教授在不告诉学生这个马克杯的零售价的情况下，询问学生愿意花多少钱买这个杯子，并给出了选择区间：0.5元到10元。

接着，泰勒教授带着同样的杯子来到第二间教室，和第二组学生进行实验。他一走进教室，就把杯子分发给每位学生，告诉他们是免费送给他们的，同样没有告诉他们价钱，然后他就离开了。过了一会儿，泰勒回来告诉同学们："这个杯子是今天学校组织活动送的小礼品，但是现在杯子不够了，需要回收一些。当然，我们不会白白让你们贡献出来，我们可以向你们购买，你们可以把愿意出售的价格写下来。"同样，泰勒教授也给了他们一个价格区间。

最后的测试结果显示，第一组学生愿意购买这个杯子的平均价格是3元钱；而第二组学生愿意出售这个杯子的平均价格是7元钱。

由此我们可以知道，人们对已经属于自己的东西很不情愿轻易放弃，并且认为得到的总是没有损失的多。

## 7. 强迫逻辑:世上本没有鬼,夜路依旧让人害怕

**微行为关键词:强迫逻辑**

我们明知道有些担心、恐惧是多余的且没有必要的,但是还是会被这些想法所纠缠,并且无法摆脱这些感觉,时刻受到它们的控制,从而变得焦虑、不安、恐惧,甚至会感到抑郁。

王星海是一个胆子比较小的女孩,她尤其怕鬼,还惧怕一切黑暗、人烟稀少的地方,害怕到已经影响到她正常的生活和工作了。比如,为了更好地利用空间,节省地方,王星海公司的洗手间建在整栋大楼最为偏僻的角落里。那里只有一小扇窗户,阳光根本照不进来,整天都是阴沉沉的。即使洗手间的灯整天都不灭,光线也总是显得很阴暗。王星海从来都不敢一个人去洗手间,每次都必须找一位同事陪着她一起去,如果暂时找不到陪她的人,她宁愿等着、忍着,也不愿自己一个人去。

再比如,上大学的时候,虽然同一个宿舍的同学都是一个班的,上课时间差不多,但是总有两个下午是要分别上选修课的,不巧的是,王星海的上课时间和其他同学都错开了,每到这个时候,宿舍里就只有王星海一个人了。即使外面阳光明媚,还能听到隔壁宿舍的说话声,她还是会觉得不安,老是觉得有一双眼睛在盯着她。即使她受过良好的教育,知道世界上没有鬼,她也会在心里这样劝自己,但是没有用,她仍旧会害怕,想起那些无意间听过的恐怖故事,一点点声音都能让她心惊不已。尤其是风把门、窗户吹响的时候,那种"吱呀"的声音几乎让她崩溃。

王星海最怕的是走夜路。冬天天黑得早，有时加会儿班，走出公司大概六七点，路上行人还是挺多的，特别是在大城市，这个时间并不算晚，但即便在这个点儿走在回家的路上王星海也总是提心吊胆的，生怕黑暗中突然蹿出来什么奇怪的东西。她每次都在心里默念："世界上根本没有鬼，没有鬼"，可是一听到奇怪的声音还是会忍不住朝这方面想，偶尔与人擦肩而过，就会小心翼翼地观察，看他有没有影子，是人还是鬼。

为此，王星海感到非常痛苦，她心里其实特别笃定根本没有鬼的存在，可脑子里却总是忍不住朝那方面胡思乱想，而且她越是努力告诫自己不要瞎想，就越是出现可怕的画面，完全控制不了自己。

我相信生活中很多人都有过王星海这样的经历，明明受到过科学的教育，知道这世界上没有什么鬼神的存在，但是当自己一个人走夜路的时候却还是会忍不住感到莫名的恐惧。这种明知道自己的某种想法是多余的，完全没有必要的，却还是会忍不住胡思乱想的行为在心理学上叫作"强迫性思维"。

强迫性思维又称强迫观念，是指人们在脑海中会反复、多次地出现某种想法，而且十分明确这一想法是不必要的，甚至是荒谬的，想要努力把它从脑海里清除出去，却发现自己并不能自由地干涉或控制自己的思维与想象。当人们用尽一切办法去抵抗，却始终无法控制自己的想法时，就会产生一种被强迫的感觉和痛苦感，同时越来越感到不安、烦躁、焦虑。

我们每个人都有强迫性思维，只不过类型不同，程度不同，有的人受影响较小，有的人受影响较大。举个例子来说吧，你是否每次保存一份文档时，都会多次按下保存键？即使你知道保存一次就够了，但是为了安心，总是会多保存几次；比如你坐公交车需要投币，你身上有一元的纸币，你明知道纸币也可以投，却还是不停地想找人换成硬币。这些都是强迫思维的体现。

强迫性思维的具体表现有以下几种。

一是强迫怀疑:有这类倾向的人会对自己言行的正确性产生怀疑,最常见的就是经常会在出门后怀疑自己是否锁好了门窗;发邮件或信息的时候总是觉得自己搞错了地址或对象;考试的时候总是怀疑自己没有写名字或学号。因而总是一遍、两遍、三遍地检查,明知毫无必要,但又不能摆脱,而且即使检查了很多遍还是不放心。

二是强迫担心:强迫担心的具体表现为对某些事物的担心或厌恶,明知不必要或不合理,自己却无法摆脱。比如看到有人用过他的东西之后,就会想那人手上有没有细菌,有没有病毒?这些细菌、病毒会不会传染?传染了会得病吗?他用我的东西做了什么,会是什么不好的事情吗?比如自己说了某句话之后,就会担心这句话是不是说得合适,语气是不是不够好?会不会引起别人的反感?然后越想就越担心,越焦虑,但又停不下来。

姜江就是一位有严重强迫担心症状的人。他每次坐公交车,无论有没有空位都选择站着,不愿意坐下,总觉得座位每天被那么多人坐过,上面一定有很多细菌。而且他每次都要把公文包抱在怀里,免得被人偷走里面的钱包。

上大学的时候,有一次舍友丢了一百块钱,舍友也拿不准是他不小心弄丢了,还是被人偷了。但是,姜江却对此一直耿耿于怀,总担心舍友怀疑自己,每天都陷在焦虑不安之中,多次问舍友是否找到了丢失的钱,并且反复声明自己与此事无关,解释当天自己在干什么,证明自己的清白。姜江清楚地知道自己的行为真的有点儿荒唐,但是不这样做,他心里总是不踏实。

三是强迫回忆:有这类心理倾向的人会不由自主地反复回忆经历过的事件,比如曾经做过的事、说过的话、写过的信等,尤其是痛苦的、不幸的经历,更是反复呈现在脑海里,并且在回忆的同时,还会做出各种各样的假设,我当时要是怎么怎么做或者不怎么怎么做就好了,然后不停地后悔、苦恼、自责。

四是强迫性穷思竭虑:强迫性穷思竭虑的主要表现就是,总考虑一些跟自己无关的莫名其妙的事情,对日常生活中的某些事情或自然现象追根究底，反复思索，甚至与自己的头脑进行辩论。比如“为什么1加1等于2而不等于3?”“为什么“我”要叫作“我”，而不是“你”？“为什么太阳要从东边升起而不是西边?”“为什么树叶是绿色的，而不是黑色的?”“为什么眼睛有两个，嘴巴却只有一个?”等等，一堆丝毫没有意义的问题。

这种症状类似于钻牛角尖儿，有这类心理倾向的人会在一些毫无意义的问题上苦苦纠缠、冥思苦想，可是越想越想不通，于是就进入了一个恶性循环。他们也意识到想这些问题缺乏现实意义，根本没有必要，但是却总是停不下来，没完没了地去进行辩证，弄得自己吃不下、睡不好，身心疲惫。

五是强迫性恐怖：有这类心理倾向的人会对某人或某物产生强烈的厌恶感或恐惧感，比如狗、布娃娃、棺材等，他们控制不了自己的恐惧，一看到这些东西就会下意识地回避，像触电了一般，全身发麻，恨不得退避三舍。

六是强迫意向：有这类心理倾向的人容易受到内心的强烈意愿或冲动而反复去尝试违背自己意愿的行为。比如一到海边，有一种想往里面跳的冲动；看着自己的宠物总是想要虐待等等荒谬的行为。

当我们发现自己具有强迫性思维的时候，不用紧张和害怕，也不要把强迫性思维的存在看成是多么严重的问题，尽量淡化它的存在，忽视它，或者转移自己的注意力，就能够避免强迫性思维带来的心理矛盾，减少焦虑不安的情绪。

## 8. 德西效应：加工资反而让员工的积极性下降

**微行为关键词：德西效应**

当人们参与某项活动时，如果增加额外的奖励，不仅不会增强其积极性，反而会降低这项活动的吸引力。比如，你许诺孩子，成绩有进步了就奖励他玩具或带他吃好吃的，也许一次、两次会有些效果，但是多次之后便不再有用了，成绩就会变得停滞不前甚至退步。

最近，工厂的收益一直不太好，老板刘梦洋经过多方详细的调查，发现之所以效益不好，是因为员工的积极性不高，工作效率差，产量上不去。刘梦洋得知这一情况后，便召开了员工大会，在大会上他表了态，只要接下来的工作效率有所提高，便会给工人们加薪。

这个决定刚开始实施的时候，确实起到了一定的效果，工人们的热情有所上涨。但是渐渐地，工人们又变成了原来那副懒散的样子，工作没有积极性，打不起精神。刘梦洋无奈，只好再次把薪水提高，可是这一次却起不到任何效果了，员工的积极性不仅没有提高反而还比之前下降了。

日常生活中，我们也经常遇到类似上面这个例子中的一些情况：比如父母为了提高孩子的积极性，让孩子喜欢学习，会采取激励措施，在孩子取得进步的时候给予物质奖赏，但是次数多了之后孩子的成绩又变回老样子了，甚至比之前还差；比如求人办事的时候，殷勤地请客赔笑脸，不断说恭维话，大包小包外加红包不断朝人家家里送，但是再次有事相求的时候再用这一套就行不通了；比如企业领导为了留住人才，提高员工工作的热情和效率，许诺员工丰厚的奖励，但是员工仍然没有干劲，甚至还频频有人跳槽。

对此，很多人表示不理解，为什么加薪水、给奖励，人们的积极性反而下降了呢？这就需要用到心理学中的一个专有名词——德西效应来解释了。

1971 年，美国心理学家爱德华·德西做了一个测试：德西邀请若干名大学生作为志愿者参与测试，来进行一项有趣的智力答题活动。测试共分为三个阶段。

第一阶段,所有的大学生在同一个测试室里一起进行答题,所有的志愿者成功解出答案后都没有奖励。

而第二阶段,爱德华·德西把志愿者分为两组,分别在不同的测试室里进行解题。其中一组每答完一道难题就可以得到1美元的报酬,而另一组志愿者跟第一阶段一样,仍然得不到任何报酬。

到了第三阶段,两组志愿者再次回到一起进行实验,爱德华·德西专门留出了一段休息时间,所有的志愿者都可以在原地自由活动。然后测试人员在一边观察,观察志愿者是否会继续参加答题,并把他们的选择作为喜爱这项活动的程度指标。

最后实验表明,得到奖励的那一组大学生志愿者在第二阶段的时候十分努力,但是到了第三阶段,选择继续答题的人数很少;而在第二阶段没有得到奖励的那一组志愿者中有更多的人愿意利用休息时间去继续答题。这说明,得到奖励的那一组对答题的兴趣和努力程度衰减得很快,而没有得到奖励的那一组始终对答题保持了较大的兴趣,并且努力程度一直在增强。

德西通过这个实验发现:在人们进行一项愉快的活动时会获得一种成就感和内心的满足感。这个时候,如果他们被提供了外部的物质奖励,反而会减少这项活动对参与者的吸引力。

于是,爱德华·德西得出了一个结论:人们在外在报酬和内在报酬兼得的情况下,不但不会增强工作动机,反而会降低工作动机。此时,动机强度会变成两者之差。人们把这种规律称为德西效应。

简单来说,要想提高一个人的自身内驱力,做事情更加积极,不应该用物质奖励去激励对方,而应该让他喜欢这件事情,对这件事情感兴趣。如果某个行为只用外在的刺激(比如薪水)去支撑,那么一旦外在刺激失去了作用和意义,这种行为就将终止。靠外在刺激支撑的行动是不会长久的,只有自动、自发、自主的行为才能够长久。

就像上面那个例子一样,刘梦洋公司的员工们就是因为对工作没有兴趣,所以效率才那么低的,刘梦洋为了提高员工的工作热情而提高薪水,这个诱惑只是一个外在激励,员工一时或许会被激励,但是久而久之员工的精神和内心需求仍然得不到满足,这种激励的作用就会消失,他们的积极性便会再次降低。

正所谓"为工作而工作,才是工作的真正意义。而希望借工作而获得报酬的人,只是在为报酬效劳而已"。

有一位聪明的老人,就深谙德西效应的原理,并且运用得炉火纯青。老人晚年在一个小乡村里休养,他家附近住着好几个顽皮的孩子。每天,孩子们都在老人门前追逐打闹,嬉戏喧哗,吵闹声让老人没办法好好休息。老人想了很多种办法让孩子们不要吵闹,但是收效甚微,孩子们根本不听这一套,老人也被闹得苦不堪言。

没多久,老人又想出了一个办法。第二天,孩子们再次来到老人门前嬉戏,老人走出门,手里拿着一些饼干和糖果,然后,老人把孩子们聚集到一起,说:"孩子们,你们每天都在我门前玩耍,你们的笑声和叫声让我听了觉得十分热闹,整个人感觉年轻不少,这些礼物送给你们,作为我的谢礼。从现在起,你们每天谁叫的声音越大,谁得到的奖励就越多。"

孩子们高高兴兴地分享了奖励,接下来,他们每天都卖力地喊叫,而老人也遵守诺言,之后的每一天都会根据孩子们喊叫声音的大小给予不同的奖励。过了一段时间,等到孩子们养成了为了奖励才叫喊的习惯之后,老人便开始逐渐减少每次所给的奖励,慢慢地老人一点儿奖励也不给了,无论孩子们怎么吵,老人都不为所动。

而得不到奖励的孩子们认为自己受到了不公正的待遇,勃然大怒,对老人说:"你知道我们每天叫喊得多辛苦吗?嗓子每天都很疼,既然你不给奖励那谁还给你叫!"后来,再也没有顽皮的孩子到老人所住的房子附近大声吵闹了。

德西效应给教师以极大的启迪,还有企业管理者也受益匪浅,当员工或者学生没有自发形成工作或学习的内驱力的时候,适当的外界激励刺激,能够给他们动力,提高积极性。但是,如果他们对自己要做的事本身就已经很有兴趣了,再给予外界刺激就会显得多此一举,还有可能适得其反,降低其积极性。

所以,教师及企业管理者在制定激励措施的过程中,一定要考虑到德西效应的存在,善用奖励而不是滥用奖励,注意平衡外在激励和内在激励,养成他们内在的兴趣,让他们真心喜欢上自己的工作。

## 9. 压力释放:爆粗口真的很爽

**微行为关键词:压力释放**

从小我们就被老师和父母教育不能说脏话,要有礼貌,于是我们早已形成了一种观点:说脏话显得没素质。但是事实上,说脏话是人类在心情烦闷时的本能表现,因为它可以在一定程度上帮助我们缓解压力,是我们释放情绪的一种最佳方式。

在我们从小接受的教育中,讲文明懂礼貌是做人的基本规范,遇到那些说脏话、爆粗口的人总是会不由自主地觉得这个人很粗俗、没素质,继而对这个人产生反感情绪,不愿意与其深交。

可奇怪的是,我们虽然很排斥说脏话,但当我们遇到一些挫折或者感到愤怒的时候,脏话总是会在不经意间脱口而出,即使你之前从不骂人,从不说脏话,但在这一刻就像天性本能,无师自通了。更让我们奇怪的是,在说脏话的那一瞬间,我们明显能够感觉得到压力顿时消散许多,身心舒畅。

海月生长在一个教师世家,爷爷奶奶、爸爸妈妈都是老师,在这样的家庭中成长起来的海月自然是一位家教非常好的姑娘,举止大方得体,说话文雅娴静。从小到大,凡是见到海月的亲戚朋友无不称赞她有礼貌、有气质,老师也喜欢她文文静静的样子,从小就是老师的宠儿。

但是自从离开校园,步入社会以后,海月就发现自己遇到了很多苦恼的事情,积压了很多情绪在心里,总觉得有说不出的郁闷。她也想了很多办法来排解心中的烦恼,甚至去看了心理医生。

在和心理医生交谈的时候,医生问,有哪些事情让她觉得苦恼,海月始终保持着一贯的得体大方,说话从不逾矩的仪态。在整个交谈过程中,医生一直仔细观察她,发现她说话始终彬彬有礼,说到那些不开心、烦恼的事情时也尽量用客观的语言,从不带着个人主观情绪去抱怨、去吐槽发泄。

于是医生问道:"你是不是从来不说脏话?总是这么有礼貌?"

海月一怔:"这样有什么问题吗?我觉得说脏话很没有素养,会让人讨厌。"

医生笑着说:"我想我知道帮助你的方式了,既然你尝试了很多方式仍然觉得自己很苦恼,那么说明你的压力始终没有得到释放。我的建议是在你感到压抑的时候不妨试试说几句脏话,这会很好地释放你的不良情绪。"

海月对医生的话半信半疑,担心给人留下不好的印象,一直没有付诸实践。直到上个月,海月所在的部门接到了很多新订单,全体同事都进入了连轴转的加班模式,每天觉睡不够,走路基本都是小跑,吃饭也要赶速度,紧张的时候连饭都吃不上,常常是一只手拿着一块面包,另一只手还握着电话跟客户沟通,时不时还要在键盘上噼里啪啦地打字做记录。海月的心情可以说是低落到了极点,强忍着压力和疲惫一天完成三天的工作量,整个人都快崩溃了。

终于有一天她忍不住了,当再次面临着一桌子的文件时爆了一句粗口,说完那句话后,她觉得整个人顿时轻松了许多,一下子来了精神，本来因为繁重的工作而腰酸、头痛，现在头也不疼了，腰也不酸了，非要形容的话，就是一个字：爽！而同事们忽然见识到她粗鲁的一面，也并没有流露出厌恶的情绪，而是都理解地笑了。

其实很多时候，我们并不是不想说脏话，而是受到的教育约束着我们。在道德标准的要求下，我们压抑着自己，选择把那些脏话憋在肚子里不说而已。但是要知道，压力就像气球一样，如果一味地向里面灌注空气就会爆炸。同理，如果我们一味地压抑自己，不断地把坏情绪憋在心里，到了一定程度就会爆发出来。

想象一下，你正赶着参加一个跟工作有关的重要约会，但是一出门就叫不到车，来往匆匆的出租车几乎全部满载。无奈之下，你只能乘坐公交车。好不容易挤上了公交车，却也已经是人满为患，别说座位了，连个站脚的地方都不好找。公交车的速度自然快不到哪里去，要命的是前面居然堵车，排起了一大条长龙。眼看着时间一点点儿流逝，你的心里也越来越烦躁，公交车的速度慢得像蜗牛一样，你想要下车跑过去，可是司机却说没到站台不能停车。你几次想骂人，却因为要顾及自身形象，和对自己的道德素质要求几次作罢。

终于挨到了一个站台，你赶紧下车一路飞奔，紧赶慢赶却还是迟到了。而最糟糕的是，你竟然忽然发现自己忘记带那份要用到的文件了。这时，你实在是受不了了，心中的烦躁无法排解，一路上的坏情绪全部堆积到了一起，忍不住就骂了一句脏话，这才觉得心里舒服一些。

为什么遇到不顺心事情的时候，我们就会不自觉地爆粗口呢？

1952 年，美国精神保健研究所脑进化和脑行为研究室主任麦克莱恩，提出了一个叫作“边缘系统”的概念，它指的是环绕在大脑两半球的内侧，有一个闭合的环状部分包裹着大脑中心，而这一部分恰好影响和控制着人的情绪。

后来，美国神经科学家又进一步发现了额叶系统，精确找到了大脑中主管情绪活动的部分。当人们爆粗口的时候，额叶系统就会被激活。他们认为，当人脑上层区域不再能够抑制住额叶系统中的情感阻塞，人就会说脏话。

与此同时，有相关研究报告证明，患有老年痴呆症的人群虽然会忘记家人的名字、样貌，但是却记得怎样说脏话。这意味着，脏话可能是人类的原始本能，一直就存在于人的大脑之中。

心理专家告诉我们："咒骂是人类的原始本能，甚至是人类灵魂的止疼药，因为咒骂能够让我们的脑子自由。"他们经过多次的实验和研究后，证明了说脏话的独特功效：可以释放人的压力。

心理学家认为，当人情绪激动的时候，脏话能起到积极的作用，帮助人释放压力。他们举例说明：在日常生活中，人们开车时爆粗口的频率要远远高于平时说脏话的频率。这是因为随着人类社会越来越文明化，道德标准越来越高，给人类增添了许多束缚，人类的一些原始本能受到了压抑。而越压抑就越需要发泄，而在所有能够发泄的途径中，说脏话无疑是最容易实现、不会有任何伤害，并且起作用最快的一个选择。

不得不承认，总有些时刻，我们会气得七窍生烟，恨不得把某个人或者某件东西狠狠地痛揍一顿，但法律和理智都在告诉你：这不行。但是你的情绪必须得到发泄，否则你会坐立不安，无法冷静。这个时候爆粗口就是一个缓解情绪、释放压力的好办法。

《脏话文化史》的作者露丝·韦津利认为，说脏话的好处就在于："你可以在象征层面上使用暴力，这样既达成了目的，又避免了伤害人身体——这是一种双赢策略。"

但是，值得注意的是，偶尔爆粗口会释放我们的压力，但是毫无节制地说脏话就毫无意义了，人就会变得麻木，而且也会严重影响你的个人魅力与形象。正所谓"好酒莫贪杯"，需要解压的时候可以适当爆一下粗口，但是一定要控制，不能时时刻刻都随便让脏话脱口而出。

# 第八章　变态行为——有个“怪物”潜伏在我们的身体里

## 1. 施虐狂:施虐也能上瘾

**微行为关键词:施虐狂**

当一个人遭受过拒绝、殴打或侮辱之后,就会形成一种报复或反抗的心理,会寻找途径来发泄自己的怒气,以别人的痛苦来成全自己的快乐。而且,当他想要发泄的时候,不管对象是谁,是否与他有过纠纷,越是与他关系亲近的人越是容易受到虐待。有这类施虐倾向的人其实是因为他有人格障碍。

在一些悬疑恐怖类的电视电影里总有一些喜欢折磨人的心理变态者,他们享受着别人的痛苦,血腥会让他们感觉到快感,求饶声会让他们兴奋不已。我们在看到这类场景的时候总是义愤填膺,咬牙切齿地咒骂那些角色。但是,我们也只是把这些当作戏剧表演来看待,认为这些情节都是为了增加冲突而虚构的,其实这些行为远不止存在于影视作品中,现实生活中也有很多喜欢向别人施加暴行的人。

来自美国哥伦比亚大学和得克萨斯大学阿尔帕索分校的心理学家在一项新的研究中指出,施虐狂不仅真实存在于我们的日常生活中,而且比我们想象的还要普遍得多。

比如我们经常听到哪家的父母又无缘无故殴打孩子,哪家的丈夫又不分青红皂白地殴打妻子,学校里哪个老师又小题大做体罚学生,致使学生满身伤痕,等等。像这些最常见的校园欺凌事件、家暴事件的施虐者就是“施虐狂”。别惊讶,也别惊慌,或许,我们的身边就有这样的人存在,只不过他们的施暴程度和方式不一样,而且平时他们不太表现出来，很多人不知内情罢了。

敏婕是一个19岁的小姑娘，来自农村，家里兄弟姐妹多，生活条件不太好，高中毕业之后，她便辍学外出务工。在家政公司的介绍下，敏婕来到了陈丽家做保姆。

陈丽是一位30岁左右的成功女士，事业有成，有房有车，但这些年来，一直单身一人。

敏婕刚开始和陈丽相处的时候，感觉这个女主人性格阴晴不定，看人的眼神总是阴森森的，很狠毒的样子。陈丽每次在工作上遇到不顺的事或者被上司训斥之后，心情烦躁，就总想找个地方发泄情绪。有一次，陈丽又被上司批评了一顿，回到家后，她看到敏婕还没有做好晚饭，立刻找到了怨气的突破口，开始虐待起小敏婕来。

陈丽施虐的方式多种多样，每种方式都让人心惊肉跳。她会使劲拽着敏婕的头发把她整个头按进浴缸里，看她不能呼吸，不断挣扎的样子；会拿针扎她的手指，每次只扎一根手指头，分十天把敏婕的十个手指头全都扎破，然后再从头循环开始；她还会随手拿起水果刀扎敏婕的胳膊、大腿，把她往带尖角的地方猛撞，不流血不罢休，受伤后不给她医治，还让敏婕把血迹清理干净，不要让她闻见血腥味。

一般这种情况都是发生在陈丽工作不顺心或者心情不好的时候，她说殴打小敏婕会让自己感到轻松、愉悦，能让她得到发泄。

正如尼采所说："没有残忍，也就没有节庆。"大多数时候，我们都尽量避免令别人感到痛苦。在对一个无辜的人造成伤害时，绝大多数人会感到悔恨、悲痛，以及产生负罪感。但是对施虐狂来说，残忍却能够带给他们兴奋、愉悦、快感。

心理学家认为，人之所以会对施虐上瘾是因为个人的人格障碍。施虐者有很大可能是从被虐者转变为施虐者的，他们有极大可能曾经遭受过暴力伤害，受到了恶劣的影响，产生了心理畸形和扭曲，把自己的快乐建立在别人的痛苦之上。

调查结果显示，施虐狂的形成原因当中，人格障碍占据了25%，其中又以反社会型人格和冲动型人格居多。

有一对年轻夫妇，他们的感情并不差，在别人看来甚至可以说是很恩爱。但是，他们之间却总是争吵不断，三天一小吵，五天一大吵。和他们关系比较密切的人总能发现，夫妻俩好的时候就跟蜜里调油一般，吵起来的时候又好像仇人一样。

这是因为丈夫为人戾气极重，动不动就对人破口大骂甚至拳脚相向，完全不管对方是否有错。而且他的思想狭隘、扭曲，不信任任何人，总是怀疑妻子生活不检点，在外面勾三搭四，不允许妻子和异性多说一句话，更别说与异性单独相处，他甚至不允许妻子外出工作，一旦妻子反抗，就会遭到他的打骂。尤其是在丈夫喝了酒之后，更是动辄就对妻子一顿毒打。

有几次，丈夫回家的时候，在楼下看到妻子和男性邻居聊天，他每次都会警告妻子，骂她几句，而第一次动手是有一次他看到妻子从邻居家里出来，边走边"依依不舍"地和跟在身后送她的男子说话，两个人说说笑笑，看起来关系可融洽了。

丈夫当时就怒从心中来，回家后对着妻子好一顿痛骂，但是他还觉得不够解气，直接动手扇了妻子几个耳光。殴打完妻子之后，丈夫发现自己心中的闷气和戾气都消散不少，于是有了第一次，就自然而然有了第二次、第三次。

看着被自己打得鼻青脸肿的妻子，丈夫一开始也会觉得有些愧疚，良心受到谴责，诚恳地跟妻子保证没有下一次。但是随着他的暴行越来越频繁，他的愧疚心也越来越淡，只觉得自己对妻子施暴之后浑身舒畅，便再也不管妻子是不是受伤了。于是，丈夫只要遇到不顺心的事情就会殴打妻子，撕扯她的头发，拧她的胳膊，扇耳光，用烟头烫她的大腿，甚至还会把妻子绑起来不让她吃饭。只有看到妻子浑身伤痕累累的样子，丈夫才会觉得心满意足、浑身舒适惬意。

刚开始，妻子还抱着丈夫会改变这种暴行的希望，默默忍受，后来当她发现丈夫丝毫没有改变的迹象时，妻子便不再忍耐，开始反击，提出了离婚。可是妻子一提离婚，丈夫立马就变得可怜兮兮，跪在地上不住地哀求她，诚恳地道歉，说什么都不答应离婚，甚至以死相逼。如果这样妻子还坚持要离婚的话，他又会开始新一轮暴行，打到妻子不敢再提离婚为止。就算妻子躲回娘家，丈夫也会追过去把妻子硬拖回来。

这正是施虐行为最可怕的地方，它会反复发生，实施暴行对于施虐者就像喝酒和吸毒品上瘾一样。

施虐狂的存在是社会、心理、生理等因素共同作用的结果，我们不应否认人性的阴暗面，这并不能帮助我们解决任何问题。我们更需要意识到，施虐狂并不少见，不是只存在于罪犯当中，它是一种人格特质，很普遍也很容易被激发。了解到这些，我们才能增强自我防范意识，保护好自己。

## 2. 依赖症：想戒却戒不掉的恶习

**微行为关键词：依赖症**

有些恶习，我们都知道它对身体不利，但又特别依赖，比如吸烟、喝酒，还有玩手机、打游戏，等等。这是因为人会对某些事物产生强烈的渴求，以致去追求或者不间断地使用某些药物或物质，或者从事某种活动，从中得到安全感和愉悦感。这是一种行为障碍，一旦强行戒断，就会引起很多不良反应。

我们常常看到这样一些情景：公交车上、饭桌上、走路的时候，总有人一刻不停地摆弄自己的手机，眼睛一秒钟都舍不得从屏幕上移开；明明已经是二三十岁的成年人了，却仍旧不能独立，赖在父母家中，做什么事情都要父母陪着，帮他出头；邻居或同事中总有那么一两位特别喜欢喝酒，每顿饭都不落下，不喝酒就不吃饭，要是有饭局就更不得了，每次必定喝得醉醺醺的。

生活中，每个人的身边都有这样的人存在，甚至包括我们自己也可能存在着这样的恶习，过分依赖某件事物或某些人，甚至成了瘾，想戒都戒不掉。

这是依赖症在作祟。

依赖症是一种行为障碍，是由于人会对某些事物或某个人带有强制性的渴求，以至于让人追求，并且不间断地使用某种或某些药物或物质，或从事某种活动，以取得特定的心理效应造成的。

因此，依赖症是不存在身体依赖的，身体的习惯并不是上瘾的原因，无法戒掉依赖症的原因在于精神和心理上的不愿意。就像大麻，人对它是没有躯体上的依赖的，有的只是精神上的依赖。

每个人都有不同程度的对不同事物的依赖，有些人对此不以为意，任由其发展。但是依赖症会严重影响人的生活和工作，让人变得十分疲累，没有自由，影响其独立自主的能力和创造力。而且依赖行为一旦形成，很难戒断。如果强行戒断，会引起依赖症患者的诸多不良反应，会变得脾气暴躁或者抑郁。

所以我们应该学会鉴别和诊断依赖症，知道它会有哪些表现，才能提前预防，对症下药，及早诊治避免其严重到影响我们的生活。依赖症分为很多种，以下几大类都是值得我们去注意的。

一、手机依赖症

这是近几年新兴的一种依赖症症状，是随着经济和科技的发展带来的。随着智能手机的普及，几乎随处可见低着头玩手机的人，他们上班、学习的时候总是无法集中精神，拿着手机不撒手，要不就是玩游戏，要不就是购物、浏览网页；吃饭、休息的时候更是离不开手机,一会儿见不到就感觉没着没落,焦躁不安;甚至连走路的时候都用手机听歌、聊天、看小说,大大增加了交通事故发生的概率。

手机依赖症的主要症状表现为,别人的手机响了就会下意识地看向自己的手机,一旦身边没有手机就会左顾右盼、坐立不安。

手机依赖症给人带来的不良影响主要有两方面:

一是影响健康。人们在玩手机的时候总是会忽略掉身体的疲劳和不适,而长时间低头玩手机,用手举着手机会导致脊椎受到压迫,脖颈、头部和肩膀产生疼痛感。调查研究显示,年轻人中85%以上的人因玩手机而遭受到脖颈和背部疼痛。

二是影响人际关系。现在流行这样一句话:“世界上最遥远的距离,是我在你身边,而你却在玩手机。”没有手机的时候,我们和朋友外出游玩,和同事谈天说地,有很多的时间陪伴家人。但是随着对手机的依赖越来越严重,人际交流变成了“人机交流”,即使处在同一间屋子里,也都没有交流,各玩各的手机,冷落了父母、孩子和爱人,使得亲情、友情都变淡了。

为了自身健康和家庭氛围,我们都应该减少自己对手机的依赖,多与家人交流,带着孩子,陪着父母出去走走,去公园健健身跑跑步,无聊的时候看看书、听听歌,来分散对手机的注意力,并经常暗示自己“没有手机的日子真舒服、真好”等等。

二、网络依赖症

这一症状与手机依赖症大同小异,都是因为科技的现代化拉近了彼此的距离。一台小小的电脑,无所不在的网络就可以不出门而知天下,这种新鲜感和安全感让人逐渐依赖上网络。

网络依赖症的症状表现为没有了网络就不能工作,不愿自己思考;不浏览网页就不能安心睡觉;只要有条件就要打开电脑登录交友软件账号;有事情不找人当面谈而是发消息通知,等等。

在很多欧美国家,心理医生发现,网络依赖症会让人感觉抑郁,患有网络依赖症的人往往会受到网络上的一些负面消息影响,产生一些自己都不知道缘由的痛苦,变得压抑、抑郁。因此,网络依赖症已经引起了欧美国家的高度重视。

要想治愈网络依赖症,就必须多与人沟通和交流,使自己变得开朗起来,必要的时候必须找心理专家进行治疗。

三、酒精依赖症

我国的酒文化自古至今,源远流长,文人墨客写下许多久负盛名的诗词名句:“对酒当歌,人生几何?”“明月几时有,把酒问青天。”“白日放歌须纵酒,青春作伴好还乡。”历史上有很多以饮酒闻名的人,像李白、刘伶、唐寅等,文人好酒,武士好酒,侠士好酒,有了酒,人生才有了滋味。高兴了喝酒,郁闷了喝酒,老友相逢喝酒,践行也要喝酒……无酒不成席。爱喝酒的人不在少数,但是要知道,小酌怡情,一旦过量饮酒就会给身体带来损害。有些人嗜酒成性,整天都喝得醉醺醺的,一天不喝酒就抓心挠肝的。人之所以会患上酒瘾就是因为他们对酒产生了依赖。

常言道“借酒消愁愁更愁”,人在饮酒之后,神经会被麻痹,让人觉得自己飘飘欲仙,忘记了一切烦恼,说一些平时不敢说的话,做一些平时不敢做的事,整个人都处于一种非常舒服的状态。而酒醒之后,大脑就会记住喝醉时那种舒适感,慢慢地对酒产生依赖。

但是酒精会损害人的内脏系统和神经系统,改变人的性格,让人变得暴躁、焦虑、产生暴力倾向等,会对人的身体、心理、社会等多方面产生严重损害。

要想治愈酒精依赖症,需要从多方面入手,家人需要耐心地配合和引导,对于酒精依赖程度较大的还需要进行心理疏导,服用一些小剂量的精神疾病的药物。必要的时候还需要进行手术,损毁患者大脑内特定部位的病理性快乐中枢,消除患者的酒瘾。

四、食物依赖症

食物依赖症简单来说就是我们常说的暴饮暴食,心情好的时候想通过吃东西来分享,心情不好的时候也想通过吃东西来发泄。吃东西可以使人们在某种程度上得到放松,获得安全感。久而久之,就会产生对食物的依赖,随时随地都只想不停地吃、吃、吃。

食物依赖症会对人的身体健康造成很大的影响,暴饮暴食不仅会让人变得肥胖,还会对胃和消化系统造成损害。

那么我们应该如何治疗食物依赖症呢?那就要学会转移注意力,培养一些新的兴趣爱好,学习一些新的技能,认识一些新的朋友,通过多种途径来帮助自己排解烦恼、分享喜悦,获得安全感。

除了以上几种着重介绍的依赖症症状,还有工作依赖症、学习依赖症、情感依赖症等等依赖症。

每个人都有或轻或重的依赖症,因为我们都希望自己不要太累,想要找一个可以依赖的人或物来帮助自己缓解压力,所以内心就会对某种东西产生依赖。这是一种很正常的现象,但是并不值得提倡,更不能任其发展,我们应该改变心态,寻找积极有效的解决办法。

## 3. 马索克现象:有人从受虐中找到快感

**微行为关键词:马索克现象**

生活中既然有人喜欢施虐,并能从中得到快感,那么相应的,也有这样一部分人,喜欢被虐,从受辱中得到愉悦感。这类人会因为别人对自己肉体上的伤害而感受到舒畅、爽快,甚至会主动要求别人对自己施以折磨。

有人喜欢施虐,自然也就有人喜欢受虐。施虐狂喜欢对别人施以精神和肉体上的伤害,看他们痛苦的表情来满足自己的病态心理,使自己得到满足和享受。与此相反,有受虐癖的受虐狂则会因为别人对自己精神和肉体上的伤害而感到兴奋,他们会主动要求别人鞭打、捆绑或者羞辱自己,一切虐待行为都能够让他们得到满足。

受虐癖属于性变态的范畴,受虐者通过自己或者别人的鞭打、凌辱、捆绑等行为达到一种心理上的满足,获得性快感。患有受虐癖的人只有在被虐待的时候才能获得最大程度的快感。这种另类的奇特需求并不会伤害到社会及他人,只是他们通过接受伤害来获得被扭曲的爱的兴奋的一种手段。

著名心理学家弗洛伊德这样解释受虐狂:"假如人生活在一种无力改变的痛苦之中,就会转而去爱上这种痛苦,把它视为一种快乐,以便自己好过一点,将痛苦视为快乐的人,就可以称之为受虐狂。值得说明一下的是,受虐狂在遭受痛苦的时候会产生一种快感,这就说明他们的忍受力远远大于常人,所以受虐狂有别于安于痛苦,不敢反抗的人。"

奥地利有一位著名作家名叫马索克,他就是一位具有受虐倾向的人。他认为别人对自己的鞭打、羞辱、捆绑等等折磨而引起的身体上的疼痛,就是一种发泄和按摩,如果没有人虐待他就会感到不舒服。他总是被那些比自己年长,比自己强悍的女人所吸引,并且表现出屈从于她们的姿态,当他的受虐冲动十分强烈的时候,就会要求她们对他施以肉体上的虐待。

马索克把自己这一心理和真实生活状态写进了文学作品当中,他笔下的女主人公个个都是高傲无比、冷若冰霜的,用来驯服男人的兽性冲动,折磨他们、虐待他们,描述了很多变态的性活动。因此,受虐症就被称为马索克现象。

患有受虐癖的人一般有以下几种表现:

故意拒绝他人对自己的帮助;当一些积极的、幸运的事情发生在自己身上时,并不会表现出高兴,反而以压抑、痛苦来作为回应;会主动引起别人的愤怒,否定对方以挑起对方的反驳,等等。

另一位心理学家瑞克认为,受虐倾向与自我的性格形成过程有关，也就是与幼年的经历有关。他认为挫折和不快是人在婴儿期区分自我与他人，随后从之前的环境中分离出来，完成个人独立化过程的必要因素。

比如人若是在幼儿时期的时候被母亲抛弃，就会产生失落感、愤怒感，在面临外部危险时会感受到被动、无力和自卑，认为自己受到了羞辱。他们不愿意接受自己软弱、没有反抗能力的事实，会试图通过歪曲自己的经历来恢复自己的自尊，在主观上把受到的伤害假装成是自愿，这一切都是由自己控制的。他会这样想："我受到的折磨和挫折都是心甘情愿的，是我强迫母亲这样做的。"以此来恢复自己的控制权。

大量实验研究证明，男性中受虐狂的比例远远高于女性，有受虐倾向的男性往往会让他的伴侣来虐待他，可女性中有受虐倾向的人很少会选择主动这样做。这是因为男性与母亲的分离过程要比女性更为痛苦，会经历更多的焦虑、恐惧。

受虐狂一般都曾受到过巨大的心理或精神创伤，比如童年的悲惨遭遇之类的，对于这类人而言，身体上的疼痛是他们精神上的一种发泄方式，只有痛感才能让他们感受到满足和舒适。

丁一甜刚结婚不到一年，还算是新婚宴尔，但丈夫有些行为让小丁感觉很疑惑。以前，他们的夫妻生活很少，一个月才有两三次，而且每次夫妻之间亲热的时候，丈夫都是勉强应付，没有什么兴趣的样子，丁一甜一直怀疑丈夫是不是有生理问题。

但是最近，丈夫却突然对夫妻生活感兴趣了，每次都兴致高昂，而且有时还会提出很奇怪的要求，让丁一甜捏他、掐他或者随便打他什么地方，越用力气他就越兴奋。

后来，在妻子的再三追问下，丈夫才说出了实情：在丈夫幼年的时候，他的父母感情不好，经常吵架，也不关心他，他从小就很缺乏家庭温暖。当他长大有了性的意识之后，总感觉自己性功能低下，有些自卑，所以结婚后夫妻生活总是能躲避就避，勉强应付。

但是有一次跟妻子亲热时，妻子无意中掐了他一下，那一下非常用力，丈夫除了感觉疼，还觉得异常兴奋，有着说不出的快感。那一次的经历让他印象十分深刻，后来经过反复实验后，他发现只有受到强烈的刺激他才会变得兴奋。

丁一甜的丈夫就是因为从小家庭氛围不和谐，在形成自我性格的过程中心理产生了扭曲，从而导致了受虐倾向。

那么受虐者在受虐的时候为什么会感觉到快感呢？

首先是恐惧。在受到折磨的时候，受虐者因天性使然会下意识感到恐惧，而恐惧的情绪会促进人体分泌肾上腺激素，肾上腺激素是控制人体面对危险的应激反应的最主要激素，会使人心跳加快，感觉到兴奋。

其次是疼痛。受到虐待而引起的疼痛能够促进内啡肽和多巴胺的分泌。当人感觉满足、快乐的时候，就会促进多巴胺产生，当人感到疼痛的时候，则产生内啡肽，它具有镇痛的作用。多巴胺的浓度降低之后，内啡肽自然而生，它就像大脑中的吗啡一样，能使人放松，产生快感。说点好理解的，比如我们在健身房做器械训练，会有一种酸疼感，但过后却觉得很爽，就是这样。

最后是羞辱感。无论是自虐、他虐还是其他形式被虐，都会让受虐者产生强烈的羞辱感，事实证明羞辱感之类的很多负面情绪，都能让人产生身体上的疼痛，促进内啡肽和多巴胺的分泌，导致受虐者产生快感。

受虐癖虽然不会对他人造成伤害，但是它始终是一种不正常的病态行为，还会严重影响到下一代的思想观念，对孩子造成心理阴影，留下难以弥补的裂痕。因此，受虐倾向的人还是应该尽量克制，及早治疗。

## 4. 洁癖症:这世界太脏了

### 微行为关键词:洁癖症

我们从小到大就被教育要爱干净、讲卫生,但是有些人太过整洁,严重到影响自己的正常生活的地步,这就叫作洁癖症。洁癖症是精神疾病的体现,属于强迫症的一种。洁癖症患者感觉处处都沾满了细菌和病毒,会不断地反复洗手、消毒,所有的东西都必须洗过才能用,即使他刚刚清洗过,但还是会多次重复同样的操作。

从小到大,父母和老师就教育我们要讲究卫生,保持自己和周围环境的清洁、干净,饭前便后要洗手,不能随地吐痰等等。讲卫生、爱干净是一件好事,能够帮助我们强身健体,避免受到细菌、病毒的侵害,同时,还能形成良好的个人卫生习惯,让自己和他人感觉舒服、清爽。

但是有些人太过于爱干净了,比如每天坐的桌椅板凳一天要反复擦上好几遍,隔几分钟就要洗一次手,会把反季节的放久了、不曾穿过的干净衣服经常拿出来清洗。而且一旦某些东西沾染上了他们忍受不了的脏东西,要不就必须清理掉,要不就必须远离,绝不多待一秒钟,之后连碰也不会再碰。

心理学上把这种过于爱干净的行为叫作“洁癖症”,它属于强迫性神经官能症,是很常见又很顽固的一种心理疾病。

患有洁癖症的人在主观上会感到某种不可抗拒的、强迫无奈的观念、情绪、意向或行为的存在,他们也能够意识到自己的这些想法是多余的、毫无意义的,但是内心却又始终存在着强烈的焦虑和恐惧，驱使他们必须采取某些行为来安慰自己。

比如，患有洁癖症的人如果刚刚拿了一件东西或者刚做完一件事，就会觉得自己的手太脏了，心里就会极度不舒服，一直想着自己的手很脏，一定要去洗手、消毒。如果不让他这样做，他就会变得焦虑、不安，没有心情去做别的事情了。只有把手洗了又洗，洗到他觉得干净为止，心情才会得到放松。

患有洁癖症的人不仅对自己有着高要求，对于别人和他接触使用的东西同样也是如此。他们不轻易与人握手、拥抱，尽量避免肢体接触，从不欢迎朋友来访，不愿意在家里招待他们，生怕他们把身上的细菌带进来，即使是他的家人也不能随便在他的房间里乱坐，乱碰他的东西。如果别人去厕所后忘了洗手，或者因为别的什么原因手很脏，无意间碰了他的什么东西，那么他就会对此超级紧张，再也不会使用这些东西了。这种行为乍看没有什么影响，但是时间一长，就会严重影响到他们的学习、工作和生活。下面就是这样一个例子。

孟语是一名高二的学生，今年才 17 岁，但是已经深受洁癖症困扰十来年了。每次跟父母一起外出，在落座之前，他的父母只是简单地擦拭椅子，而孟语就讲究得过分，要用掉一整包抽纸把桌子、椅子仔仔细细地来回擦拭很多遍，再用湿纸巾把油渍什么的一点点儿地擦掉。擦拭完之后还不算完，因为擦灰弄脏了手，所以他还得再跑到洗手间去洗手，每次洗二十多分钟才回来，然后又抽出面巾纸把过度搓洗而发红的手擦拭了多遍才终于放心地坐下了。

如果是在外面吃饭的话，孟语从不喝餐厅提供的水，他嫌弃餐厅的杯子很多人用过很多次，简直跟垃圾没什么区别，所以他永远都是自己随身带着一瓶未开封的矿泉水，打开的时候，还要再用面巾纸把瓶口处仔细地擦上几遍，这才会小小地抿一口。

对孟语来说，最煎熬的一件事就是上学。他觉得教室和宿舍都被以往那么多届的学生使用过，该有多脏啊，所以他开门从来不用手，而是用脚踢开，课桌每天都要擦拭很多遍，放在书桌上的一些文具，书本、钢笔之类的也是一遍遍不停地擦拭，床单准备了好几套，一天一洗一换。

班上没有空调，只有老旧的吊扇，每到夏天，天气热，孟语就会觉得自己身上黏糊糊的全是脏东西，一有时间就冲回宿舍洗澡。每次写作业都要用干净的纸把钢笔包起来，握着有纸的部分来写字。

要是坐在他前后左右的哪位同学感冒了或者肠胃不好放了个屁，孟语就会觉得天都要塌了，感觉自己浑身上下都是病毒跟细菌，充满了臭味，很想去死。他和每一位同桌的感情都不好，从来都是跟同桌离得远远的，生怕对方说话时将口水喷到自己身上。而且孟语认为单纯地用清水根本清除不了手上残留的细菌，于是他每天都随身携带肥皂或小包装的洗衣粉，即使是大冬天，也要在冷水下反复搓洗，每次都把手搓到红肿、破皮。

有一次月考，孟语在第一场结束后去厕所小便，因为当时刚下过雨，学校半露天的大厕所里都是积水，特别脏，孟语只看了一眼都要吐了，于是赶紧退了出来，去了教师办公楼里的洗手间。因为距离比较远，他又洗了很长时间的手，孟语回到考场的时候已经迟到了十几分钟，导致第二场考试没有考好。

洁癖症对孟语的学习和生活造成了不小的影响，但这还不算最严重的。一次，同桌在默字的时候一时找不到钢笔，就向孟语借钢笔用一下。孟语的内心非常不想借，但又找不到理由拒绝，最终碍于面子借了。后来当同桌把钢笔还给他的时候，孟语都不敢用手接，让同桌直接扔桌上。他看着那支钢笔总觉得特别恶心，总觉得上面有同桌的汗、口水，说不定还有鼻涕，于是他带着一次性手套，小心翼翼地拿卫生纸不停地擦拭。

同桌看着孟语一系列的行为，认为他这是在侮辱自己，于是很气愤地将这件事情传播开来，原来那些也被孟语这样对待过的同学纷纷把事情说了出来，添油加醋，越传越广，从此学校的老师和同学看见孟语就像看见怪物一样，都不愿接近他，免得被嫌弃。孟语也察觉到了老师和同学的眼光，再也不想去上学了。

由此可见，洁癖症对一个人的影响有多大，会让人变得孤僻，被疏远，交不到朋友，影响学习和工作。

那么，洁癖症是怎么形成的呢？又受到哪些因素影响呢？

造成洁癖症的因素分为先天的和后天的。先天的因素包括遗传因素和心理因素。据调查结果显示，在洁癖症患者中，约有 7% 的人的父母也患有洁癖症。若是父母患有很严重的洁癖症，那么他们孩子有很大可能也患有洁癖症。

心理因素则指的是具有洁癖症的人中有 70% 有强迫性人格，这是患有洁癖症的内在心理基础。如果一个人具有强迫性人格，加上某个突发事件的影响，引起了心理紧张或情绪波动就会引发洁癖症。

后天因素则包括社会因素和家庭教育。在强迫性人格的基础上，有一些人逐渐出现洁癖的症状，但这个时候一般都很轻微，不影响生活。但是在成长过程中，尤其是在迈入青少年，开始生理发育的时候，意味着我们即将开始步入社会了，与外界的交往日益密切，这个过程中出现的不适应或者不良刺激就会导致洁癖症的出现和加重。

然后是家庭教育。家庭教育对诱发洁癖症起到非常重要的作用，父母的行为对孩子有着有潜移默化的影响。如果父母为人比较古板，有强迫性人格，从小就不断耳提面命孩子要讲究卫生，就可能引起孩子的洁癖症。

比如上面例子中的孟语，就是因为父亲是中学教师，从小对他要求很严格，不苟言笑。而母亲是护士，出于职业习惯格外讲究卫生，每次下班回家都在不停地洗这洗那。他们从小就教育孟语注意卫生，要求他饭前便后一定要洗手，衣服一定要保持干净，不准靠近生病的人，等等，如果做不到就会被责骂、惩罚。

爱干净是一个好习惯，但是喜爱到成为一种癖好，成为一种病就不好了。过度爱干净并没有什么益处，反而会给自己带来很多麻烦。

## 5. 偷窃癖：有钱人为什么也会盗窃

**微行为关键词：偷窃癖**

盗窃，并不稀奇，从江洋大盗到小偷小摸，自古就没少过。有人盗窃是因为生活所迫，但有些人，并不缺那点钱，偷东西纯属是受某种心理驱使，看到喜欢的东西，就想占为己有，不然就心痒痒，一旦偷窃成功就能得到满足感和快感。

世上有些人好吃懒做，不思进取，每天想着怎么盗取别人的东西，不劳而获，这种人就叫小偷、扒手。他们或许是真的没有什么生存能力，迫于生计才选择这一行，但是也有一些小偷小摸的人并不是因为生计问题，他们有着良好的家庭条件，光鲜亮丽的外表，但是也时常去偷窃别人的财物。而且把东西偷回来之后他们也不会拿去卖钱，他们的生活根据不需要这些财物的支持，大多数情况下他们会把偷来的东西收藏起来，或者找个隐蔽的地方随手丢掉。甚至有的人刚偷完东西便又装作捡到的样子还给失主，似乎只是为了体验偷东西的过程。

林元就曾遇到过这样的情况。那天林元一个人在市区闲逛，逛了很长一段时间，她伸手到包里拿手机想看看时间，却怎么也找不到。林元意识到肯定是自己不小心把手机弄丢了，因为她一向比较粗心大意，记性不太好，上一秒手里还拿着件东西，下一秒做了一件别的事情,就会把手里的东西丢一边去,然后就忘记拿了。

她想起自己刚刚在购物中心的奶茶店里喝过奶茶,那时候还用手机玩了会儿游戏,于是林元赶紧回到奶茶店,想看看能不能找回手机。但是她把自己坐过的地方翻了个遍也没找到手机,又问了营业员和周围的顾客,没有一个人看见过自己的手机。

林元走出奶茶店,心情一片灰暗。但是她还是不放弃,沿着刚才走过的路线苦苦寻找。这时候一个人拦住她,笑着问她:“小姐,请问你是在找东西吗?”

林元急忙道:“对对对,我的手机不见了,先生你有看到吗?”

对方说他刚才捡到一个手机,不知道是不是她丢的。然后很耐心地询问了林元所丢手机的样式和手机里有哪些能证明她身份的东西,看起来非常负责地想要找到手机真正的主人。等到证明了手机真的是林元的以后,就热心地把手机还给了她。

林元自然是千恩万谢,感激不尽,然后两人各奔东西。手机失而复得,林元非常高兴,但是转而又想手机到底是怎么掉出去的呢?便想检查一下是不是拉链没拉好,还是自己放得太浅了。

这才发现包的底部不知道什么时候被划开了一道大口子,手机无疑就是从这里掉出去了。林元这才知道并不是自己粗心大意弄丢了手机,而是被人偷走了。因为这个包是她攒了好几个月的工资花了将近1万块钱买的,于是林元赶紧去报了案。

几天之后,林元接到电话,警察找到了划破她的包,偷走手机的人。到了警察局,林元一看,居然就是那个还她手机的人。林元觉得非常惊讶,为什么这个人偷了她的手机还要还给自己呢?而且据警察所说,这个人家庭条件优渥,工作体面,薪水丰厚,经济上完全没问题,而他偷的这个手机不过就值一顿饭钱。这样的人为什么要偷别人的东西呢?会缺这点钱吗?

其实这种看起来匪夷所思的事情,道理很简单,因为这个小偷患有一种心理疾病——偷窃癖。生活中这样的人其实不少,他们并非为了钱财去偷盗,而是单纯为了满足自己的心理需求,为了偷盗时的快感去偷盗。

比如奥斯卡影帝达斯汀·霍夫曼就曾公开承认自己有偷东西的嗜好,而且尤其热衷于偷窃酒店里的物品,每次下榻一家酒店时,他都会忍不住偷偷拿走酒店供应给客人的肥皂、毛巾、踏脚垫、吹风机等等,即使买这些东西的钱只需要他拍一个镜头就足够了。

无独有偶,在电影《剪刀手爱德华》中饰演楚楚动人的女主角,并有着出色表演的著名影星薇诺娜·瑞德也被曝出是一个喜欢偷盗东西的人。她曾经在一家大型购物中心窃取了价值数千美元的商品,并被现场抓住,被判三年缓刑,还要承担480小时的社会服务。这些明星身家过亿,为什么会为了这些不值钱的小东西而知法犯法呢? 这都是偷窃癖在作祟。

偷窃癖属于强迫症的一种,是一种意志控制障碍范畴的精神障碍,患者会反复出现无法自制的偷窃行为,并且这种偷窃行为不是为了谋取经济利益,也不具有其他报复之类的目的,这种偷窃纯粹是出于无法抗拒的内心冲动。患有偷窃癖的人除了强迫性行窃这一表现之外,并没有其他任何方面的精神异常,智能上也不存在任何缺陷。

偷窃癖是一种比较少见的心理倾向,多与幼年时的经历有关,大多形成于童年或少年期。每次行窃后,这类人就会得到心理和精神上的快感与满足,这种兴奋仅仅针对偷窃这一行为,与偷窃来的东西无关。对于偷窃的物品,他们或是收藏起来,或是随手舍弃,更有甚者偷偷送还原主,总之不是因为自己需要,更不是因为偷窃品的价值。

区分偷窃癖与小偷的根据就是,患有偷窃癖的人偷窃是没有预谋的,当他们感觉过分冲动的时候就会想要去偷窃,没有固定的目标。而小偷则是有组织有预谋的,有固定的目标。

28岁的李某是一位事业有成的年轻人,他家境殷实,父母都是商人,出门开的都是价值几百万的豪车,但是这并不妨碍他有顺手牵羊的坏习惯。

一天,李某驱车来到某市中心一家大型百货超市,在挑选了毛巾、牙刷、牙膏等生活用品后,并没有到收银台去付款,而是把这些东西藏在了随身携带的挎包内从无购物通道走出了超市。侥幸的是,超市的工作人员并没有发现他这一行径。

几天之后,也许是因为上一次的成功行窃让他尝到了甜头,李某再次来到这家超市故伎重施,盗取了很多体积较小、易于收藏,便于携带的商品,并且再次幸运地安全离开。

李某兴奋异常,内心得到了极大的满足。两天后,他再次来到该百货超市,在他正准备像前两次一样带着偷来的东西离开时,被超市的工作人员当场抓获,送往警局报案。经过鉴定,李某三次盗窃的物品的价值加起来总共1000元左右。

据李某自己坦白,这并不是他第一次进行偷窃,他曾经在买彩票的时候趁店主不注意拿走了店中的2000多元现金,还曾在加油站顺手偷走了工作人员的财物,更曾多次不问自取地拿了同事的物品,如零钱、零食、首饰等。李某承认,他种种的偷窃行为并不是因为缺钱,而是为了寻求刺激和快感。

有偷窃癖的人,精神上没有其他任何异常,更没有智力缺陷,所以通过治疗把他们拉回正途是一件非常急切的事情。现有的治疗偷窃癖的方法主要有三种:一是用催眠和行为疗法戒除偷窃行为,二是训练生活技能技巧,三是厌恶疗法。

而最为有效的是第三种厌恶疗法,厌恶疗法是指当某种行为受到了厌恶性的刺激时,那么这种刺激就会对神经反射产生抑制作用,并使其相关的行为反应逐渐消退。应用在偷窃癖上就是当他们在偷窃之后不让其获得满足和愉悦,而是让他感受到厌恶和痛苦。时间一长,他们的偷窃行为就会逐渐因受到抑制而减轻,直至消失。

## 6. 偷窥癖:我对别人的隐私无比好奇

### 微行为关键词:偷窥癖

人的天性如此,总是对别人的隐私感到好奇,想要一探究竟。只是有些人会把这些想法付诸实践,用一些不合法的手段去私自窥探,一旦窥探到别人的隐私后,内心就会产生一种刺激感、满足感,极度兴奋愉悦,这就不是天性,而是一种心理疾病,需要及时地治疗。

好奇是人的天性,如果我们从来不曾对生活充满好奇,怎会有现在的崭新世界呢?有好奇心,才会去探索,不断地去探索,才会发现新的技术,然后,我们的生活才会日新月异。我们都是世俗中的人,有点好奇心,有点八卦,都不算什么。网络上甚至有种夸张的说法:“生命不息,八卦不止。”每个人都可能对自己未知的或者是别人拥有的一些东西产生兴趣,想要近距离地观察一下。尤其是对于别人的隐私就更加想要探知,因为知道别人的秘密会让我们获得一种莫名的成就感。

假设有一天,你到朋友家借住一晚,发现朋友家有一间屋子上了锁,会不免好奇。如果这时候朋友再叮嘱你道:“千万不要进这间屋子。”你当然会满口答应。等到各自洗漱好,朋友进卧室休息之后,你在房间里翻来覆去睡不着,总是忍不住去想:为什么要给房间上锁呢?那间屋子里有什么东西呢?

想着想着你不由自主地走到那间上锁的房门前,隔着门听了又听,看了又看,想着里面可能会有些什么。就在这时,你忽然发现门缝的距离有一些大,完全可以看到里面的情形。那么,你会按捺住自己的好奇心吗？你到底会不会去看看房间里面有些什么呢？

我想对大部分人来说这是一个很让人纠结的事情，心底总有个声音驱使你去看，不看就觉得心里有只猫在那儿挠，挠得人心痒痒。而就算最后你坚守住了心理底线，忍住了冲动没有去看，你也一定会在心里想：要是能看一看就好了。

其实有这样的想法并没有什么，因为每个人天生就有好奇心，想要知道别人秘密的心理是正常的，但是如果经常做出窥探别人隐私的行为就很让人讨厌了，甚至是违法的。

以不正当手段偷窥别人不仅是一种违背社会道德的行为，更是违反了法律法规的行为。虽然偷窥的行为并不会对他人造成财产和身体上的损失或伤害，但仍变相地侵犯个人的隐私权，造成了精神损失。

那么到底如何区分好奇心和偷窥癖呢？

偷窥癖基于人的好奇心理，偷窥的欲望原本就存在人的内心深处，只是心理健康的人由于先天的修养和后天所受的教育，能够克制住对别人隐私的好奇心理，遵守社会道德规范，尊重他人的隐私，约束自己的行为。

而有偷窥癖的人则是因为压抑不了这种原始的本能，违背道德标准，克制不住自己的好奇心从而侵犯他人隐私，并且乐此不疲、屡教不改，可以理解为我们常常骂的“变态”。

偶尔一次的偷窥行为只是因为好奇心旺盛，是一种再正常不过的心理了。就像刚出生的婴儿一样，对这个世界充满好奇，看见什么都想摸一摸，放在嘴里啃一啃。如果你给他一个盒子，他一定会想办法打开来看看里面到底有什么。

这种心理即使在我们长大之后也同样存在。比如你看见几位同事在说悄悄话，你就会想他们在说什么呢，跟自己有关吗？再或者同事从楼下拿取回来一个快递，你也会想知道同事买的是什么。而如果他恰巧就坐在你旁边，把快递盒子朝桌子上一放，你难免就会抓心挠肝地忍不住想要去拆开看看。这种行为并不能叫作偷窥癖。

如果你的同事把这份快递看得很重要,保护得很好,你却始终想要打开看看,并且采取了不正当手段,比如偷偷撕毁包装,或是悄悄在上面割开一道口子,往里面窥视。在窥视的过程中,你一边觉得惴惴不安,一边却又享受到了快感,并且经常会有这种行为发生,那么你才是我们所说的有偷窥癖的人。

比如下面这个例子:

刘原发现自己最近有些奇怪,总是不由自主地想去窥视别人的秘密,比如同事在给谁打电话;老板为什么要单独把那位同事请到办公室,他们在说些什么;朋友发的这个朋友圈是在抱怨什么,什么事情惹得她不开心;表姐照片里的男孩子是谁,等等。

刘原本来没有这些行为习惯,出现这种行为是从他与前女友分手之后。刘原的前女友在和刘原交往的时候就给人一种神神秘秘的感觉,很多事情都不让刘原知道,本来没有什么,前女友越是遮遮掩掩,刘原就越是好奇,每天都想着怎么找机会翻翻她的手机,跟踪她,看看她究竟在干什么。

后来,他发现前女友背着他在外面还有别的"男朋友",脚踩两条船,于是就和她分手了,把她的联系方式也删掉了。但是前女友好像根本不把分手当回事,依旧还留着刘原的联系方式,偶尔会在微博或朋友圈艾特他。刘原一开始还保持高冷状态,不理不睬的,但是次数一多,刘原就忍不住了,总是暗地里去翻看前女友的微博,甚至搜到前女友现任男朋友的微博,看他们每天做些什么。继而这种症状越来越严重,范围也越来越广,他不仅仅喜欢打探前女友的隐私,身边人的秘密他也感到无比好奇,总要想方设法地打听到,否则就会焦躁不安,心痒难耐。

刘原渐渐发现自己的不对劲,但是他又控制不了自己的行为,一个人整天躲在阴暗的角落里疯狂地想要偷窥别人的一切。

偷窥行为具有习惯性，有偷窥癖的人会对偷窥行为欲罢不能，他们内心也知道这样做是不对的，也知道自己所冒的风险，但是下一次仍旧无法控制自己。

像上文中刘原的行为还属于情况比较轻的，严重的偷窥癖会上升为违法犯罪，侵犯别人的人身安全。比如美国的一位中年男性托马斯·戴利，他是一位拥有3幢公寓物业的房东，他名下的16套单元房长年出租。有一位女租客，因为所租房子的电灯泡坏了，便让男朋友来帮她更换灯泡。没想到的是，当男朋友换下灯泡的时候，发现灯罩里藏着一个小型的针孔式摄像头。

两人非常吃惊，立即报警处理。经过警方的全面搜索，摄像头不止这一个，包括卫生间的镜子后面、厨房里的天花板、客厅的吊扇，甚至卧室的床头柜中，大大小小的摄像头有数十个之多。

经过调查，警方在房东托马斯·戴利的家中发现了观看录像和录音的设备，确定这些摄像头的安装者就是房东托马斯·戴利。最终，戴利被送进了监狱。

现在医治偷窥癖的方法有很多种：

药物治疗。用药物抑制患者的焦虑、暴躁、冲动。药物治疗具有比较明显的效果。

自我认知治疗。也就是帮助有偷窥癖的人树立正确的人生观，培养他们正确的道德观念，鼓励他们，锻炼他们的决心和意志。并辅以法制教育，让他们认识到偷窥行为会给他们带来的严重危害性，比如名声变坏，前程受阻等，加强他们的自控能力。

强制行为治疗。强制行为治疗就是厌恶疗法，在患者进行完偷窥行为后，给予厌恶性质的条件刺激，比如催吐、电击等。同时也可以配合精神厌恶刺激，让他们经常反复地观看其他偷窥癖患者被抓时候的录像或书面记录，从心理上让他们厌恶偷窥行为，形成条件反射。

兴趣转移。让有偷窥癖的人多多参与一些文体活动，进行适当的劳动锻炼，培养或转移他们的兴趣到正常的事物上去。

## 7. 恋物癖:异性贴身用品的诱惑

### 微行为关键词:恋物癖

有这样一类人,他们会反复收集异性使用过的物品,越是贴身的东西,对他们的吸引力越大。他们窃走这些贴身物品并非为了卖钱或是威胁对方,而是为了满足自己的变态心理和性欲。这些异性的贴身物品能够让他们感受到兴奋、刺激和满足。

有些女孩或许经历过,或者看见身边的朋友发生过这样的事情:本来牢牢挂在衣架上的贴身衣物莫名其妙地不见了。一次、两次莫名地消失,还会认为是风吹走的,可是找来找去,阳台上没有,楼下没有,周围也没有。虽然有些奇怪,但是一般女孩不太会多想,时间长了,女孩渐渐地便会发现,这种事情在平时生活中出现的频率越来越高,而且每次少的都是那几件贴身的衣物,这就不能用风吹走的来解释了。

那么,这些贴身衣物到哪里去了呢?此时此刻,那些丢失的贴身衣物有很大可能正放在某个男性的家中。

这个世界上有一类人,以偷窃异性的贴身用品为乐,他们每天潜伏在暗处,趁着女性离开的时候,将她们晾在阳台上的衣物偷走。有人可能会问,他们为什么要这么做?偷走的衣物他们既不能穿,也卖不了什么钱,偷走这些东西有什么意义呢?

那是因为这一类人就是以此为乐,他们不会拿去卖,也不会用来威胁那些失主,他们会把偷来的贴身衣物收藏起来,经常拿出来欣赏,尤其是当自己产生性冲动的时候,他们就会抚摸、嗅闻这些物品，从而刺激自己产生快感。这就是我们常说的“恋物癖”。

许某今年35岁，早已过了而立之年却还没有成家，因为对一个男性来说，他的身材看起来太过瘦弱，身高只有168厘米，很多女孩初次见到他，心里就会给他打了一个大大的叉。

而许某不仅感情生活不顺利，职场生涯也不怎么顺利，每份工作都不超过一年，而且最终都不是因为工作能力问题而离开的。现在，他在外省的一家外企上班，住在公司安排的集体宿舍里，两室一厅的房子一共住着两名男性，两名女性。

刚开始的时候，大家作为室友相处得还都很融洽。渐渐地，大家的关系就不怎么好了，因为宿舍里总是莫名其妙地丢东西，更奇怪的是，丢东西的总是那两名女同事，许某和另外一名男同事从来没有丢过东西。而且，关键问题是，女同事每次丢失的东西，说起来都很令人尴尬，并不是什么值钱的东西，只是一些贴身的东西，比如内衣、丝袜、口红、梳子、毛巾之类的。

因为被偷的东西价值太小，构不成报警立案的条件，再加上被偷的都是贴身用品，也不好意思宣扬出去，两个女孩一直都没有什么反应。但是心里也都有了怀疑，两个人忐忑不安，像防贼一样地防着许某和另一位男同事。

直到有一次，两个女同事洗完衣服后相约一起逛街，刚下楼，其中一个女孩发现自己的手机忘拿了，于是返回宿舍取手机。结果一进门就发现许某站在阳台上，手里还拿着她们刚刚洗好的内衣，一脸享受地不停抚摸着。女同事愣住了，等明白过来，大骂许某变态，当即就报了警。同事闻声都聚集了过来，大家这才知道许某是一个喜欢偷女性内衣的心理变态者。

据许某自己交代，他有一个嗜好就是喜欢收集女性的贴身物品。他说，只要自己在外面看到有晾晒的女性内衣，内心就会异常激动，控制不住地想去偷。如果不能把内衣偷来心里就会抓心挠肝地痛苦，偷来了之后就会在自己产生性冲动的时候闻、嗅、抚摸这些衣物以达到性满足。

像许某这样的行为就是心理学上的恋物癖。恋物癖指的是"以某些非生命物体作为性唤起及性满足的刺激物且以其作为屡次使用的偏爱的或唯一的手段"。患有恋物癖的人一般为男性,他们喜欢收集与异性身体有直接接触的物品,大多数为女性的头发、手套、文胸、内裤等等,且更喜欢收集那些用过的、脏的物品。

医学界专家认为恋物癖是一种性偏好障碍,与个人的道德水平和意志力无关,一个人有恋物癖,并不能说明这个人道德水平低下。

恋物癖形成的原因很多,至今在医学界或心理学界也没有一个明确、完备的说法,到底是什么导致了恋物癖,比较被认同的是以下这几种观点:

第一种说法认为,恋物癖是一种习得的结果。专家发现,大部分人患病的原因与其身处的环境和性经历有关。如果某个男性第一次产生性兴奋的时候与某种物品偶然联系在了一起,并且之后几次都存在这个物品,那么他就可能形成一种条件反射。有时候并不需要次数多,只要影响够深刻,一次的经历就能让他造成心理上的固定阴影。而男性在发育过程中,母亲起到很大的影响,在产生性兴奋的时候,身边如果存在一些母亲的贴身衣物也是正常的事情,这就使他们的心理形成了一种固定的认知,女性的贴身衣物会让他们得到快感,从而形成了恋物癖。

第二种说法认为,恋物癖是环境造成的。在发育的过程中,尤其是初高中阶段,青少年大部分时间都是在学校度过的,男女生之间接触比较少,看管得严的地方,男女生聊天的机会都很少。在这样的环境下,男生在性发育后便会将自身的性冲动发泄给一些异性的象征物。一开始也许是偶然引起的性兴奋,但经过几次反复后便成了一种习惯。

第三种说法认为,恋物癖是由性心理发育异常所引起的。恋物癖患者的性心理发育一般都不完全,存在异常。他们在潜意识里害怕自己的生殖器在进行性行为的时候受到伤害，于是便下意识寻求一种更为安全的方式和性行为对象，以缓解内心的不安，这促使他们把女性的贴身物品当成了女性的替代品。

第四种说法认为，恋物癖与个人性格有关系。有恋物癖的人大多性格孤僻、自卑、自闭，他们或因为心理、生理上的问题，很容易产生不自信的情绪，不愿与人沟通。在本能的驱使下，他们想要和异性亲近，却担心自己受到拒绝和嘲笑，不敢与异性交往。但是他们的生理需求总要得到满足，于是他们便只能退而求其次，用偷窃来的异性的贴身物件来替代异性，满足自己亲近异性的愿望和生理需求。比如上文中提到的许某，就是因为身材矮小，曾经有过告白而被女孩嘲笑的经历，从而产生了自卑心理，丧失了与女孩交往的勇气，而变为了女性口中偷内衣的变态。

由此我们可以知道，有恋物癖的人并不是道德意识低下的变态，只是他们存在一定的心理疾病。可遗憾的是，社会上多数人仍旧把有恋物癖的人当成罪犯而不是病人来看待，令恋物癖患者一直活在被歧视、被诅咒之中。而这样的不认同，使恋物癖患者的行为越发恶劣，加大了他们发生这种行为时的快感。

而关于恋物癖的治疗并不乐观，医学界还没有研制出专门针对治疗恋物成瘾的特效药，目前恋物癖的主要治疗途径是采用心理疏导方法，但是效果并不明显。心理专家认为，恋物癖应以预防为主，在儿童时期就多对孩子进行开导，进行正确的性教育。

## 8. 异装癖:为什么有些人喜欢穿异性服装

**微行为关键词:异装癖**

影视作品中，有一类角色，喜欢穿异性的服装，模仿异性的装扮，从而通过这种行为使自己获得兴奋感和快感。这种行为就叫作异装癖，又叫异性装扮癖，是一种心理疾病。

张之恒在一所大学任教，是一位受人尊敬的教授。在亲朋好友的眼中，张教授是一个非常温和、可靠、认真、有担当的人。他对学生也非常友好，跟他们相处得像朋友一样，和男生称兄道弟，帮助女生解决生活中的困难，大家都很喜欢他。

尽管张教授看上去非常正常，是一个很有能力的男人，但是他有一个不为人知的秘密，就连妻子都不知道。那就是，张教授在独自一个人的时候，喜欢穿妻子的衣服，扮成女人的样子。

偶然的一次，张教授的妻子不小心发现了丈夫的秘密。那一天，妻子带着孩子回娘家，本来说好当晚不回来的，但是第二天她上班要用的一份文件落在了家里，于是当天晚上妻子就连夜赶了回来。

回到家的时候已经深夜了，为了不惊动丈夫，妻子小心翼翼地开了门，始终保持很小的动静。可是当她换完鞋进门以后，发现书房的灯还亮着，原来张教授还没睡着。

妻子感到很奇怪，丈夫从来没有这么晚睡过，于是便悄悄走过去看看情况。一开门，眼前的一切让她惊呆了：只见张教授穿着妻子的粉色睡衣和丝袜，还戴着她洗脸时用的蝴蝶结发箍，坐在桌前看书。他整个人并没有很娘的样子，依旧如平时一样，看起来正直、阳刚，充满男子气概，但正是因为这样，才越显得怪异。

妻子感到非常惊讶，她从来不曾发现过丈夫有这样的行为。张教授听到了开门的声音，忽然看到自己的妻子站在眼前也吓了一跳，他不知所措，慌里慌张地站起来，不知该说些什么，如何解释自己现在的样子，他的脸上流露出难掩的羞耻感，似乎也为自己的行为不好意思。

两个人坐下来深谈了一番，妻子建议张教授去医院检查，咨询一下心理医生。张教授坦言，在他发现自己有这种癖好的时候就已经找医生做过咨询，但是经过检查，他没有任何的精神病。

妻子表示自己对他的这种行为不能接受，两人应该分开一段时间。在收拾行李的时候，妻子在抽屉中发现了张教授写的日记，上面这样写道："每当我做出和她一样的打扮，穿上她的衣服时，就感觉到无比放松，身为男人的压力消散于无形。她的衣服穿在我身上，就好像她在温柔地拥抱我，这会令我感到无比欢乐。"

张教授之所以会做出偷穿妻子衣服的行为，是因为他患有一种心理疾病——异装癖。异装癖也叫作异性装扮癖，是恋物癖的一种特殊形式，有异装癖的人能通过穿着异性服装而获得性兴奋或性快感。

异装癖分为广义和狭义两种：广义的异装癖是指所有通过穿戴异性服装或者使用异性的物品而得到某种心理上的快感的情况，快感并不专指生理上的快感，不一定与性有关。狭义的异装癖则仅限于男性。对于男性来说，在私下里穿戴女性服饰会让他们感到性兴奋，诱发性行为，满足自己的性需要。之所以这样判定是有一定的理由的，在当今社会，女性打扮偏中性，穿西服，向男性靠拢的情况已经逐渐被社会所接受，甚至还代表了一种时尚，所以女性穿着偏男性化并不算作是异装癖。

值得注意的是，我们要区分开异装癖和异装行为的区别。像我们平时走在大街上，随时随地都能看到一些穿着奇装异服的人，更别说现在很流行的什么角色扮演（COSPLAY）、汉服爱好者之类的，他们经常会穿着奇形怪状的衣服，甚至扮演与自己性别相反的角色，但这是一种正常的行为，就像京剧中的角色反串，经常会有男扮女装或者女扮男装的现象。这类行为，我们并不能将其称之为异装癖。

另外值得注意的一点是，异装癖患者并不是同性恋，他们也不存在易性癖。异装癖患者并不会对自己的性别产生厌恶或怀疑的情绪，也不会对同性产生爱慕的情绪，他们对自己的性别很满意，没有性认同障碍。相反，当他们穿上异性的服装后，就会感觉到自己在被异性亲抚，从中得到性满足。

为什么正常的人会得上异装癖这种怪病呢？研究发现，异装癖患者的性染色体或性激素并不存在异常，只有极个别的患者存在颞叶脑电图异常，但是这种病例非常少见。它的形成原因与恋物癖相似，是由于在成长发育过程中，正常的性发育受到了阻碍。

形成异装癖的主要因素有：

生理因素。如果一个人存在先天的生理缺陷，或者由于后天的某些原因导致了机能障碍，就会感到自卑，不敢与异性交往。但是他们仍然存在正常的生理需求，这就导致他们寻找异性的替代品，自己去尝试扮演异性角色。这也许是因为异性服装曾经偶然给他们带来刺激，从而使他们选择穿异性服饰，来获得生理上的快感。

家庭环境。如果一个女孩子从小就在男生堆里长大，不可避免地就会沾染一些男性的习惯，形成比较坚强、干练的性格。同样，一个男孩子如果从小由母亲带大，身边接触到的都是女性，把男孩当成女孩来教育，那么他就会缺乏对男性的正确认识，缺乏男性特质，而被女性的性格影响，觉得女性才能给他们带来安全感。

比如下面这个例子：陈远刚出生不久父母就离异了，他从小跟着母亲一起生活，母亲偶尔因为工作原因没有时间照顾他，就会把他送到外婆家，委托外婆和小姨照顾他。巧的是，外婆家里和他同龄的小朋友全是女孩子。于是，陈远从小受到的教育就是要像女孩子一样讲卫生、懂礼貌。

在这样的环境下，陈远觉得女孩子真的非常可爱、美丽，她们温柔、柔软、干净、美好，身上永远带着一股清香。

慢慢地，陈远就发现自己与别人不一样的地方，他喜欢偷偷地穿妈妈的衣服、高跟鞋，给自己抹口红，打粉底，看到自己穿着女性的服装就会感到特别高兴，久而久之，就发展成了异装癖。

最后一个原因就是精神压力。大多数异装癖患者都有一些神经质，如果身为男性，那他们不仅要养活自己，还要挣钱买车买房，娶妻生子，还要照顾年迈的父母，生活压力非常大。而当他们穿上异性服装之后，就会感觉无比地放松和自在。他们可以安慰自己，暂时不用那么拼，可以在短时间内逃避作为男性角色所面临的压力和要求，并且可以降低他们的神经紧张程度。

有异装癖的人大都会选择私下里偷偷进行换装，这是因为他们在寻找快乐的同时也存在羞耻心，不愿让别人发现他们隐私的一面。因此，唤起患者的羞耻感是一种治疗异装癖的手段。当发现患者进行穿戴异性服装的行为时，当面揭露其行为，对其进行一定程度上的侮辱，使他们感到难堪，如此反复几次便可改善其病态行为。

# 第九章　经济行为——再聪明的狐狸也斗不过好猎手

## 1. 限时抢购:为什么我们对于不需要的东西那么热衷

**微行为关键词:限时抢购**

我们经常会在打折促销时疯抢一些其实用不到或者根本不需要的东西,然后买回来当摆设,既占地方又闹心。但是当再次遇到限时抢购时还是同样的结果,依然管不住自己的手。这是因为我们总是觉得不买就是亏了,而没有考虑这些东西到底有什么用。

打开你的衣柜,翻翻你的厨房,你是否总能找出很多从来没用过或者只用过几次的东西?想想当时购买它们时你是怎样的想法:非买不可!肯定很有用!有便宜不赚白不赚!那么,你真的非买不可吗?最后真的赚到了吗?其实并没有。

那么,这些并没有用的东西究竟是怎么来的呢?是什么样的冲动驱使你去购买它们呢?回想一下,你就会发现,那就是限时抢购的时候。每当超市大促销,打出"限时抢购,购完为止"的广告时,我们那颗躁动不安的购物心就又开始蠢蠢欲动了。

"哎呀,床上四件套啊,前几天刚买过呀,用不着!哎呀,只要200块,我之前买的那个六七百块呢!这么便宜肯定要买呀!只剩两个小时了,我得快一点!"

"哇,好漂亮的风衣,可是这说厚不厚,说薄不薄的,我们这里春秋季太短,什么时候穿合适啊?居然这么便宜,不行,必须得买,要不然就让别人抢光了。"

然而多年后。"咦?这套四件套我什么时候买的,都没来得及用就过时了。"

“哎哟,这件风衣放哪儿好呢?根本穿不着,还这么占地方,还是扔掉吧。”

这样的经历我想每个人都有,即使你只是个学生,那些菜刀、油、电器什么的你根本用不到,但是一看到原价和现价的落差,你就开始控制不住你的手了,必须得统统买回家。“错过这次机会就没有下次啦!就算现在不用,反正以后用得到,大不了还可以寄回家给爸妈用嘛。”当你这么想的时候,就已经落入商家的圈套啦!

为什么说是圈套呢?我们先来看这样一个例子:一家超市的月营业额还差好大一截才达到销售目标,老板转了一圈后非常心急,可是这个月是销售淡季,确实没什么产品能够畅销,尤其是刚刚进货,堆积成山的洗发露,几乎无人问津,快一个月了才卖出去几十瓶而已。

老板越看越发愁,这可如何是好呢?想着想着,老板突然想到了一个好主意。第二天,他在超市门口贴上一张大海报,上面写着:“洗发露大促销,20 元一瓶,限时抢购,先到先得。”

有的员工看到老板把价格降得太低,先不说能不能吸引到顾客来买,就是都卖光了也回不了本,私下里都讨论说老板疯了,这样做一定会赔钱的。

但是结果却出乎所有人的意料,广告一打出,原本门可罗雀的超市顿时变得人满为患,络绎不绝。大家一看到原价五十多、七十多,甚至一百多的洗发露现在才 20 元一瓶,都激动得不得了,好像中了几百万一样。每一个人都拿了好几瓶在手里,看架势要不是有保质期的限制,怕用不完,真恨不得全部都买下来。

促销活动进行了三天,三天后,原本堆积成山的洗发露现在已经库存告急了,一个都没剩下。

而那些顾客在抢购的时候还在想,这家超市的老板真是太愚蠢了,价格定得这么低,简直就跟白送一样,简直是捡了大便宜。我可得速度快一点,不然让别人买光了。这些洗发露能不被抢购一空吗?

但是顾客们真的有占到便宜吗?他们原本可以不用花这份钱,却因为自认为的优惠而花了一大笔钱买了自己用不完的产品,不但没有占到便宜,反而是大大的浪费。而他们眼中愚蠢的老板才是最聪明的那个,是唯一挣到利益的那个,大家都上了老板的当了。

商家就是利用顾客“别人都抢的就是好的”和“越得不到就越想得到”的心理,来激起他们的购物欲望,争先恐后地去抢购。他们更是深谙差价策略,把原价摆在显眼的地方,让你第一想法就是赚下了很多差价的满足感,而不是又花了多少钱,让你花了钱还非常高兴和满足。

所以说限时抢购都是商家的圈套。

现实生活中,像这样聪明的商家还有很多。有一个年轻人,刚刚辞职没有事情干,正好还有一个月左右就是中秋节了,他便想着不如趁这个机会进一些月饼回来卖,做一点小生意。于是他就联系了很多有进货渠道的朋友,低价购进了好几批月饼。

他订购的月饼包装很漂亮,看起高端大气,觉得一定能够大卖特卖。但是当他摆好摊子,展示了好几天之后,结果并不像他想的那样。来购买的顾客寥寥无几,因为比起他这样一个新出现的小摊贩,大家更愿意去老商家或者大型超市里面买,价格也贵不了多少,还更有保障。眼看着月饼积压成山,离保质期越来越近,年轻人急得焦头烂额。最后他终于想出了一个办法。

他租下朋友一间装修好的门面房,把月饼摆上货架,在门口立了一个广告牌,上面写着:“中秋月饼,每人限购一盒。”

没一会儿,店门口就围了一大群人,大家纷纷议论着:“哎呀,怎么只能买一盒呢?货肯定不多,得赶紧买。”“肯定是这几天做活动吸引人气,过几天就涨价了,过了这个村就没这个店了。”“限量供应肯定是因为质量好,做起来费时间,价格还这么优惠,必须得买。”

渐渐地,前来购买月饼的人越来越多,甚至还有些人为了多买几盒，隔一会儿就来重新排队购买，或者拉着一家老小一起来排队，不到两天，一屋子的月饼就卖得干干净净的了。

这些聪明的商家们利用降价、限时、限量等手段，给顾客造成一种商品非常好用，并且非常短缺的错觉，激发了顾客的危机意识，产生一种焦虑感，产生冲动购买的行为，认为自己这次不抢就再也买不到了，让顾客来不及思考到底这件东西对自己是否有用就做了购买的决定。

即使有一些顾客在购买之后发现自己用不上，也会存在一种囤货心理，就像晴天购买雨伞下雨时才不会挨淋，吃饱的时候准备一些粮食才不会挨饿一样，总觉得买了之后就有备无患了，总会有用到的那天。就是这种想法让顾客掉入了商家的陷阱。

## 2. 机会成本：如何做出最好的选择

### 微行为关键词：机会成本

人生就是一道选择题，几乎每一天，我们都要进行选择，小到中午吃牛排还是吃麻辣烫，大到应该买宝马车还是买套房子……有得必有失，你选择了一个，就得放弃另一个。比如你在股票与投资之间，选择了前者，那投资所能得到的回报也就随之消失。这就是你为了炒股而放弃的成本。在经济学中，这种为了得到某种东西而放弃另一种东西带来的价值，叫作机会成本。

选择就要付出代价。当你得到一个机会，往往会失去另一个机会。而该选择哪个机会，人们则需要通过计算机会成本来加以权衡。

蝉联23年福布斯富豪榜榜首的全球首富比尔·盖茨在1973年进入哈佛大学就读，学的是法律系。但是比尔·盖茨始终对法律都不感兴趣，反而对计算机情有独钟，并且学习起来得心应手。

19岁那年，比尔·盖茨第一次有了创办一家软件公司的想法。想要实现这一构想，他必须面临选择，是选择现在就辍学去创立自己的事业，还是选择继续读书，完成学业之后才说。

比尔·盖茨是一个非常热爱学习的人，否则他也不可能被哈佛大学这样全球知名的大学录取，他非常渴望能够拿到哈佛的毕业证书。可相比之下，他更喜欢计算机，建立一家属于自己的软件公司是他的梦想，也是他可以大显身手、发挥长处的地方。

他陷入了一个两难的抉择。如果他选择继续读书，就失去了实现梦想，获得成功的机会；如果他选择创办公司，就会失去获得更多知识的机会以及轻松、快乐的读书时光，但可以获得更大的成就感。毫无疑问，放弃学业的成本更小一些，上学给他带来的利益不可能比他开办一家公司带来的利益大。于是，在经过一番思考和挣扎后，比尔·盖茨毅然决定放弃学业，开办了软件公司。

事实证明，比尔·盖茨的选择是正确的，他就像鱼儿一个猛子扎进了大海中一样，在计算机软件的领域里尽情畅游，研发出功能全面、质量上等、受到无数消费者疯抢的微软系列计算机操作系统，1999年，比尔·盖茨以净资产850亿美元首次成为美国《福布斯》杂志的世界富豪评选的榜首，并且蝉联了23年之久。

比尔·盖茨成为世界首富之后，有一次回母校哈佛参加一项募捐活动，当时有记者问他，现在已经名利双收，是否打算回到母校继续未完成的学业。比尔·盖茨听了之后，微微一笑，没有回答，很明显，他不愿意为了弥补过去的遗憾而放弃现在如日中天的事业。

这是因为，只有在公司里，只有与计算机、软件打交道，他的价值才能得以体现。对当时的比尔·盖茨来说，很明显，放弃经营公司而回去上学，他需要付出更大的成本，得到的利益却很小。所以他当然会选择机会成本较小、利益较大的一方。

这就是经济学中一个非常著名的理论，叫作机会成本。机会成本又称择一成本或替代性成本，指的是在面临多种选择时，被舍弃选项的价值就是本次决策的机会成本，简单来说就是指你做了一个选择所要付出的代价。就是我们常说的“有舍才有得”，想要得到某种东西必须放弃另一种东西。

比如你有一万元，可以选择去旅游，也可以选择买彩票，也可以选择买一台电脑或者做其他的事情。但是你只能选择一件事情来做，一旦选择了某一种，其他的选择就自动消失了，没有实现的机会。那么被你丢弃了的其他选择可能带来的好处或利益就会随着一起消失。消失的这部分好处，就是你为了确定的选择而付出的成本，被称为机会成本。

机会成本有三个明显的特点：

一是可选择的项目。所谓“机会”，便是要有选择的必要，因此机会成本必须是可选择的项目，若不是决策者可选择的项目便不属于决策者的机会。比如一位厨师只会做中餐，那么无论西餐能带来多少收益，都不会是这位厨师的机会。

二是机会成本是有收益的。机会成本指的是放弃的选项中收益最高的那一个，并不是所有放弃选项收益的总和。比如一位果农想要在种桃子、种西瓜和种草莓三者当中选择一个，三者的收益关系为：草莓大于桃子大于西瓜，那么，种西瓜付出的成本只相当于种草莓产生的收益，而不是种草莓和种桃子的收益总和。而种草莓的成本只相当于种桃子带来的收益，因为种桃子的收益比种西瓜高。

三是资源的稀缺性。资源的稀缺性是对人类多种多样且无限的需求而言，满足人类需求的资源是有限的。机会成本就是在资源有限的条件下，当把一定资源用于某种产品生产时所放弃的其他可能得到的最大收益。

在经济行为中，常常需要面临选择，而机会成本就是每个人做决定时的重要影响因素。

比如,当一位商人想要利用自己现有的资金来生产某种产品时,他可以选择是生产 100 台电脑还是 500 部手机。当他选择生产电脑时,这就表示着他失去了生产500 部手机的机会。于是,我们可以说,这位厂家生产 100 部电脑的机会成本,就是所放弃生产的 500 部手机。如果说500 部手机不能确切地让你明白这项机会成本到底有多大,我们可以把实物替换成货币的概念来进行表述:500 部手机所能获得的利益大约为 100 万元,也就是说,100 台电脑的机会成本为 100 万元。

机会成本是经济学上的一个名词,但是它的使用并不局限于经济学,这个理论已经被广泛应用到生活、工作、学习之中,每一个人做出的任何一项选择都有机会成本在其中。而且,有些机会成本是没有办法用金钱来衡量的。比如,一个连续加班一周的人,本想周末好好在家里休息,但是朋友约他周末出去游玩。如果他选择周末外出游玩,就失去了在家里休息的机会。所以机会成本并不仅仅指金钱上付出的成本,它可以泛指一切因做出选择而遭受的损失,比如情感、体力等等。

机会成本是我们做决定时的一个重要参考因素,只要分析出每个选项的成本和能够获得的收益,就能够在决策时做出正确的判断。

当然,利用机会成本理论分析经济行为的可行性,确定正确的选择是要有前提条件的。

首先,所使用的资源必须具有多种用途。机会成本的本质是选择了资源的某种用途后,就必然会丧失其他用途所能带来的收益。那么如果资源的使用方式是单一的,比如一套房屋的拥有者,他的房子只能用来居住,不能用来开店,只有这唯一一种功能,根本不能进行利益上的比较,就不存在机会成本的说法。只有当资源具有多种用途的时候,需要考虑哪种使用方法成本最低,利益最高时,才能说需要考虑机会成本。

其次,考虑机会成本时必须存在可能获得的最大收益,如果不存在获利的可能性,那么也就不存在机会成本的说法了。

## 3. 比较优势:与别人比较,我们总能找到优点

**微行为关键词:比较优势**

李白《将进酒》中有句诗:“天生我材必有用”,意思是说,每个人都有自己的长处,一定可以找到发挥自己才能的位置。这也证明了经济学上的原理——比较优势。就好比工作中常见的流水线分工一样,为什么这个人在这个位置而不是别的位置?因为与别人相比,他更擅长这个位置的工作。

平时大家在讨论一个人、一件事或者一件东西所拥有的某种优势时,常常会用到一个经济学中的专有名词——比较优势。当然,讨论者本身并不知道用到了这一理论,他也不会直接说:“这个人的比较优势是什么”,但是所表达的意思是相同的。

比如一群老师讨论自己班里的学生,通常会说:“某某某虽然成绩不怎么样,但是特别老实,而且很负责任,我觉得他很适合当劳动委员”“某某某性格比较调皮,总是耍滑头,不认真听讲,但是多才多艺,歌唱得好听,还会弹钢琴,我觉得文艺委员还是他最合适”……这就是比较优势,通俗些来讲,就是跟自己或者跟别人的能力相比之下,更擅长哪一方面。

比较优势理论是英国古典政治经济学家大卫·李嘉图提出的,他在1817年出版了一本名为《政治经济学及赋税原理》的书,其中

提出了这一著名理论。大卫·李嘉图认为:“如果一个国家在本国生产一种产品的机会成本低于在其他国家生产该产品的机会成本的话,则这个国家在生产该种产品上就拥有比较优势。”简单地说,就是当一个生产者,生产某种产品的成本低于另一个生产者时,我们就说这个生产者具有比较优势。另外,他还认为,每一个国家都应根据比较优势理论,集中生产并出口其具有“比较优势”的产品,进口其具有“比较劣势”的产品。

比较优势说白了,就是用来分析比较各个不同的盈利方向,来选择尽可能的最大获益方式,而只有做自己最擅长的事情才能创造最大的利益。

比如两个国家:A 国和 B 国,A 国家最为著名的是葡萄酒和面包,B 国家一直从 A 国家进口这两样商品。但是 A 国家生产一瓶酒需要 20 元,生产一块面包只需要 10 元,售价自然也是一高一低。时间长了,A 国家就发现,B 国家的进口重点放在了面包上,葡萄酒的购买量大大减少。如果他们仍旧保持这样的生产力度,葡萄酒就没有销路了,会积压成山,从而造成巨大损失。于是,A 国家就放弃了生产葡萄酒,只生产成本低、有效益的面包了。

当然,这一切都是有前提条件的,是假设只有两个国家和两种商品,两个国家在生产中使用的技术不同,成本也不同,导致成本高、技术不好的那一方必须从另一国家进口,而且要在不考虑交易费用和运输费用,不受到关税影响等情况下,比较优势才会得到应用。

比较优势理论虽然是经济学家提出的,是一种经济学现象,但是这一理论并不局限于经济学中,在日常生活中,也常常体现出这一原则,毕竟只要生活在这个地球上就离不开货币和交易。

我们都学过一个非常有名的成语故事:田忌赛马,说的就是这个道理。

话说齐王邀请田忌与他比赛赛马,并以重金作为筹码。比赛共分三场，三局两胜。齐王和田忌每人都准备了三匹马，按照脚力和身型分别分为上、中、下三等。不过，田忌的马要稍逊于齐王的马，而且每个等级的马的质量都稍稍劣于齐王的马。如果按照正常的比法，上等对上等，中等对中等，下等对不等，那么田忌完全没有获胜的可能。

田忌得知这一消息后，经过一番思索，采取了这样一种比赛方式：用自己完全没有优势的下等马与齐王具有完全优势的上等马比赛，再用具有完全优势的上等马与齐王的中等马比赛，最后用优势不太大的中等马与齐王不具优势的下等马比赛。最终，田忌获胜。

这个故事就是典型地运用了比较优势理论。

在原始社会，大家都依靠打猎生存，为了适应环境，每个人都掌握打猎和制造打猎工具——弓箭的技能。

有位猎人，希望自己生活得更好一些，多一些生存保障，于是他又打猎，又制造弓箭。但是事情并没有按照他所预料的那样去发展，两项工作并没有让他的生活变得富足，反而让他变得更加忙碌，有时候甚至会顾此失彼，得不偿失。后来，他发现相比自己打猎的本领，自己制作弓箭的技术要更强一些，购买他制作的弓箭的人都对他的技术赞不绝口。于是，这位猎人就彻底放弃了打猎，专心制作弓箭，然后换取别人打来的猎物，既轻松又能得到足够的物资。

还有另外一个猎人，一开始也抱有和上一位猎人同样的想法，既打猎又造弓箭，后来也面临着同样的结果。后来，他发现自己制作的弓箭不好用，非常粗糙，但是打猎的本领很强，每天都是满载而归。于是他就放弃了制作弓箭，专门打猎。

后来，这两位猎人偶然遇到了，得知了彼此的情况后，就互相合作，生活得越来越好了。

“两利相权取其重，两害相权取其轻”，只要每个人都能做到扬长避短，充分发挥自己的强项，不断钻研，就可以让自己更有作为，更有效率地实现自己的目标，也就是我们常说的“天生我材必有用”。

但是也并不是说，你擅长哪一项就必须去做那一项，比较优势的选择是要建立在比较成本上的。就好比现实生活中，很多上班族料理起家务来也是很擅长的，能够做到井井有条，干净整洁，但是他们仍然会选择雇佣专业的服务人员来家里做饭、清洁卫生。因为做这一切是需要时间的，而他们每天早出晚归，没有时间去打理这一切。如果非要腾出这一段时间，就必须得付出迟到、请假的代价，而这意味着他们会失去更大的利益，付出更大的成本。所以还不如自己上班多挣钱，然后花小钱雇人来打扫。

在经济这块“大蛋糕”中，如果所有人都充分发挥自己的比较优势，专门从事自己最擅长的事情，生产就会变得更加有效率，整个社会创造的物质财富就会越来越多，蛋糕也就能越做越大，每个人分得的蛋糕也就越来越多。

## 4. 格雷欣法则：为什么劣币能够驱逐良币

### 微行为关键词：格雷欣法则

400多年前，英国经济学家格雷欣发现了一个有趣的现象：当两种价值不同的货币同时流通时，价值较高的货币，我们称之为良币，必将退出流通。因为较高的价值会让这些货币被收藏、被熔化成首饰或提纯成其他更有价值的东西。而价值较低的货币，也就是劣币，谁也不愿意长时间地留在手中，只想赶紧花出去，从而充斥市场。这就是格雷欣法则，也叫作劣币驱逐良币规律。

在生活中，有这样一种现象：质量差的东西往往要比质量好的东西卖得好。比如在二手车市场,质量差的车往往要比质量好的车销量高;同样一件衣服,仿制品要比正品卖得好;盗版的书籍或影碟,即使它们不够清晰,音质不够纯净,但是永远都要比正品更畅销。

为什么呢?这就是经济学中非常有名的格雷欣法则,也叫作“劣币驱逐良币”定律。它是由400多年前的英国经济学家格雷欣发现并提出的。

这个定律到底是什么意思呢?简单地解释一下,在刚开始有货币流通的时候,币面的价值与货币自身的重量等同,也就是说一两金子的重量就是一两,而且都是足量的。这种足量的货币我们就称之为良币。时间一长,一些有心的投机人士就发现有利可图,只要在铸币的时候降低货币的重量,制作一些实际价值低于币面价值的劣币,就可以换到足量的良币,从中赚取利润。

铸造劣币得到的巨大利润显而易见,于是很多有铸币权的人纷纷效仿,铸造了一大批数量可观的劣币。

当劣币在市场上流通之后,不知情的人在以良币换到劣币后才明白过来,自然就想着赶紧把它花出去,换给还不知情的人,以减少自己的损失,所以劣币的流通就变得频繁,良币就会减少,逐渐退出流通。这就是劣币驱逐良币。

良币之所以退出流通,是因为它是足量的,收在手里不会贬值,不会有影响。而劣币则不同,时间长了就有可能花不出去,赶紧花出去才不会吃亏。

而劣币之所以可以驱逐良币,一个很重要的原因就是信息不对称。因为买东西的人知道自己手里的是劣币,急于留下良币而花出劣币。但是即将接受劣币的卖家却不知道劣币的存在,在不了解的情况下接受了劣币。然后,买家又变成了卖家,知道了劣币的存在,又急着把劣币花出去。循环下去,劣币就因为大家的信息不对称而变得多了,并且渐渐驱逐了良币。

如果大家都不知道有劣币的存在，那么在拿到劣币之后就不会想着赶快花出去了，劣币也就产生不了任何影响，良币也不会退出流通。

就像前面说的二手车市场，之所以会出现质量差的卖得好，就是因为卖家拥有的信息比买家多。买家不了解这一行，看不出质量好的车有多么好，质量差的车有多么差，但是为了规避风险，尽量减少损失，他们不管车的质量怎么样都会尽量压低价格。而买家过分压低价格，卖方自然不愿意做亏本生意，也就不会提供质量好的产品。所以质量差的车卖得畅销，而质量好的被逐出市场，最后导致二手车的信誉越来越差，市场萎缩。

再说衣服。假设有两家卖衣服的店铺，一个卖的是真品，一个卖的是高仿品，都打着正品的旗号。因为高仿品的成本低，它的销售价格自然就比正品便宜很多，相对制作成本来说，它的利润还是高于真品的。

那么对买家来说，由于严重的信息不对称，他分辨不出哪一个是真的，哪一个是假的，那么为了降低损失，价格就成了他们购买时考虑的首要因素。在他们看来，两家店的衣服不论是款式、做工还是质量看起来都是一样的，在价钱一高一低的情况下，自然就会青睐于更便宜的那一家了。所以仿制品的生意会比真品的好。

卖真品的店主时间一长自然就会发现这一点，那么他面临着两个选择：要么关门不做，另起炉灶；要么放弃贩卖真品，也卖仿制品。无论是哪一种选择，到了最后同样变成了劣币驱逐良币。

盗版的书籍或影碟也是同样的道理。

劣币驱逐良币的定律虽然是金融领域的著名定律，但是在生活中也同样适用。就比如很多人都坚信着“优胜劣汰，强者生存”的想法，总认为优秀的能够战胜平庸的，但其实很多时候并不是这样。比如在工作中平庸的人“挤”走了优秀的人，这种情况并不稀奇。

曾经有一家工厂因为生产效益过低，一直在艰难维持着，直到坚持不下去了,便将工厂转让给别人了。新老板接手后,为了减少开支决定裁员。于是老板便让双职工家庭其中一个下岗。不用说,老板当然是想要能力强的留下,能力弱的离开,但是他不可能直接说出来,那样太不尊重人了。于是到了最后就会发现,留下来的往往是能力差的人,能力强的人却离开了。这是因为新老板并不知道哪些人能力强,但是员工自己知道,他们也知道能力弱的人离开了不好找工作,而能力强的人有更大的概率找到新工作,于是,就会让能力弱的留下,能力强的离开。这也是劣币驱逐了良币。

劣币驱逐良币的现象是因为信息不对称,那么要想改变这种现象,彻底解决问题,就必须从根源下手,也就是从信息入手。只要双方都能清楚明白地了解对方或者某件产品的信息,做到信息对称,就能够避免这种问题。

那么,如何减轻信息的不对称呢?

首先,让信息完全透明化。这就需要通过一些外力来解决,比如政府建立一些机制,把每件产品的信息都公开,让买卖双方都能清楚、明了地了解每一件商品的详细信息。只要信息完全透明,就可以有效解决信息不对称问题。

其次,就是沟通。沟通是彼此了解的最有效、最直接、最快速的手段,只有通过沟通,才能了解彼此的想法,分享信息,减轻信息不完整所造成的问题。

## 5. 短缺原理:物以稀为贵

**微行为关键词:短缺原理**

通常来说,当一样东西非常稀少或者逐渐变得稀少的时候,它的价值就会变高,受到更多人的追捧,这在经济学上叫作短缺原理。简单地说,就是机会越少,价值就越高,也就是平常说的“物以稀为贵”。

法国皇帝拿破仑三世是一个虚荣心特别强的人,尤其喜欢炫耀自己,处处都要证明自己比别人强。为此,他常常在宫里摆筵席大宴宾客,并摆出一副高高在上的样子,到处显摆,让臣子们见识到他的富有和气势。

每次宴请臣子,拿破仑三世都会为到场的宾客准备一套银制的餐具:银餐盘、银勺子、银叉子、银碗,等等。然后为了彰显自己的特殊,拿破仑三世自己用的餐具是特别的铝制品,全场只有他一个人用铝制的餐具。

肯定有人会问,拿破仑三世不是喜欢显摆自己吗?既然他让大臣们使用高贵、有光泽的银制餐具,为什么自己不使用大方、典雅,更值钱的金餐具,而使用暗淡无光的铝制餐具呢?

这是因为,拿破仑三世那个时代的金、银、铝和现在的价值有所不同,那时候的金银冶炼技术已经很成熟了,并且早已经投入使用,金器、银器在市场上只要稍微有些钱就能买得到。但是那时候铝的炼制还不是很成熟,技术非常落后,铝制品是非常少见的东西。

正所谓“物以稀为贵”,所以铝在那个时候可以说千金难求,有钱也买不到。所以,拿破仑三世让客人们用银餐具,而自己用铝制的餐具,并不是因为节俭或者什么其他的原因,只是单纯为了彰显自己的权势与地位,让大臣们羡慕他而已。

由此我们看出,有一些东西,并不是越好用、越漂亮就越受到欢迎,而是越少越贵。就像特仑苏牛奶那句非常经典的广告宣传语一样:“不是所有牛奶都叫特仑苏。”意思是说市场上有那么多品种的牛奶,但是特仑苏只有一个。一句简简单单的广告词就能让无数观众记住这个品牌,并且不管特仑苏牛奶价格有多么高昂依旧不断购买。原因就在于特殊,特殊就代表着独一无二,而独一无二就是昂贵的最好理由。

这种越稀缺越珍贵的概念放到经济学里，就被称为短缺原理。短缺原理指几乎所有的人都会在某种程度上受到短缺的影响，产生失去某种东西的想法，会在人们决策过程中发挥着重要的作用。

经济学中有一个非常古老的问题，钻石为什么会比水贵？钻石即使再漂亮，它也只是一块石头，没有任何用处，只能作为一个装饰品；即使不再存在钻石这种东西，生活也不会受到丝毫影响。但是，水不同，水是人类赖以生存的基础，是保持人体生命活动的源泉，一旦离开了水，人类将会面临毁灭。无论是从用途还是重要性来说，钻石都无法和水相提并论，那么为什么钻石会比水贵呢？

经济学的开山鼻祖亚当·斯密给我们解答了这个疑惑：原因很简单，因为钻石很稀少。“物以稀为贵”，得不到的东西永远是最好的，东西一旦变得稀有，就会引起人们的竞争意识，希望少数人才能得到的这种东西被自己占有。因此，稀有的东西在一定意义上是身份和地位的象征，你能得到稀有的东西，说明你有实力，是富有的。所以人们为了能够得到自己喜欢的钻石，愿意出难以想象的价格。

但是水，虽然它是生命之源，没有人能够离开它，但是它太平常了，随处可见，到处都是，伸手就能获得。人们只要想用，随时、轻易地就可以得到它，所以不会有人珍惜它，自然也就不值钱了。

短缺原理的发挥依赖以下几个常见心理现象：

一是人们经常会根据得到某种东西的难易程度来判断这件东西的质量高低，短缺原理就是利用了这一点，越是不容易得到，越是觉得这件东西好，就越想得到。

二是比起得到某种东西，人们总是更害怕失去某种东西，这更能激发起人们的斗志。

三是当一种机会或一件东西变得越来越难得到时，人们的心就被这个机会或东西困住，时刻想着这件东西，也就失去了一部分自由。人们讨厌这种失去自由的感觉，却又不愿放弃这件东西，只有获得了它才能解脱。

一位牛肉进口公司的老板，接触到短缺原理后，就想把它应用于自己的生意中。他给9家订货商分别打了电话，并且把他们分成三组，每一组的电话内容不同。

老板用平常惯用的方式联系第一组订货商，他只是简单地向他们介绍自己的产品，询问他们是否需要订货。联系第二组订货商时，除了标准化的介绍外，老板还告诉他们一个消息：未来数月进口牛肉的供应可能会出现短缺。联系第三组订货商时，老板说了与第二组同样的话，并且还告诉他们，这是独家消息，别的供应商和订货商都不知道供货即将短缺的事情，是他们公司从某些特别渠道获取到的。

最终结果是，第一组订货商没有人选择和他合作；得知牛肉供应即将短缺的第二组订货商中有两个向他订了货，并且订购的牛肉数量非常多；知道牛肉即将短缺并且认为自己得到了独家消息的第三组订货商全部选择了进货，每家都预定了非常可观的牛肉。

这位商人正是抓住了订货商“物以稀为贵”的心理，给他们造成一种“只此一家，别无分店”的感觉，成功卖出去大量牛肉，获得了巨额的利润。

短缺原理在生活中的体现十分普遍，尤其是在收藏界中，当一样东西非常稀少或开始变得稀少时，它的价值就会忽然变高。在收藏品中，带有瑕疵的物品总要比那些没有瑕疵的更值钱。比如印刷模糊的邮票或两次冲压的硬币，远远要比正常的更有价值。

一个有名的例子就是有三只眼睛的华盛顿邮票，由于印刷错误，邮票上的华盛顿多出了一只眼睛，这个图案既不符合人体的结构，又丝毫没有美感，但是它却受到了强烈追捧，变成了很多集邮爱好者梦寐以求的珍品。

由此看来，即使不完美的东西，只要它是短缺的，就可以从一文不值的垃圾摇身变成重金难求的珍品。

短缺原理已经越来越成为商家获取利益的重要手段了,他们常常采取“数量有限”“限量版”“截止日期”之类的字眼来挑拨消费者的神经,让消费者在心里产生一种“就这几件了,最后的时间了,再不买就没有了”的想法,从而冲动购买。

那么,我们在生活中应该如何应对短缺现象造成的不理智行为呢?

第一步,要清晰地分辨出哪些是商家的陷阱。“数量有限”的信息有时候是真的,有时候却完全是骗人的。有些店铺上写着什么店铺拆迁或转卖,不再进货啦,大甩卖啦什么的,想要吸引消费者的注意。但是有心人就能发现,直到一个月、两个月甚至一年后,这家店铺还在那儿没有搬迁,他们家的货还是没有卖完。这就是商家设置的陷阱了。所以要想避免冲动消费,不落入商家的圈套,就要意识到自己情绪的变化,当自己有购买的冲动时,提醒自己冷静下来,这只是一个骗局,让自己恢复理智。

第二步,就是如何冷静下来。你可以问问自己“我是真的需要这件东西吗?这件东西别的地方买不到吗”。通过分析,再决定自己是不是真的必须购买这件物品。

记住一点,短缺的东西吃起来并不会更美味,稀有的物品用起来也不会更好用,“冲动是魔鬼”。

## 6. 价格歧视:市场并不是公平的

**微行为关键词:价格歧视**

同样一件商品,不同的人在不同的时间去购买,价格却是不一样的。这是因为每一位顾客对产品的购买欲和购买能力不同,商家为了赚取最大的利益,留住更多的消费者，就会对产品的价格进行调整，这就是所谓的价格歧视。价格歧视是一种重要的垄断定价行为，是商家通过差别价格来获取超额利润的一种定价策略。

于三国大学毕业不久，进入一家公司实习，上个月刚刚转正，拿到了第一笔正式工资。于是他就想把用了多年的旧手机给换掉，买一款心仪已久的新手机。

第二天，于三国就带着钱直奔手机卖场，寻找自己想要的那款手机。因为他原来的手机，还有家人的手机都是在这家店购买的，之前他还到这家店看过这款手机，于是，店主给了他一个折扣价，2800 元的手机最终以 2000 元买到手。

于三国觉得自己占了一个大便宜，这款手机是时下最流行的一款，功能齐全，质量又好，很多同事用的也都是这款手机，但他们全都是 2800 元买的，一分不少。只有他的最便宜。

但是，高兴的心情没有持续几天，于三国就发现，他的叔叔最近也刚换了这款手机，但是只花了 1500 元，还赠送 300 元的话费。于三国顿时就高兴不起来了，仔细询问原因。

原来，于三国的堂弟今年刚考上大学，学校的营业厅举行开学促销活动，只要是学生购买都能享受到优惠，这款手机就是堂弟买来送给他叔叔的。

为什么同样一款手机，于三国和他的同事，还有堂弟支付的价格都不一样呢？

这其实是一种经济促销手段。我们都知道，任何一个开店营业的商家都不是慈善家，不会免费出售产品。他们的最终目的都是盈利，并且追求的是利益最大化，所以他们通常会采取一些策略来扩大消费市场，招揽更多的顾客，提高利润。而利润总是与售价挂钩，要想获得更大的利润，就得在价格上面想办法。

那么，商家怎样制定价格才能使顾客的覆盖面最广，利益达到最大化呢？这中间就存在着一个两难的情况：消费者的经济能力不同，如果把价格定得太高，虽然单件产品的收益变大了，但是总体上来说收益并不是很大，毕竟有钱人不是很多。如果价格定得太低，薄利多销，成功的可能性不大，也赚不到什么钱。

所以，不管商家把价格定到多少，都会觉得不合适。价格定低了，他们会后悔，想着再高点或许就能从某些买家手里赚到更多；价格定高了，他们同样会后悔，想着再低点或许就能赢来一些新的买家。

这时候商家就会想，要是对经济能力强，可以高价购买的人卖贵点，给经济能力差，只愿低价购买的人卖便宜点，就好了，这样既不会流失任何一个顾客，还能赚钱。这种不统一价格，看人下菜碟儿，为不同消费者制定不同价格的策略就叫作“价格歧视”。

价格歧视又称价格差别，是指商家对同一产品在同一时期内向顾客索取不同价格的一种行为。价格歧视可以是对不同的购买者索取不同的价格，也可以对同一个购买者不同的购买数量收取不同的价格。

比如，你的朋友买了一件非常好看的衣服，你看到后，很想买一件同款的，便问他是在哪家店买的，多少钱。等你去买的时候，却不能以同样的价格买下来，朋友买的要优惠得多。这也许是因为朋友是那家店的老顾客，有一定的折扣，也可能是因为你看上去支付能力就比较高，销售员故意抬高价格。但无论怎样，最终你们购买的价格存在差异。这就是典型的价格歧视。

这看起来很不合理，但其实这种现象的背后有客观经济规律在起作用。价格歧视是建立在消费者对商品的需求弹性上的，消费者越需要这件商品，他的需求弹性就越低，就不得不购买，不论价钱高低；这件商品对消费者可有可无，需求弹性就高，价格合适、优惠就可以购买，价钱超过了承受能力，就没有购买的必要。商家正是利用了消费者需求的弹性不同，才进行差别定价，形成了价格歧视。

根据价格差别的程度，价格歧视可以分为三个等级：一级价格歧视。一级价格歧视又叫作完全价格歧视，就是商家给每一位消费者购买每件产品而制定不同的价格。这是要建立在商家垄断市场，并且知道每一位消费者的最大接受能力上的，这样确定的价格正好等于顾客对产品的需求价格，能够获得每一位顾客的全部消费剩余。

简单来说，就是商家因为经验丰富，眼光毒辣，拥有了“读心术”的能力，能够一下子看穿每一位消费者所愿意支付的最高价格，然后根据这个价格卖给他，为每个人量身定价。但这是一种极端的销售情况，现实中很少发生。不过有一些与之类似、非常接近的例子。比方说在一些可以讨价还价的小商铺中，当买家砍价的时候，聪明的商家就会问上这么一句“你觉得它值多少钱”或者是“你先出个价，你多少钱能买”，就是想摸清顾客心里的最高承受价位，在此基础上上下浮动。因此，最后的成交价格总是因人而异，这就有点一级价格歧视的意思在里面。

二级价格歧视。二级价格歧视指的是商家在了解消费者的需求曲线后，根据消费者不同的购买量来确定不同价格，商家获得的是一部分而不是全部买主的消费剩余。

这种给不同量的商品制定不同的价格，让消费者主动多消费的例子在生活中就很常见了。比如服装店店家标示的“一件30元，两件50元”“量大从优”，再比如麦当劳的“第二杯半价”，等等。

三级价格歧视。三级价格歧视是指商家给不同市场上的不同消费者制定不同的价格，在低价格市场上获得基本利润，在高价格的市场上获得超额利润。简单来说，就是商家不能区分出每个人所处的经济层次，而是反过来，先归类出几个消费层次，制定不同的价格，让消费者自己对号入座。

比如游乐园门票、电影票、火车票、公交卡等，这些商品很少有人大量购买，因此三级价格歧视就派不上用场了，那么如何赚取最大利润呢？那就是区分不同消费者的档次。比如把门票分为学生票、老人票和正常票价。因为学生群体和老年群体经济能力低，消费水平低，就可以凭借老年证或学生证等把这些消费者区分开来，让他们享受优惠。这样就不会因票价太高而损失学生和老年人带来的效益了，也不会损失高端消费人群带来的效益，使消费者的覆盖率达到最广。

这种例子还有很多，比如飞机上的经济舱、商务舱，火车上的软卧票、硬卧票、坐票，等等，让消费者自己对号入座，就能成功区分出消费者的不同层次。

价格歧视作为垄断利润的一种手段，会导致不公平竞争，应该加以限制。只要所有的消费者都对价格歧视有一个充分的认识，对同一个产品支付同样的价格，价格歧视就不会存在了。

## 7. 套利交易：低买高卖才是赚钱之道

**微行为关键词：套利交易**

套利交易，通俗地说就是低买高卖，以较低的价格买进某产品，再以较高的价格卖出，从中赚取差价。这种方式不需要生产，不需要店面，只需要几辆车，跑个路就可以轻松赚钱。但是低买高卖也并不是稳赚不赔的，必须有详细的安排和计划，能够规避风险，有良好的心理素质才行。

许好军来自农村，高中毕业后便离开家乡到外地打工，这一去才知道外面的物价有多贵，他简直被吓了一跳。尤其是果蔬类的，买几斤水果、几把蔬菜就得半张红票子，自己做顿饭的钱都能在家乡的高档饭店好好吃一顿了。他不由得开始怀念在家乡的时候，从来没有花现金买过菜，都是自家地里种的，像辣椒、韭菜、豆角、西红柿、黄瓜等等应季蔬菜，哪用得着这么多钱。

这天下班后，许好军和几个朋友一起去超市买生活用品，无意间看到有卖桑葚的，居然要十几块钱一斤。这东西在他们的村子里到处都是，几乎每户人家门前都种着一两棵，每到桑葚成熟的时候，他就和小伙伴爬到树上摘桑葚吃，多得根本吃不完，有的掉在地上都没人捡。许好军从没想过吃桑葚还要花钱，而且还这么贵。

回到住处，许好军心里一直盘算着这件事，他觉得这是一个赚钱的机会。如果他把家乡的桑葚摘来卖的话，岂不是个挣钱的好办法？村里的桑葚他可以低价购买，甚至有的可以免费采摘，然后运到这边来卖，这中间的差价一斤将近十块钱呢，他只需要支付运费，轻轻松松就可以赚到大钱。

许好军越想越激动，说干就干，第二天他就去打听各家超市的桑葚的进价是多少，为生意做准备。由于桑葚不能久放，否则就会不新鲜，甚至会烂掉，于是许好军又租了一间冷库打算暂时放置桑葚。然后，他就辞职回家了，低价购买了本村以及邻村的所有桑葚，将已经熟透了的全都摘了下来。因为桑葚很小，重量比较轻，十几个人摘了一整天也不过一千多斤。然后雇人、雇车连夜给运走。第二天到了他之前工作的城市，他先把桑葚放在冷库里面保鲜，然后去超市一家一家地推销自己的桑葚，报出的价格比超市的进价还要低一些，最后许好军成功地把桑葚全都推销出去了。而他也如愿地赚到了一斤八元的差价，去掉人工费和路费，他这一趟，三天不到就赚了将近一万元。

许好军赚钱的方式就是低价购入桑葚，然后再高价卖给别人，从中赚取差价，这种“低买高卖”的行为就叫作套利交易。

套利交易又叫套期图利，是指利用不同国家或地区短期利率的差异，将资金由利率较低的国家或地区转移到利率较高的国家或地区进行投放，以从中获得利息差额收益的一种外汇交易。

在经济学中，套利交易指的是在同一时间，相同的产品在不同市场上存在差价时，以低价买入、高价卖出的行为。

香港首富李嘉诚是众多创业者的偶像，大家都梦想着有一天也能像李嘉诚一样坐拥天下财富。那么，李嘉诚的成功秘诀是什么呢？他的偶像又是何人呢？经常关注李嘉诚的人不难发现，他经常在公共场合提及一个人的名字——范蠡。

范蠡是春秋时期越国人，曾帮助越王勾践复国，一举打败吴国。功成后身退远离朝堂经商，是我国历史上最早的一批商人，被后人尊称为"商圣"。

而李嘉诚就是这位"商圣"的坚定拥护者，他们的经商之道有很多相似之处。

范蠡曾经提出："当货物便宜到极点的时候，要及时、大量地购入，像对待珍宝一样对它们；当货物贵到顶点的时候，就要及时卖出，不要留恋，就好像它们是粪土一样。"

而这点，与李嘉诚的经营理念极为相似。李嘉诚也曾经说过，生意的本质就是"低买高卖"，而他本人所奉行的生意准则也正是这四个字。

仔细想想，其实不无道理。不论你是卖什么的，除了自己生产的产品外，做的都是类似于中间商赚差价的生意。从一个人手里买货，因为购买的量多而有一定的折扣，价格较低，然后再分别以高价将单件商品卖给不同的顾客。归根究底，无非就是"低买高卖"四个字。

但是，有时候，低买高卖并不一定能赚到钱。

张韬大学毕业后，先后找了几份工作，发展都不太顺利，于是他决定回家乡自己做生意。

但是到底做什么生意好呢？张韬每天都在街上来回转悠，逐一考察，最终决定开一间快餐店。正所谓"民以食为天"，无论什么时候，人都要吃饭，餐馆绝对不缺生意做。而且张韬家在镇上有一套临街的房子，正好可以当铺面，连租房子的钱都省了。

很快，张韬的快餐店就开起来，每天优哉地等着数钱。为什么他那么清闲呢？因为他这间快餐店不需要做饭。原来张韬为了快速、方便，自己的餐馆里并没有专门的厨师做菜，而是跟一个小炒店合作，每天从那家店里低价买来十几样菜品，放到快餐店里适当提高一些价格再卖出去。

因为是快餐店，一份快餐好几种菜品，所以每份菜都不多，他十块钱买了一大盆菜，卖给顾客时一小勺两块钱，一份快餐就能净赚四五块钱。张韬觉得自己简直是太聪明了，既保持店里卫生，又能赚到钱。

但是时间一长，他就发现，自己的快餐店并没有赚到钱。

这就是一个低买高卖却赔钱的案例，为什么如此稳赚不赔的买卖也会赔钱呢？这是因为张韬的眼光太过狭隘，只看到了利益，没有考虑到风险和可能出现的问题。他开店的房子是民居，本身就不处于繁华地段，客流量少；而且他选择的是低买高卖的经营方式，需要从别人那里低价购买菜品，如果对方送得不及时或者菜做得不好，就要错过或影响生意。这就相当于把店的命运交到了别人手里，自己始终处于被动局面，怎么可能做好生意呢？

低买高卖只是能够赚钱的一个条件，真正决定能否赚钱的因素是当事人怎么想，怎么做。过分地把目光聚焦在所能获得的利润上，而忽略了风险，就等于给失败埋下了种子。

炒股，可以说是通过低价买入、高价卖出，以赚取差价的典型例子。每个投资股市的人都希望用最低的价格买入最具潜力的股票，然后等过段时间，再以高价卖出，狠狠赚上一笔。抱有这种信念的炒股人很多，但是大家都赚到钱了吗？并没有。很多人不仅没有赚到钱，反而还被套牢了，赔得倾家荡产。因为他们太贪心，总是想着还会再涨的，一定要等到最高价再抛。但是到底什么样的价格才叫最低，什么样的价格才叫最高？股市里永远不存在最高价和最低价。

低买高卖的思想存在着一种极大的风险，一旦不能战胜心中的贪欲，就会错过最佳时机，不赚反赔。所以说，低买高卖并不是一个稳妥的经商方式，要想稳赚不赔，还是要看当事人怎么做。只有考虑到所有风险，有一个详细、完善的计划才能保证有钱可赚。

## 8. 鳄鱼法则：当失败时要学会止损

**微行为关键词：鳄鱼法则**

在经济学中，有一种交易的技术法则叫作“鳄鱼法则”，意思是说，当你失败或者犯错的时候，一定不要抱着翻盘的想法继续下去，而是要及时收手，停止自己的损失，全身而退。

李猛和赵星两个人是朋友，他们都做投资生意。但是李猛的眼光非常毒辣，对每项投资的成功与否的分析，准确率能达到80%，比赵星要强很多。

有一次，他们两人心血来潮，决定来一场比赛，看看在规定时间内谁能够赚到更多的钱。他们各拿出10万元进行投资，赵星知道自己的分析正确率不高，便一直小心谨慎，把自己的风险牢牢地把控在2%左右。在比赛期间，赵星进行了10次交易，盈利与亏损各占一半，亏损的那5次他全都及时抛售，没有抱着翻盘的心态坚持下去，而是及时止损，最终总共亏损了1万多元。

而李猛太过自信，因为觉得自己选择股票的眼光很是敏锐，每次投资的股票基本都能赚到钱。而且他觉得即使一时亏损了，只要坚持下去，局势总能逆转。所以，他相比赵星要粗心些，也大胆一些，丝毫不在意风险问题，把自己的风险控制在20%左右。比赛期间，他同样进行了10次交易，最终只有2次亏损，共盈利了8次。但是，由于他那两次亏损都没有及时撤资，导致他损失了将近3万元，输给了投资能力不如他的赵星。

案例中的李猛，是很多投资界的样本之一，他的想法与做法跟很多投资者十分相似，他们这样的人，自认为分析准确，眼光独到，即便有风险也能够掌控自如，遇到亏损时，总是抱着侥幸的心态，想着最后能够翻盘，大赢一笔，但是最后只能越输越多。

在投资界，有一条大家都明白却很少有人做得到的一个道理，那就是：当你失败的时候，要及时止损。

就像你被一条鳄鱼咬住了左脚，如果抱有侥幸心理，认为自己可以挣脱，选择与鳄鱼搏斗，用手去解救你的脚，最后只能让鳄鱼同时咬住你的脚与手。你越是挣扎，鳄鱼咬得越紧，咬得越深，最后会因此而丢掉性命。而如果你选择接受现实，舍小保大，牺牲你的一只脚就可以保全性命。

所以这个道理就被称为“鳄鱼法则”，指的就是，在投机市场里，当你发现自己的交易背离了市场的方向，必须立即止损，不得有任何延误，不得存有任何侥幸。简单来说，就是当你投资的项目出现亏损的时候，立即退场离开，不要再采取任何动作。

鳄鱼法则的核心就是止损，止损又叫作“割肉”，指的是当某一项投资的亏损数额达到预定的数额时，投资者应及时出局，舍小保大，以避免造成更大的亏损。止损的目的就是要把投资失误所造成的损失缩小在一定的范围内，保留实力。

股市中无数血的教训告诉我们，一次意外的投资错误足以致命，它带来的一次大的亏损，足以让我们输掉前面99次获得的利润，所以严格遵守止损纪律便成为确保投资者在风险市场中生存的唯一法则，能有效帮助投资者化险为夷。

来看一个假设，一个人有1万元的本金，他用这1万元去买彩票,结果直到亏损了20%的本金也没有中奖。这时候,他的本金就只剩下8000块了。如果他想要回本的话,就必须再挣到2000块,也就是现有本金8000元的25%。

一开始这个人只亏损了20%,现在却要挣回25%。而如果他损失了50%的本金,也就是5000元,那么他就必须再挣到5000元,也就是现在本金的100%才能回本。

你亏损的本钱和你想要回本需要赚到的钱并不相同,亏损得越多,就必须赚回更多甚至成倍的钱才能回本。所以,这就是为什么要及时止损的原因和及时止损的重要性。

止损的意义就是保证你能在市场中长久生存。投机市场唯一不变的就是它一直在变化,它的最大特征就是波动性和不可预测性,无数人的博弈使得市场在任何时候都不可能存在固定的规律,这是市场存在的基础,也是交易中风险产生的原因。每一位投资者都不能保证自己永远不出现失误,交易中永远没有确定性,就算你的判断百分之百正确,还有自然原因不可避免。你能保证你所投资的商品不会因突发水灾、火灾之类的自然灾害而受到损失吗?

所以,市场交易永远都是不确定的,它意味着每一个身处其中的人都应该随时准备好措施来控制风险的扩大,如果有这样的心理准备,那在交易过程中自然而然就产生了止损这种减少损失、避免风险的策略。

世界投资大师索罗斯说过,投资本身没有风险,失控的投资才有风险。失败的投资者可能是因为各种各样的原因,但是成功的投资者肯定都是因为他们拥有止损这个保障。

但是即使止损如此重要,还是有些人在实际操作中忘记了它的存在或者说不愿意去执行这一操作。因为人们都存在这样的心理:

贪婪心理。贪婪是人类的本性,这种本能使得每一位投资者不愿意面临亏损的局面,总想着能够翻盘。

侥幸心理。有些投资者明明已经知道自己的判断是错误的,但还是不愿意及时退出，总是想再看看是不是情况会有变化，说不定下一刻就会发生逆转。这样的犹豫使得投资者损失不断扩大，错过了最佳的止损时机。

价格的频繁波动。投机市场经常会出现价格上下波动的情况，这会让一些投资者产生动摇，或是后悔刚刚止损，错过了上升的时机，没有赚到钱；或是后悔没及时止损，导致自己损失更多。多次以后，就会让投资者形成犹豫不决的心理，面对亏损不知如何是好。

那么，在投资中，我们怎样做才能有效地止损呢？

早就有专业人员为我们总结出了一些止损方法，比如最大亏损法、回撤止损法、平衡点止损法、定额止损法、技术止损法、二分止损法等。这里我们主要给大家介绍股神巴菲特的止损两步走：

一是找到支撑位和阻力位，确定止损点。

支撑位指的是在交易价格产生下跌时，可能会在某一价位上停止下跌，慢慢回稳，仿佛有股力量在支撑它。阻力位则是指交易价格在上升时，可能会在某一价位上停止上升，开始下滑，仿佛有股力量在阻挡它。

在决定退场止损的时候，你首先要找到支撑位和阻力位，然后在支撑位之下、阻力位之上找到你的止损点。确立了止损点后，你就可以最大限度地保住你的资金，减少风险，尽量减少亏损。

除了支撑位和阻力位，止损点的寻找还需要根据个人实际的投资情况来决定，而且，止损点并不是一直不变的，当产品市值上涨的时候，止损点也可以随之提高；当产品市值下跌的时候，止损点也要适当降低。

二是确定适当的止损幅度。

止损的关键在于确定合适的止损幅度，止损幅度指的是止损点和买入价之间的差距。止损幅度通常不宜过大也不宜过小，否则会增加无谓的损失。止损幅度取决于投资者的技术、资金和对该投资的了解。

巴菲特说,设立了止损方法就一定要按计划实施,如果犹豫不决,错过了时机,就得不偿失了。

其实,止损的最好方法是不需要止损。俗话说:“会买的是徒弟,会卖的才是师傅。”会止损的投资者并不是一个好的投资者,只有不需要止损的投资者才是一个好的投资者。所以,要想止损,最好的方法就是提高决策的正确率,做到不需要止损。

## 9. 公地悲剧:人人都关心自己那份收益

**微行为关键词:公地悲剧**

在生活中,我们经常只会关心自己的一亩三分地,关心和自己利益相关的东西,而不珍惜大家共同拥有的财产或资源,甚至过度使用,随意破坏。这是因为人都具有一种“又不是谁一个人的,我不用就便宜别人了”的心理,这就是公地悲剧的体现。

2014 年,为了解决大学生的出行问题,北大毕业生戴威和他的四位合作伙伴共同创立了 ofo 共享单车,在校园、地铁站点、公交站点、居民区、商业区、公共服务区等地方提供单车共享服务。

共享单车是一种公共设施,受到政府扶持。车的外观时尚大方,又符合国家提出的低碳出行理念,既解决了出行困难,又能够保护环境,越来越受到人们的青睐。

2016 年年底,共享单车突然火爆了起来,在各大城市的街头、路边都能看到所谓的“小黄车”,人们骑着它出行买菜、散步、锻炼、访友,五颜六色的共享单车成了街道上一道亮丽的风景线。

然而,共享单车在带给广大市民便利的同时,也在经受着摧残。

经常能够看到一些使用者用完共享单车后随意扔在一旁，导致自行车出现划痕之类的损伤。最常见的损坏情况有：各种链条的断裂，车蹬的断裂，车胎的磨损漏气，车把、车筐弯曲，车脚架的松动，车座明显的割痕，等等。

还有一些使用者是双人同行，因为共享单车没有后座，就将另一个人放在车篮中载走，造成车篮移位、摇晃或变形。

更有甚者，用车不还，将共享单车加上自己的锁不让别的人使用，据为己有。出现问题后，共享单车便被丢弃在偏僻的地方。有不少市民就曾在河里、河滩上、树林里等偏僻地方发现被丢弃的破旧单车。

而这些受伤的和被据为己有的自行车还算是幸运的，至少它们还是完整的，修复后还能继续使用。而不少工作人员在检查车辆时会发现明明投入使用不久的新车，不少零部件居然已经破旧不堪，或者零件缺失了，比如车座、车把上的胶套、脚踏板等。这种情况是因为使用者将单车上的新零件拆下，装在了自己的车上或者拿去卖掉了。

为什么会出现这种情况呢？公共设施是为了方便大家，是为大家服务的，为什么会遭到大家的破坏呢？

这一现象可以用经济学上的一个概念来解释，叫作“公地悲剧”。它指的是公地作为一项资源或财产，它存在着许多的拥有者，每一个拥有者都有使用它的权利，但同时也不能阻止其他人使用。而每一个人想着自己少用一些，别人就会多用一些，这样就白白便宜了别人，于是每个人都倾向于过度使用，从而造成资源的枯竭。而之所以叫悲剧，是因为他们每个人都知道资源将会枯竭，却没有人愿意放手，愿意维护，而是抱着“及时捞一把”的心态，从而加剧了事态的恶化。

此种例子在现实生活中随处可见，比如建筑商对森林里的树木进行乱砍滥伐，导致生态被破坏，很多动物无家可归；渔民对江河湖海中的鱼虾进行过度捕捞，破坏了海洋平衡；工厂将工业废水排放到河流里，导致水源被污染，等等。

公地悲剧这一概念早在1968年就被提出了。英国教授加勒特·哈丁在著作《公地的悲剧》提出了“公地悲剧”的理论模型。

他假设，在一片公有的草原上，所有人都以放羊为生。作为一个理性的牧羊人，他们必然都希望自己的收益能够达到最大化，这就会驱使他们多增加羊群的数量和多使用公共的草原。而他们每增加一只羊，就会加重一份草地的负担，但是土地使用的成本为零，他们可以多增加一份收入，却不用独自承担代价。

人都是为自己考虑的，经过思考，他们决定不管草地的承受能力，无限制地增加羊群的数量。最后，他们的收入确实增加了很多，可是羊群的数量太多了，草地被过度使用，牧场的状况迅速恶化，草很快就被吃光了，生态循环也被破坏了，悲剧就这样发生了。

再举一个最普通的一个例子。我们每天经过大街小巷的时候都会发现，很多做小生意的人骑着三轮车或者移动餐车之类的交通工具沿街叫卖，游走在街头巷尾。在一些人群流动量大的地方，比如市中心、步行街、大学城等地方，更是到处都是这样的小摊贩，一个挨着一个，距离近得连转身的余地都没有。一眼望过去，就像置身于三轮车的海洋之中，到处都是车轮和简易的车厢。

而那些沿街的门面房却大量闲置，没有多少小商贩们愿意租下来作为商铺，稳定地谋生。为什么会出现这种奇怪的现象呢？为什么商贩们宁愿忍受风吹雨打、凛冽寒冬和烈日酷晒，也不愿意搬到能够遮风挡雨、冬暖夏凉的商铺里去呢？

因为那些商贩们都是这样的想法：租用商铺需要交纳昂贵的租金，自己不一定赚得回本。而街头巷尾的摆摊的位置是一种公共资源，是大家共享的，别人可以在这里站着或坐着，读书或看报，我也可以在这里卖东西，而且还不需要交纳租金，可以免费使用，自己不用付出任何成本。就算你不用，也会有别人去用，与其让别人占便宜，还不如自己占了更好。

在这种思维下，就导致了街面越来越不整洁，垃圾和油污越来越多，秩序越来越难以管理的局面。人们只想从公共资源中得到好处，并不关心自己的行为是否会对它造成伤害，不想着去维护公共资源，因此造成了一个个的“公地悲剧”。

“公地悲剧”产生的最大原因是资源产权不明晰，公共的资源无法排斥任何人的使用，这就使得人们为了个人利益常常毫无节制地对公共资源进行占用，导致资源被过度使用，发展变为不可持续。

因此避免“公地悲剧”最简单、有效的方法之一就是，尽可能地明晰资源的所有权，稳定产权，并制定相应的政策法规，明确使用者的责任和义务，避免使用者对资源进行掠夺性使用。

其次，导致“公地悲剧”发生的第二大原因是每个人使用该资源的成本小于社会成本，或者说他们不需要支付成本，所以他们使用起来才会没有顾忌。

因此，政府可以采取强硬的手段，增加使用公共资源的成本，比如征税，来控制对公有资源的过度使用。